瞭望智库公共政策研究丛书

汽车强国之路

2019

中国汽车产业迈入发展新时代

瞭望智库 ◎ 编著

BUILDING CHINA'S STRENGTH
IN AUTOMOBILE 2019

特别鸣谢
上海汽车集团股份有限公司
宝马（中国）汽车贸易有限公司

新 华 出 版 社

图书在版编目（CIP）数据

汽车强国之路. 2019 / 瞭望智库编著.
-- 北京: 新华出版社, 2019.5
ISBN 978-7-5166-4615-1

Ⅰ. ①汽…　Ⅱ. ①瞭…　Ⅲ. ①汽车工业－工业发展－研究报告－中国－2019
Ⅳ. ①F426.471

中国版本图书馆CIP数据核字（2019）第087939号

汽车强国之路. 2019
编　　著： 瞭望智库

责任编辑： 江文军　高映霞　　**封面设计：** 刘宝龙

出版发行： 新华出版社
地　　址： 北京石景山区京原路8号　　**邮　　编：** 100040
网　　址： http://www.xinhuapub.com
经　　销： 新华书店、新华出版社天猫旗舰店、京东旗舰店及各大网店
购书热线： 010－63077122　　**中国新闻书店购书热线：** 010－63072012

照　　排： 六合方圆
印　　刷： 河北鑫兆源印刷有限公司

成品尺寸： 170mm × 240mm
印　　张： 21　　**字　　数：** 280千字
版　　次： 2019年5月第一版　　**印　　次：** 2019年5月第一次印刷

书　　号： ISBN　978-7-5166-4615-1
定　　价： 98.00元

编　委　会

序一

《汽车强国之路2019——中国汽车产业迈入发展新时代》作为“瞭望智库公共政策研究丛书”之一，是继《新能源汽车产业蓝皮书——中国新能源汽车产业调研报告2016》《汽车强国之路2017》《汽车强国之路2018》之后，瞭望智库又一部对中国汽车产业发展进行梳理的研究专辑。

今年是新中国成立七十周年。七十年来，中国汽车产业从无到有、成长壮大。在这七十年间，中国汽车产业快速崛起，已成为国民经济的重要支柱，年产销量连续十年位居全球第一。

在刚刚过去的2018年，中国汽车产业经历了发展史上划时代的一年。进口关税降低、合资股比限制放开等一系列政策信号表明：中国汽车产业迈入了全面开放发展的新时代。与此同时，我国汽车产业在2019年也面临着产销增速放缓、新能源汽车补贴政策调整等一系列挑战，加快产业结构调整、推动高质量发展，任务艰巨，时不我待。

瞭望智库从2015年开始对以新能源汽车为代表的我国汽车产业进行持续跟踪调研。通过与主管部委以及新华社兄弟单位一道，深入企业和市场进行实地调查，主办召开由部委官员、业界专家以及企业人士参与的内部闭门研讨会，对我国汽车产业的发展现状、问题难点和未来趋势进行摸底调查。其中，多份调研成果已报送决策层，并获得主管部门的关注，对辅助决策提供了有力支持。

《汽车强国之路2019》系统性地梳理了过去七十年间中国汽车产业的发展历程，并对新时期中国汽车产业发展的趋势特点、主要任务和目标愿景进行了全面解析。

本书第一章“回顾七十年：中国汽车产业的崛起之路”从宏观产业政策衍变、中国品牌车企成长历程等角度出发，回顾了过去七十年中国汽车产业从无到有、由大转强的光辉历程。

第二章“盘点2018年：中国汽车产业迈入发展新阶段”全面解析了2018年最受业界关注的三大话题，即进一步扩大开放、管理体制改革和车市下行压力加大，并预判了未来中国汽车市场格局与发展轨迹。

第三章“新技术赋能：培育核心竞争力”紧扣节能与新能源、自动驾驶、车路协同、氢燃料电池等全球前沿技术热点，并对我国相关技术研发水平及其掣肘因素进行了综合评判。

第四章“展望强国路：把脉汽车变革机遇”从全球汽车产业变革趋势入手，探讨了汽车领域新技术、新业态对于构建未来智慧交通、智慧城市的重要意义。

此次《汽车强国之路2019》一书能顺利出版，得到了国家发改委、工信部、公安部、交通运输部、国家能源局等国家多个主管部门和地方主管部门，中科院、清华大学、中国汽车工业协会等高校科研院所和行业协会，以及上汽集团、宝马（中国）、丰田汽车研发中心（中国）等企业的大力支持。此外，新华社兄弟部门及其他相关领域的干部、专家也为本书提供了支持和帮助，在此一并致谢。

虽然经过近一年的调研筹划，但受能力与时间所限，本书还有诸多疏漏不足之处，敬请各位专家、读者不吝指正。

本书编委会

2019年5月

序二

瞭望智库《汽车强国之路 2019》这本书对中国汽车产业的发展历程和未来前景进行了全面解析，特别是在新能源技术发展层面，对氢燃料电池汽车给予了很大关注。

氢燃料电池汽车的优势在于两点：第一，安全。燃料电池的工作方式与内燃机很类似，燃料与电堆是分开的。假如电堆出现问题，只要先把氢气切断就可以，因此比较安全。在我个人研究燃料电池的过程中，从来没有发生过燃烧和爆炸事故。

第二是效率高。燃料电池发电原理是通过电化学反应把化学能转换成电能，所以效率较高。一般来说，车载燃料电池的效率可以达到 60% 左右。

第三，环境适应性好。现在张家口有 74 辆燃料电池汽车在示范运行中。结果显示：在寒冷气候条件下，燃料电池汽车只要解决了启动问题，性能表现相对锂离子电池汽车而言是更加稳定和优越的。

目前，我国已经掌握了燃料电池的核心技术，并积累了大量的示范运行经验，已经具备了进行更大规模示范运行的条件。

2018 年，共有 86 款燃料电池车型入选工信部的《新能源汽车推广应用推荐车型目录》；现在，全国运行中的燃料电池汽车有 1500 多辆，运行中的加氢站有 10 余个。这些为中国燃料电池产业的发展奠定了坚实基础。

未来，中国燃料电池技术和产业要想在国际上具备竞争力，还要在降低成本、实现关键部件批量生产等方面下功夫。为此，我的几点具体建议是：

第一，要尽快完善燃料电池产业链，特别是诸如扩散层碳纸、空压机和氢气循环泵等等。

第二，要提高电堆工作的电流密度，提高电堆体积和重量比功率；同时降低电堆成本，为开发乘用车奠定基础。

第三，要深入研发电堆衰减机理，开发抗腐蚀、稳定的新材料，大幅度提高发动机的可靠性和耐久性。

第四，要开展超低铂和非铂电催化剂的理论和应用研究，进一步降低燃料电池的铂用量。

第五，要建立关键部件、电堆和电池系统的检测评价体系，并尽快成立中立性的专业检测机构。

中国工程院院士

序三

今年是新中国成立七十周年。回顾七十年，物换星移，如梭如歌。失意与韧性相随，坎坷与荣耀同行；坚守为自主护航，创新为发展谋篇。今天的中国汽车产业终于从封闭、半封闭发展走进了全面对外开放的新时代。未来，中国汽车产业将在新的竞争发展环境中，完成产业转型升级和结构调整，并实现建成世界汽车制造强国的梦想。

在庆祝新中国成立七十周年的关键节点上，我们认真总结中国汽车产业发展的历程和经验十分重要。

七十年的时间，让中国汽车产业有了属于自己的发展步调、丰厚的积累和独有的经验。而对历史的回顾则是为了更好地总结经验，展望未来。而以昔日为鉴，承前启后，引领未来，也是中华民族的传统与智慧。

七十年的成长经验告诉我们，中外合资是中国汽车工业起步发展的权宜之计。由于我国轿车工业是在改革开放以后从零起步，这就迫使我们必须走中外合资发展的道路。只有这样，我们才能快速发展，才有学习成长的机会。

但中外合资又是一把“双刃剑”，虽然在一定时期内对轿车产业和市场发展起到了很大作用，但长期依赖外资不可能将产业做强。

可喜的是，经过四十年的发展，中国轿车产业已经完成了由依赖合资合作到自主发展的过程转变，并形成了可以应对全方位对外开放的自主发展的实力。实践证明，企业和品牌的成长是岁月和意志的积累，没有捷径可走。未来，在外资品牌产品的压力下，自主品牌轿车还有一段艰难道路要走。

七十年的发展经验告诉我们，自主创新发展才是唯一的成功之路。我认为，此时的中国轿车企业应认真吸纳我国商用车的自主发展经验。我国商用车用七十年时间走出了一条与轿车完全不同的道路，一条依靠自己力量和智慧发展的道路。

从上世纪五十年代开始，商用车，特别是载货汽车是支撑经济恢复和国家建设的急需产品，但当时我们除了能从苏联引进卡车技术外别无它他路。然而，中国商用车坚持消化吸收引进技术并进行再创新，走出了自主发展的新路。实践证明，自主创新发展的路会越走越宽。七十年来，中国品牌商用车几乎一直独占着本国市场。产品技术水平不敢说是世界最好的，但其性价比一定是全球最高的，而这一优势还助力我国商用车走向了国际市场。

我国商用汽车产业用七十年的成功实践告诉我们，只有自主创新才是产业发展的灵魂，只有改革开放才能形成国际领先的产业基础。执着的理想信念是发展的动力，壮大自主品牌是发展的根本，只有依托自主才能将整个产业做强。

另一方面，中国汽车产业的七十年发展经验还告诉我们，产业结构调整是历史的必然。七十年来，不同时期出台的、与时俱进的一系列产业政策一直坚持着产业结构调整的大方向，其中最艰难的就是企业结构的优化。这说明，许多问题的解决需要经过长期而艰难的历程，不可能一蹴而就。

当前，在严峻的国际环境下，国家加快了改革开放的步伐，汽车产业的法制化管理体制和投融资体制改革，以及市场化、国际化改革措施同步深化。在这一背景下，我国汽车产业发展也面临着新的严峻考验。

未来一段时间，我国汽车市场的竞争环境将更加复杂：企业不但要面对同业之间的竞争，还要面对传统汽车与新能源汽车发展的竞争。尤其是对于新能源汽车企业而言，既有合资、独资企业与中资企业的竞争，也有国内企业与国外企业的竞争，既有传统汽车企业与新能源汽车生产企业的竞争，也有不同生产营销模式企业之间的竞争。

但同时，激烈复杂的竞争态势也为我国汽车产业结构调整创造了充分的条件。不同产业基础、不同体制机制、不同投融资方式、不同经营理念和生产方式、不同产品成本及品质控制能力，这些让不同企业应对竞争和抵御风险的能力呈现出巨大差异。七十年来，虽然已经有一大批整车和零部件企业被淘汰，但所处的历史环境远没有今天复杂。可以说，今后我国汽车产业淘汰机制将更加有效，产业结构调整与升级前景乐观。

虽然机遇和挑战并存，但对于大多数企业而言，挑战大于机遇。但经验证明，如果企业能尽早开展联合重组、优势互补，合力应对挑战并实现突破性发展并非不可能。

今天，瞭望智库编辑发布了《汽车强国之路 2019》，完整客观地回顾和评价了中国汽车产业七十年的发展历程。历史让我们铭记，成就让我们喜悦，磨难让我们励志，经验让我们借鉴，这是一个很有价值的历史资料。

在我看来，回顾总结七十年产业进程的主要目的，是鼓舞行业认真吸取经验，继续发扬锲而不舍的奋斗精神。只有抓住机遇，不断开拓创新，勇于进取，才能在全面开放的国际竞争环境中，从容应对各种压力和挑战，在不远的未来实现我们的汽车强国梦。

张书林
原国家机械工业部汽车司副司长
中国汽车工业协会原常务副理事长兼秘书长

序四

当前世界正面临百年未有之大变局，从全球范围来看，汽车产业也面临着深刻的变革：互联网与汽车的进一步融合，让汽车成为更具广泛意义的移动终端；共享平台的推进正在强烈改变着消费者的用车消费习惯。

更重要的是：汽车产业的变革还在引领着智慧交通、智慧城市的构建，并将引发能源领域的颠覆性变化。

在这个大变革时代，中国汽车产业的走势与市场表现尤为重要。中国汽车产销量多年来保持世界第一，目前已占全球近三分之一的份额。不仅如此，中国市场还是国内外主流车企的重要“阵地”，预计未来还将成为引领全球汽车产业技术发展的核心舞台。

但同时也要看到，随着我国内外部环境发生深刻变化，作为国民经济支柱的汽车产业也在面临着前所未有的挑战。在保持了连续28年增长态势之后，中国汽车产销量在去年首次出现了小幅下降。

上述这些形势说明：中国汽车产业想要真正由大变强，就必须在加快转型升级、提升科技创新能力、推动高质量发展、深化改革开放、加绿色发展等方面下大功夫。

2019年，可以说是中国汽车领域深化改革开放非常重要的一年：最新的投资管理规定、合资股比限制逐步放开、“一带一路”倡议深入推进等一系列政策信号，都将对未来中国汽车产业发展产生深远影响。

时逢《汽车强国之路2019》出版之际，我想就未来中国汽车产业的发展提出三点粗浅的建议：

第一，从业者们要进一步加强对汽车产业发展规律的研究，只有认识到位了，产业发展才能有条不紊，循序渐进。

第二，可考虑尽快制定中国汽车产业发展战略，明确未来提高产业竞争力的指导思想和战略重点等内容。通过加强硬实力和软实力建设，使中国汽车产业由大变强。

第三，要坚持走改革开放的创新之路。改革开放是我国基本国策，也是我们作为全球最大汽车市场的担当。中国汽车业不仅要为世界汽车技术发展贡献力量，也要为全球汽车产业创新提供市场和稳态。这既是大国责任，也是我们迈向汽车强国的必经道路。

董扬

中国汽车工业协会原常务副会长

序五

2019 年，是新中国成立七十周年大庆。以一汽建厂为标志的新中国汽车工业也走过了 65 年的历程。瞭望智库在这个重要的时间节点上，编撰出版《汽车强国之路 2019》，可谓适逢其时。

在《汽车强国之路 2019》一书中，读者不仅可以跨越时间的长河，重拾尘封在胶卷底片中的时光记忆，把握中国汽车工业成长壮大的发展脉络，更可以从中探寻出中国从汽车大国走向汽车强国的可行路径。

作为一名 1978 年入行的新华社老记者，我有幸见证了改革开放 40 年来，中国汽车业从一个计划经济的活样板走向完全市场化的新天地。尤其是中国轿车工业从无到有；从公车的一统天下，到私家车成为亿万百姓的出行工具；从高关税自我封闭走向全球化合作；从合资起步到本土自主品牌挑起大梁；从上世纪 80 年代初的乘用车年产不过三五千辆，到当下年产销超过 2000 万辆，连续 10 年超过美国，稳坐全球产销第一的位置。

自 2001 年 11 月中国入世以来，中国汽车产销连续约二十年“井喷式”高速成长，到 2019 年，已经到了一个新拐点，一个从汽车大国迈向汽车强国的新阶段。

截至去年底，国内民用汽车保有量为 2.4 亿辆，其中私人汽车保有量首度突破 2 亿辆。在如此庞大的一个基盘上，中国汽车工业的发展已经由狂飙突进式的增量发展，变为依托新能源、新科技、高质量、现代营销、后市场开拓为支撑的存量竞争。

什么是世界汽车强国？我认为起码要具备三个条件：一是有一批具备国际竞争力和世界知名度的企业和响当当的品牌；二是游刃有余地领跑着国际和国内两个市场；三是掌控汽车业的核心技术和洞悉汽车业未来发展趋势。

合抱之木，生于毫末；九层之台，起于垒土。中国要从汽车工业大国变成汽车工业强国，实现高质量发展，一定要战胜粗放增长，从依赖外力到练好“内功”。

在2019年，全球汽车市场格局也在来自资本、技术、地缘政治的冲击下激烈动荡，不断构成新的机遇与挑战。在国内汽车市场，明确合资股比放开时间表、新能源补贴政策调整逐步退坡、更苛刻的节能环保要求即将实施等挑战集中到来，中国汽车行业将要面对的，是一个增速放缓、挑战严峻、竞争更加激烈的变革时代。

“竞争”将是中国走向汽车强国的关键词。中国汽车的历史，一次又一次证明，“保护”是个坏东西。竞争出强手，保护出笨蛋。每一次主动，或者被迫脱下一层沉重的“防弹衣”，中国汽车业就迎来一片光明，涌现一批经得起摔打的企业。今天，能够在世界汽车业立足的中国本土品牌，吉利、奇瑞、长城、比亚迪、荣威、奔腾……哪一个不是在与世界强手激烈的市场竞争中脱颖而出的？中国汽车业只有在“世界杯”级别的大赛中与对手一争高下，中国才能有望成为汽车强国。在这个转变中，曾经“姥姥不疼，舅舅不爱”的民营企吉利就是一个最成功的例子。

我们期待，在2035年左右，中国汽车的产销能达到4200万辆左右的峰值。同美、德、日等国一起构成汽车强国的第一阵营。2035年之后，期待中国能涌现出一两个年产量1000万辆的品牌，出现像华为那样全球顶尖的企业，这是我们的梦想。

李安定

新华社国内部原编委、经济新闻采访室主任、高级记者

目录
CONTENTS

第一章

回顾七十年：中国汽车产业的崛起之路

今年是新中国成立七十周年。这七十年，是中国汽车产业从无到有、成长壮大、蓄势待发的七十年。如今，我国汽车工业现代化产业格局已经构建完成，汽车产业成为国民经济的支柱产业。在刚刚过去的2018年，中国汽车产业又经历了发展史上划时代的一年：进口关税降低、合资股比限制放开等一系列政策信号表明：历经70年风雨的中国汽车产业进入了全面开放发展的新时期。未来一段时期，中国汽车产业将在新的发展和挑战中，进入到竞争发展与结构调整并重的新阶段，并迎来从汽车生产大国迈向强国的新时代。

本章主要从过去七十年中国汽车产业政策衍变、中国汽车品牌发展历程和大国汽车匠人的亲身实践与感悟出发，系统性地总结了中国汽车产业的崛起之路。“大国汽车：砥砺前行七十年”主要从宏观产业政策的视角，梳理了中国汽车从无到有、从商用到民用、从封闭到开放、从计划体制走向市场体制、从“一穷二白”走向现代化产业体系、从国有经济体制走向多种体制共存、直到处于由大转强阶段的整体历程。

“中国品牌：从无到有筑新梦”历数七十年来中国汽车产业中最具代表性的中国品牌汽车企业及其典型产品，并重点从国内外市场表现、在新能源汽车领域的探索、国企转型历程等角度展开解析。

“强国工匠：与有荣焉造车人”一节聚焦汽车产业的“幕后功臣”，并从六位强国工匠的角度，讲述了一代代汽车人在中国汽车产业不断跨越的进程中前赴后继，砥砺前行的故事。

一、大国汽车：砥砺前行七十年

纵观新中国成立七十年的历程，从“一穷二白”到自立于世界民族之林，让人民可以享受到小康社会的富足和福利，而实现国家富强和民族振兴的关键环节之一就是实现工业化。

汽车是工业化过程中最好的“带头产业”。汽车产业具有强大的产业联动效应、高新技术吸附性及资本与技术密集性，被称为“改变世界的机器”，常被当作一个国家，尤其是一个大国的战略产业。世界上几乎所有发达国家都走过发展汽车工业，从而带动国民经济发展的道路。

汽车曾经是中国人的梦，是中国人的现代工业梦和幸福生活梦。70年来，受到经济体制、发展战略和国际环境的影响，中国人梦寐以求地发展本民族汽车工业。经过一代又一代人的不懈努力，如今终于初步形成了相对完整的汽车工业体系。

70 年间，中国汽车产业快速崛起，如今产销量位居全球第一，成为我国国民经济的一大支柱。这一成就的取得，追源溯流，与国家在不同时期制定的、与时俱进的汽车产业政策密切相关。通过政策的引导和自主创新，中国已成为全球范围内汽车电动化、智能化、共享化发展方向的积极倡导者和引领者，这不仅为中国汽车产业应对全方位对外开放营造了良好的国际竞争环境，更为我国能够尽快实现“迈向世界汽车制造强国”的宏伟目标提供了机遇和核心竞争力。

70 年间，中国汽车产业经历了在开放中融合、在融合中崛起、在崛起中竞争、在竞争中成熟的发展历程。经过岁月积淀的中国汽车产业，在蹒跚走过 70 年的风雨历程后，终于以一个成熟者的姿态，意气风发地站在行业前列，参与并引导着下一轮全球产业变革。

2018 年，中国突破性地做出了降低汽车关税、逐步放开汽车外资股比限制的承诺，这是中国与世界深度融合的重要标志，更是中国自信开放的战略抉择。在中国汽车产业即将进入的、前所未有的全方位对外开放新时期中，新能源汽车以先行者的姿态迈向了竞争发展与结构调整并重的新发展轨道。汽车产业动力转型的大幕拉开，预示着我国汽车产业深度改革开放、全方位参与国际竞争的新时代已经来临。

国家之所以会如此大魄力地出台开放政策，是因为 70 年的发展成功经验说明：坚持改革开放，是形成国际领先产业基础的必要手段，自主创新是产业发展的灵魂，执着的理想信念是产业发展的动力，自主品牌是民族经济发展的根本。坚持自主发展是将产业做精、做强的唯一途径。

（一）1949—1978 年：中国汽车工业的黎明

汽车工业是一个国家工业技术水平的重要标志之一。新中国成立之初，工业化基础非常薄弱。在当时，中国公路上行驶的汽车有 130 多种品牌，但全是外国产品，因此，中国长期被人戏称为“万国汽车的展览馆”。毛泽东主席曾深有感触地说：“现在我们能造什么？能造桌子椅子，能造茶碗茶壶，能种粮食，还能磨成面粉，还能造纸，但是，一辆汽车、一架飞机、一辆坦克、一辆拖拉机都不能造。”

为了改变这种落后面貌，为了新中国的自立和自强，1953 年 1 月 1 日，党和政府通过《人民日报》社论向全国人民宣告：“我国开始执行国家建设的第一个五年计划，这就预示着经济建设在整个国家生活中已经居于首要的地位。”“一五”期间，我国确定了优先发展重工业的战略，汽车工业定位于生产引导型产业。

在经济建设的大热潮下，市场对商用车需求快速上升。可以说，商用车作为汽车工业重要组成部分，开启了中国汽车工业的发展篇章。1953 年 6 月，中共中央发布了关于力争三年建成长春第一汽车制造厂的指示。一汽建成后以生产通用型的载重汽车为主，这种载重汽车以我国用户使用多年的苏联吉斯 150 型汽车为范本，同时又根据我国公路条件和使用条件改进部分结构设计。毛泽东特地为这种汽车定名为“解放”牌。

由于外国经济封锁，中国汽车工业几乎是在封闭的经济环境中自力更生地发展起来的。为了保证第一辆汽车能顺利诞生，中国政府及早确定了企业设计任务书，迅速进行苏方交来的设计审查批准工作。在全国，有 80 多家厂矿为一汽的建设提供了建筑材料和机械设备，10 多个工业部门提供了 400 多种协作产品，70 多家工厂为一汽培训技术人员，全国各地约 2900 名 4 级以上的老技工被抽调到一汽，以充实其技术力量。

1953 年到 1955 年年初，是一汽最为紧张繁忙的基建时期。为推动工厂的建设，全厂职工开展了大规模的红旗竞赛。尤其是在夜晚，方圆几十里的土地上，好似点起了万家灯火：电杆枪的火苗映红了天际，机器的轰鸣声、劳动者的口号声恍如雄壮的奏鸣曲。

在当时的条件下，要自主制造一辆汽车是一件极为不易的事。参加筹备的职工来自全国各地，谁也没有真正制造过汽车：转业的同志大多没有搞过工业，农村来的工人甚至没见过工厂，刚出校门的青年学生也只不过熟悉点书本上的东西而已。为了适应生产建设的需要，一汽的全体职工都制定了个人两年学习小规划，决心在最短的时间内提高业务水平。许多人走进各种业余的文化技术学校，参加晋级进修学习班。一汽还大量派出实习生到苏联学习，或到兄弟厂进行培训，边实践、边学习、边提高。

就是这样，一汽正式开工所需的 1200 名工长以上的领导骨干、各生产加工线上所需的调整工和工序工，在短期内被培训出来，并在建厂中发挥了积极作用。在艰苦创业精神的驱使下，一汽的木工场、铸工场、辅助工场、热电站等 10 个主要厂房也在不到一年的时间里拔地而起。

从 1955 年开始，一汽从基建期逐步转入设备安装调试阶段，几条战线交叉工作，齐头并进。1956 年 3 月起，第一炉铁水、第一批铸件、第一包发动机变速箱诞生，生产整部汽车的日子一天天临近了。

1956 年 7 月 15 日，我国自己制造的第一辆汽车——“解放”牌载货卡车在长春第一汽车制造厂下线，举国欢腾。至此，终于结束了中国不能制造汽车的历史，找回了一个大国的工业尊严。在 1956 年 10 月 1 日，第一批“解放”牌汽车作为国庆 8 周年的献礼被送到了北京。在阅兵队伍中，那队载着 2000 人的 50 辆深绿色“解放”牌汽车出尽了风头。

1958 年以后，全国企业下放，各省市纷纷利用汽车配件厂和修理厂仿制、拼装汽车，汽车厂遍地开花，形成了中国汽车工业发展史上的第一次热潮。到 1965 年，全国逐渐形成上海、南京、济南和北京 4 个新的较大规模的汽车生产基地，这些汽车生产基地大体上形成了 10 个基本型车种、6万辆的生产能力。一批改装车和专用车企业也在这期间诞生。它们相继生产了“上海”牌轿车、“跃进”牌NJ130型2.5t载货车、“黄河”牌JN150型8t重型载货车、“北京”牌BJ130型2t轻型载货车和BJ212型轻型越野车等，这些汽车的发动机大多是由苏联进口而来。同时，我国也同步筹建了为整车生产配套的零部件工业体系。不过，当时的汽车产品以载货汽车为主，特别是中型载货车，汽车的产量、品种、质量等还远不能满足国民经济和国防建设的需求。

到1978年年底，全国汽车产量增加到15万辆，保有量为107万辆，形成了以中型载货车为主体的汽车产品与制造体系，初步满足了国民经济建设和国防建设的需要。

综合看来，1949年到1978年期间发展的汽车工业主要为国民经济建设服务，汽车产品品种逐渐丰富，构建了较完整的载货车生产体系，在国家的统一规划下，国企几乎承担了所有工作，并且以商用车的生产为主。20世纪60年代后期，中国根据当时的经济建设要求，兴建了第二汽车制造厂、四川汽车制造厂及陕西汽车制造厂等多个具有较大规模生产能力的专业汽车工厂。原有的第一汽车、南京汽车、上海汽车和济南汽车等主要生产厂家也改进老产品、开发新产品并扩大生产能力。然而，在当时的社会政治经济环境下，汽车工业与整个国民经济一样，孤立于整个世界经济之外，所以并没有实质性的进步与成长，产品重复、低水平、小而散的现象严重，为以后汽车工业的整合发展留下了一定隐患。尽管中国政府投入了巨大的人力和物力，最终也能生产出一定数量的汽车，但由于基础薄弱、技术落后、资金不足，在高度集中的计划经济体制下，汽车未能实现大规模生产，在中国并未形成一个产业，只是解决了“有没有”的问题，没有生产出有竞争力的产品，在车型上也基本只限于卡车。

不过，众多汽车工厂的建立和生产填补了中国工业的空白，为中国汽车工业的发展奠定了基础。而且，以商用车为主体的中国汽车工业基本以自主发展起步，此后虽然被外资品牌不断瓜分市场，但自主发展的脚步从未停止，也正是因为始终坚持着自主创新的道路，才形成了今天具有国际竞争力的商用车体系。

另外值得一提的是，在中国商用车市场上，自主品牌载货车由于性价比较高，没有给外资留下很大利润空间，因此一直占据强势市场地位。直到今天，自主品牌在国内载货车市场依旧拥有很大话语权，这与我国商用车坚持自主创新有着密切关系。

（二）1978—1994 年：争议中前行的中国汽车

改革开放后，高速经济增长极大地刺激了各类交通运输的发展和汽车需求的增长。1980—1998 年间，我国汽车消费量年均增长 10.4%，其中轿车消费量年均增长率达到 18%。同时，我国开始大规模引进技术，调整产品结构。1987 年，政府决定将汽车工业逐步转向以生产轿车为主，我国汽车工业开始驶入快车道。1992 年，中国汽车产量首次突破百万辆大关。

1978 年，世界汽车总产量为 4230 万辆，有 10 个国家的汽车产量超过 100 万辆。与中国几乎同时起步的西班牙、巴西等国都进入了百万辆汽车生产国家行列，墨西哥的产量接近 40 万辆，比中国起步晚的韩国的产量也超过了 15 万辆。然而，当年中国汽车年产量只有 14.9 万辆，其中轿车只有 4125 辆。中国汽车工业不仅产量小，还存在车型老旧、水平低、质量差、品种单调、缺重（重型载货车）少轻（轻型载货车）短轿车等问题，制造水平和管理水平也很低。汽车工业的整体水平与国际平均水平相差巨大，始终无法满足国内的市场需求。

随着改革开放以后发展的洪流滚滚向前，人民对汽车产品的需求也在不断增长。要想满足人民群众日益增长的需求，适度开放合作无疑是一条捷径。经过一番激烈的讨论后，国家最终决定要引进先进技术，发展轿车工业，逐步引入代表世界先进技术的跨国公司，希望通过学习、消化和借鉴，提升自主发展能力。

1982 年是中国汽车产业发展的关键年份。与此同时，汽车作为产业部门经历了一次体制改革的重要尝试：经国务院批准，成立中国汽车工业公司。中汽在启动重型车、轻型车、发动机的大布局之后，为解决中国汽车“缺重少轻，轿车是空白”的畸形产品结构，将轿车生产的尝试提上了日程。1982 年 6 月，邓小平在中汽的报告上明确批示：“轿车可以合资。”这开启了中国汽车对外开放的新篇章，而中国与外国企业新一轮的也谈判也随之开始。自 20 世纪 80 年代中期起，在当时中国整体还处于封闭的大环境下，外资抱着谨慎和保守的态度陆续进入中国，先后成立了北汽克莱斯勒、上汽大众、一汽大众等中外合资企业。

在引进外资政策的推动下，中国汽车产业开始缓慢发展。1984 年 1 月，中国汽车的第一个中外合资企业北京吉普诞生。有了先行者，中国汽车工业很快便进入第一轮合资高潮。1985 年 3 月，中德合资轿车生产企业上海大众汽车有限公司成立，这是中国真正意义的现代汽车工业的起点。同年，南京汽车引入意大利菲亚特的依维柯汽车，广州和法国标致合资项目也成立，桎梏了几十年的轿车工业能量开始井喷。

1988 年 5 月 17 日，奥迪和一汽签署技术转让合同，承诺自 1989 年后，奥迪 100 只落户在一汽来进行生产，从此开启了双方的合作历程。1989 年 8 月，奥迪 100 轿车在一汽下线。1991 年 2 月，一汽大众在长春成立。翌年，雪铁龙 ZX 富康牌轿车下线。至此，当时所称的“三大”“三小”轿车项目均已完成。其中，桑塔纳轿车的国产化工作由于政策得当，走在了合资轿车配套零部件国产化的前列，起到了表率作用。

1986 年，汽车工业作为国家重要的支柱产业被写入了“七五”计划，汽车工业第一次被中国政府明确为支柱产业。从那以后，政府在政策上对轿车领域给予了特别的关注。1990 年，中共十三届七中全会和 1993 年中共产党第十四次全国代表大会都明确把汽车产业作为重点产业发展。

但是，中国的汽车产量仍然不容乐观。从 1978 年直至 1992 年，经过 14 年的发展，全国汽车总产量才超过百万辆。1994 年，全国汽车总产量为 136 万辆，其中轿车产量仅 20 多万辆。

分析这组缓慢增长的数据，背后原因与中国当时所处的历史环境不无关系。

一是在计划经济的管理体制下，政府是用行政手段管理企业和市场，难以形成有效的竞争机制。再加上中央和地方分税制的经济体制，以及中央对地方调控手段不完善，各省市建立汽车厂的热情空前高涨，造成了汽车厂点过多、分散、低水平重复建设、重复引进的局面。以 1993 年为例，全国汽车生产企业已达 124 家，可其中产能在万辆以上的企业仅有 33 家。

二是改革开放初期，我国轿车产业基本是从零起步。由于没有汽车产品的个人消费，规模化的市场无法形成，影响了外资企业和自主发展的信心，导致汽车工业无法成为国民经济的支柱产业，也不能形成市场竞争的基础条件。

三是当时的汽车和零部件企业全部为国有企业或集体所有制企业，中外合资的资源基本被国有企业垄断，导致中国汽车产业的自主发展受到局限。

四是在合资企业中，中方并不掌握轿车（乘用车）的研发和大批量生产技术与管理技术。外方一旦成为主导，中方的自主发展必会受到抑制。例如，北汽公司与克莱斯勒合资后，就无奈放弃了原本打算用引进技术升级改造“北京 212 吉普”的计划，以致造成永远的遗憾。

基于上述有碍汽车产业发展的问题和主要矛盾，国家认为有必要制定一项产业政策，来引领处于迷茫中的中国汽车产业。1994 年，新中国第一部汽车产业政策——《汽车工业产业政策》颁布。

《汽车工业产业政策》第六章第 27 条明确提出“国家鼓励汽车工业企业利用外资发展我国的汽车工业”，这使得外资品牌直接在华投资有“法”可依。同时，该政策对合资企业提出了外汇平衡的要求，设定了合资产品的最低国产化率和外资所占股比的红线。其第六章第 32 条明确提出，“生产汽车、摩托车整车和发动机产品的中外合资、合作企业的中方所占股份比例不得低于 50%”。50% 股比成为此后二十多年合资车企严格恪守的一道政策红线。

为了尽快形成市场规模，该政策首次提出鼓励汽车个人消费，明确了以轿车为主的汽车发展方向，并重点支持已合资的轿车项目尽快建成投产。《汽车工业产业政策》还确立了引进消化吸收国产化自主发展汽车的思路，提出“高起点、大批量、专业化”建设轿车产业的战略方针。这些条款为我国汽车产业的自主发展留出了空间，并为今后的快速增长奠定了基础。

综合看来，《汽车工业产业政策》的出台具有划时代的意义和作用：

首先，第一部汽车产业政策的颁布，意味着中国汽车产业已从封闭发展进入半封闭发展时代，并完成了轿车从无到有的建设过程；

第二，对于新建轿车项目停止审批的规定，意味着我国汽车产业开始进入长期艰难的产业结构调整历程；

第三，允许外资进入、鼓励轿车个人消费及市场目标的规定，意味着我国长期执行的计划经济体制开始向市场经济体制转变，为外资和自主企业发展增添了信心；

第四，对整车和发动机外资股比的规定和同一外资设立同类产品合资企业数量的限制，为我国汽车企业的自主发展留下了空间；

第五，外资带来的轿车研发、生产技术和产品，以及零部件对外资的全面开放和对整车产品的国产化要求，为我国汽车产业的自主发展奠定了坚实基础。

在这部产业政策执行的 10 年间，我国汽车产量翻了两番（达到 507 万辆），轿车产量翻了三番（达到 203 万辆）。不过，随着改革的持续深入和产业的纵深化发展，新的矛盾再次出现，第一部产业政策的调整也势在必行。

（三）1994—2004 年：轿车消费市场从无到有

我国汽车产业在关税和非关税壁垒的保护下，走出了一条粗放式的发展道路，只注重数量扩张，导致低水平重复建设问题十分严重。1994—2004 年期间，我国各类汽车生产厂家数量之多居世界之首。整车厂、各类改装车厂超过美国、西欧和日本汽车企业数量的总和。尽管企业数量多，经济规模却很小，年产量万辆以上的企业仅 20 家，年产量超过 15 万辆的仅 4 家。1999 年，我国汽车产量为 183 万辆，这仅相当于国外一个大汽车公司几个月的产量。

进入 2000 年以后，汽车产业发展过程中的新矛盾愈加凸显。

2000 年 10 月，中共十五届四中全会审议通过《中共中央关于制定国民经济和社会发展第十个五年计划的建议》，其中有这样一句话：要大力发展公共交通、鼓励轿车和计算机进入中国家庭。在中共中央的历次全会中，这是首次阐明要大力振兴汽车制造业，提出要鼓励轿车进入家庭。

鼓励轿车进入家庭，表明政府已不再把轿车单纯视为生产工具或公务专用。适时满足家庭对轿车的需求，既可刺激消费、拉动内需，也可促进产业结构调整，达到国民经济快速、高质、可持续发展的目的。也正是从这时起，“让轿车走进寻常百姓家”的口号可以挺直腰杆、正大光明地喊出来了。此后，面向私人消费的汽车品种如雨后春笋般涌现。

2001 年 12 月 11 日，中国正式加入 WTO。根据相关承诺，中国必须在管理体制、经贸政策、外资政策、市场政策等方面加快改革步伐，以尽快向完全的市场经济体制过渡。汽车产业从此开始承受加快对外开放的压力。

虽然国家为中国汽车产业争取了三年过渡期，即从 2002 年至 2004 年，我国可继续实行汽车进口的配额许可证管理，汽车及其关键件进口配额可在2000年60亿美元的基础上每年递增15%。但显然，原有的汽车产业政策已不再适应于新的发展环境，必须按照谈判承诺的改革步伐来进行相应调整。换言之，国家要通过贸易保护措施来保护汽车产业已不可能，中国汽车产业此后面临的将是全球化的竞争环境，遵循的规则将是WTO的统一规则，未来只能在全球化的竞争环境下寻求生存和发展之路。

亟待调整的还有汽车消费政策。因为直到2004年，第一部汽车产业政策中规定的2000年轿车产量的预期目标（汽车总产量的50%）仍没能实现。究其原因，主要是轿车进入家庭的市场潜力尚未充分发挥。而比例过低的产品结构会影响市场机制的建立，因此需要通过新的消费政策来营造良好的市场环境，拉动潜在的消费需求。

此外，中外合资企业对我国汽车产业的发展既有积极的一面，也有消极的一面。外方在提供了某些现成技术的同时，也在一种程度上束缚了中方自主发展的动力和手脚，使我国汽车产业自主发展动作迟缓，这有悖于引进外资的初衷。“只有合资品牌轿车，没有自主品牌”的局面急需改变，这就需要中国汽车加快自主发展的步伐。

2000年前后的中国车坛，合资重组大戏连台上演，中国汽车工业的新格局初步显现，一汽、东风、上汽三大集团相继拥有了多家合作伙伴，几乎所有的汽车跨国公司都已落户中国。但此时，民营资本却犹如突起的烽烟，进入曾经以国有企业为主体的汽车行业。

例如，浙江吉利集团在2002年以非汽车类资产和承担部分债务的方式接盘了上海杰士达集团旗下的轿车类资产，开始在中国汽车行业的并购热潮中发出民营汽车企业的声音。

2003年年初，全国各地又有不少掌握大量流动资金的民营投资者纷纷进军竞争日趋白热化的汽车制造业。1月23日，素有亚太区“电池大王”称号的民营企业家王传福在香港宣布，以2.54亿港元的价格收购西安秦川汽车有限责任公司77%的股权，正式控股秦川汽车公司。2月，又传出浙江三家民营企业出资 3500 余万元进入位于湖南湘潭生产江南奥拓的江南机器厂。

家电产业在多元化发展中也将资本投向了汽车产业。例如，春兰集团于 1997 年 11 月并购了南京东风汽车公司，成立南京春兰汽车有限公司，正式涉足汽车产业。

民营企业进入汽车制造行业是对民营资本准入的突破，预示着传统汽车生产格局开始出现裂变。民营企业以重组并不景气的国有汽车企业的形式进入汽车业，这一举动成为整个汽车业资本构成变局的开篇。

分析来看，民营企业成功进军汽车产业主要由以下原因促成：

第一，在合资形式下，中国汽车的产业技术逐渐扩散，为国内民营汽车企业提供了机会和可能。

从 80 年代中后期开始，中外合资成为汽车技术引进的主要方式。此后，通过跨国公司引进技术的示范效应，国内汽车企业的产品质量普遍得到了提高，民营汽车企业的发展也因此具备了良好的基础。

第二，部分参与合资的中方车企自主发展步伐缓慢，为民营车企的发展留出了空间。

在当时的合资时代，技术创新主体主要是跨国公司，国企对于自主品牌的研发投入和资源投入相对不足。特别是由于跨国公司在核心技术研发上会进行较强的封锁，导致在中国市场的研发工作只是以本土化的适应性技术开发为主。虽然经过多年合作，合资企业在人才培养、技术外溢等方面的确帮助国有车企提升了技术水平，但核心技术的研发和创新能力上，中方的提升却十分缓慢。

民营资本的介入，使得中国汽车工业形成新的竞争态势。民营车企尽管市场占有率低，规模相对较小，但在技术创新方面取得了长足进步。由于后发劣势以及市场竞争压力，奇瑞、吉利、比亚迪等自主品牌汽车企业显示了较强的自主创新活力，研发投入强度明显高于国内平均水平，而且走出了从模仿借鉴、合作研发到自主研发的技术创新之路。

第三，随着国民经济的快速发展，居民收入水平的提高，汽车消费市场日趋成熟。

这一时期，私人购买汽车获得了政府的认可和支持，私人汽车消费开始发展起来。当然，国内汽车产量依旧以载货车为主。但从1996年开始，轿车和载货车产量就十分接近，我国汽车工业进入到产品结构调整的重大转折期，中国汽车工业——尤其是轿车的生产技术水平大大提升，新车型层出不穷。随着汽车消费结构升级，中国汽车进入“井喷”时期。轿车工业的迅猛发展，也拉开了汽车进入家庭的序幕。

而在此期间出台的第二部汽车产业政策无疑为民企的发展提供了更有利的条件。执行第一部产业政策的10年实践表明，汽车产业“散、乱、低、慢”问题的产生有一定的历史根源和必然性，只靠计划经济时期的行政手段是无法解决的，需要通过逐步强化法制化管理并充分发挥市场机制的调节作用才能解决。

针对以上主要矛盾，2004年，我国政府本着保护弱小产业自主发展的原则，结合新时期国内外的产业发展因素，颁布了新中国第二部汽车产业政策——《汽车产业发展政策》。

与“1994版”政策相比，“2004版”汽车产业政策提出“培育以私人消费为主体的汽车市场”，第一次将汽车工业产业政策与汽车消费政策合二为一，这为我国汽车产业市场化、国际化发展，形成逐步扩大对外开放的应对能力，奠定了基础。

总之，第二部汽车产业发展政策的出台，对推动我国汽车产业快速发展具有重要意义和作用。

其一，中国做出了适应加入WTO承诺的调整，取消了汽车发动机的外资股比限制和对合资企业产品国产化率等要求，但仍保留了整车合资企业对外资股比的限制，这体现了国家坚持对自主发展的政策性保护。

其二，“品牌战略”提上日程。政策开始向支持开发自主品牌产品方向倾斜，实施品牌战略，催生了自主品牌企业和民营汽车的诞生与发展，激励了自主品牌汽车提高研发和技术创新能力，并为国际化发展奠定基础。

其三，建立起全国统一、开放的汽车市场及管理制度，培育了以私人消费为主体的市场机制，使汽车市场进入快速增长的轨道。

其四，汽车投资和准入管理体制的改革，即将审批改为核准、备案制，以及法律法规、标准的逐步完善，强化了市场配置资源的基础性作用，传统汽车产业的竞争机制基本形成。

其五，第一部汽车产业政策颁布期间，对于重复建设的现象，政府的调控手段还比较单一，只能选择不批项目。但第二部汽车产业政策明确建立了退出机制，促进了政府中后期监管体制的建立和行业结构调整，有效抑制了传统汽车的散乱局面和低水平重复建设的乱象。

在第二部汽车产业政策的引导下，中国汽车产业进入到发展快车道：仅用 4 年时间，到 2008 年我国汽车总产量便从 500 万辆 / 年发展为 1000 万辆 / 年以上，跻身世界汽车生产大国行列；2009 年，中国汽车总销量大爆发，高达 1364 万辆，同比增长 46.15%，超过美国的 1060 万辆，成为世界上最大的汽车销售市场。中国汽车工业由此真正成为国民经济的支柱产业。当然，中国汽车产销量的剧增，除了得益于鼓励消费的政策因素外，也与国家在这一时期出台的其他新政，包括大力减少税收、为建设基础设施尤其是交通运输设施进行重点投资等多种因素有关。

（四）2004—2018 年：站在由大变强的产业风口

1994 年到 2004 年这十年间，中国由原来的自行车社会快速驶入汽车社会的快车道。不仅是汽车产业发生了翻天覆地的变化，中国社会也因汽车产业的发展而发生了巨大变化。

1. 应对全球金融危机

进入 2008 年，国际经济环境急转直下——金融危机爆发。金融危机带来的信贷紧缩和消费者信心大幅下降，对全球汽车产业的冲击是巨大的。作为全球汽车产业的一部分，中国汽车业无法逃避冲击。因此，外部环境的急速改变迫使中国汽车产业发展的相关政策，必须按照“保增长、扩内需、调结构”的原则做出调整。

2008年，中国汽车产量升至世界第二，仅次于日本；2009年，中国汽车产销量双双超过1300万辆，成为全球最大的汽车生产国和新车消费市场。渐趋成熟的中国经济承受住了金融危机的考验，孕育出一个朝气蓬勃的汽车市场。对中国汽车工业而言，2009年是一个重要的时间节点：随着汽车产销量全面超过美国位居世界第一，中国汽车工业正式打上了“汽车大国”的烙印。

回顾2009年的汽车市场，车企销量全面飘红、兼并重组风起云涌、新能源汽车方兴未艾、二三线市场逐渐兴起、消费市场日趋规范、技术开发能力全面进步等可喜的现象，已成为中国汽车工业值得留存的集体记忆。但这些记忆的背后都离不开相关产业政策的积极推动。减征购置税、汽车下乡、以旧换新等紧贴市场的政策，成为推动车市增长的根本性力量。

国家统计局数据显示，2009年全年，全国规模以上工业增加值同比增长11%，在装备制造业增长中，以汽车为主的交通运输设备生产拉动占比超过50%，同时汽车类消费品零售总额增长32.3%，高于社会消费品零售总额近17.0%的增幅。

这表明，经济形势的好转带动了汽车市场的飘红，而汽车工业对经济的增长同样功不可没，宏观经济与作为支柱型产业的汽车工业实现了良性互动。

更加可喜的是，消费者的消费观念逐渐回归理性。随着汽车消费进入普及期，消费者已经摒弃了盲目追逐大品牌、大排量车的观念，转而购买性价比较高的小排量车型。在2009年的汽车市场中，1.6升及以下小排量车型的比例占70%以上，汽车产品结构调整已初见成效，更加契合国家倡导的节能减排和低碳经济的发展目标。

有人以“中国汽车元年”来盛赞2009年的井喷式发展，认为中国已经进入汽车社会。但也有观点认为，按照国际通行的标准，整体而言，中国只是刚刚迈入汽车社会门槛，离成熟的汽车社会还差得很远。

客观来看，一方面，中国汽车市场方才起步，巨大的刚性需求正在逐步释放；另一方面，中国的经济规模巨大，具有很大潜力，这也是支撑汽车这个大宗生活消费品的基石。

2009年，是车市进入新一轮增长期的元年，也是行业格局剧变的一年。车企的发展壮大和自主品牌的崛起成为2009年汽车市场最显著的特征之一。广汽长丰的联姻、长安中航的重组、北汽对萨博部分知识产权的收购、上汽控股上海通用、吉利通过收购澳大利亚自动变速箱公司DSI而掌握核心技术以及同福特达成竞购沃尔沃商业条款方面的一致，无一不彰显了中国汽车企业竞争力的增强。

大批合资整车和零部件企业的设立，迅速提高了中国汽车工业的技术水平，完善了产业和产品结构，增强了产业链的竞争力，扩大了生产规模，贯通了国际市场。这一时期，中国汽车产业呈现出“爆炸式”发展态势。

规模方面，从2002年的325万辆增加到2009年的1364万辆，第一次在世界上排名第一位，并一直延续至今。南北大众、北京现代、东风日产等合资企业依然是车市增长的重要力量；比亚迪、奇瑞、吉利等自主品牌企业抢占了合资企业的部分市场份额，跻身轿车生产企业前十的行列。

与此同时，我国具有自主知识产权的汽车也迅速发展，出口快速增长，甚至开始并购海外企业或直接在海外建立生产工厂。

2. 实施新能源汽车发展战略

随着我国汽车保有量的急速上升，石油的对外依存度也在迅速提高：2008—2009年已超过50%。节能、环保作为新时期摆在汽车产业发展面前的一个新命题。

从世界范围看，新一代汽车和替代燃料相关技术已取得了重要进展，汽车产业正孕育着一场新能源汽车替代传统的汽、柴油汽车的重大技术创新。其目的有三个：一是实现汽车工业的可持续发展；二是减少对石油资源的依赖；三是降低对环境的污染。国际上这一技术发展趋势，为我国避免重复发达国家走过的老路，汽车产业实现跨越式发展，应对汽车大众消费带来的石油供应、环境保护等方面的挑战，提供了难得的历史机遇。

在此背景下，2009 年我国新能源汽车产业发展起步。2009 年 1 月，国务院批准的《汽车产业调整和振兴规划》提出“着力发展自主品牌，积极发展新能源汽车”，预示着我国将进入战略性调整的前期；鼓励个人使用节能小排量汽车，同时推出优惠政策，这既有利于保持消费增长，也预示着节能产品将是未来市场消费的主流。

同年，我国开始开展新能源汽车和清洁能源汽车的示范应用。2012 年前共推广应用 1.7 万辆，2013—2014 年推广应用 10.1 万辆，2015 年跃升至 37.9 万辆，2016 年生产 51.7 万辆，连续两年产销量居世界第一，累计推广超过 100 万辆，占全球市场保有量 50% 以上，产业规模全球领先。

实际上，从 2009 年开始，我国汽车产业就在循着新的发展轨迹不断向前，并进入到以汽车动力电动化转型为目标，以节能与新能源汽车为重点的新能源汽车产业培育发展期。汽车产业发展政策也随之有了新改变：不再出台新的“大部头”文件，而是根据改革和发展需要对原有产业政策的相关部分逐步做出相应调整。

2010 年，国务院将新能源汽车列为“国家七大战略性新兴产业”之一加以扶植，标志着中国汽车产业将新能源汽车作为今后的重点发展方向。

2012 年，国家发布《节能与新能源汽车产业发展规划（2012—2020 年）》，凭借国际超前的汽车节能指标部署和新型动力系统国际领先的发展基础，提出“坚持转型与技术进步相结合”的技术路径和“加快培育发展新能源汽车产业，推动汽车动力系统电动化转型”的战略目标。这意味着，我国汽车产业在继续支持传统汽车技术进步的同时，将电动化作为汽车动力转型的支持重点。

2013 年，我国开始在 80 多个城市开展新能源汽车的推广应用。

2014 年，正式确定新能源汽车是我国“从汽车生产大国向汽车强国转变的必由之路”，新能源汽车的历史地位和发展方向自此确立。

受益于以上相关鼓励措施和财政补贴政策的直接推动，2014 年，我国新能源汽车市场开始进入高速增长期。2014 年到 2017 年，我国新能源汽车年销量从 7.5 万辆激增到 77.7 万辆，连续三年成为全球新能源汽车产销第一大国。同时，也进一步激发了社会力量投资研发生产新能源汽车的积极性。

2015 年 5 月，国务院发布《中国制造 2025》，这是强国战略的第一个十年行动纲领。其中，“节能与新能源汽车”被列为九项战略任务之一，新能源汽车被列为“重点突破的领域”。在《中国制造 2025》规划系列解读之推动节能与新能源汽车发展中，详细列出了 4 大战略目标。其中，纯电动和插电式混合动力汽车的目标是：到 2020 年，打造明星车型，进入全球销量排名前 10，新能源客车实现批量出口；到 2025 年，2 家整车企业销量进入世界前 10，海外销售占总销量的 10%；节能汽车的目标是，到 2020 年，商用车新车油耗接近国际水平，到 2025 年，达到国际先进水平。

2016 年开始，国务院和国家发展改革委陆续出台一系列简政放权、简化行政许可、开放新能源投资、强化退出机制、加强中后期监管等宏观调控措施。这预示着，政府进一步加快了市场化改革的步伐，意在充分发挥市场机制作用，促进结构调整，创造公平公正的市场环境。

经过几年的快速发展，我国新能源汽车的技术水平显著提升，企业竞争能力大幅增强。到 2016 年年底，动力电池单体能量密度达 220Wh/kg、价格 1.5 元 /Wh，较 2012 年能量密度提高 1.7 倍、价格下降 60%。纯电动汽车主流车型动力性、经济性、安全性大幅提升，已能满足人们日常出行需求。2016 年，比亚迪、吉利、北汽等企业进入全球新能源乘用车销量前十名。新能源汽车发展带动上下游产业投资，贯通了基础材料、关键零部件、装备制造等产业链关键环节，建立了结构完整、安全可控的产业体系。可以说，我国的新能源汽车产业发展取得积极进展，与国际先进水平基本同步，具备在新能源汽车领域形成全球创新引领的良好基础。

2017 年，工信部、国家发展改革委、科技部联合印发《汽车产业中长期发展规划》（下称《规划》）。《规划》明确了“力争经过 10 年努力，迈入世界汽车强国行列”的发展目标，并提出，到 2020 年，新能源汽车年产销量达到 200 万辆，动力电池单体比能量达到 300Wh/kg 以上，力争实现 350Wh/kg，系统比能量力争达到 260Wh/kg、成本降至 1 元 /Wh 以下；到 2025 年，新能源汽车占汽车产销 20% 以上，动力电池系统比能量达到 350Wh/kg。

（五）2018 年：迈向开放崛起之路

2018 年，注定是汽车产业发展史上划时代的一年。

博鳌亚洲论坛 2018 年年会上，国家主席习近平在讲话中提及两项重要汽车政策的变化，“中国将大幅度放宽市场准入，下一步将尽快放宽外资股比限制特别是汽车行业外资限制”，同时，“将相当幅度降低汽车进口关税”。

在这一基调的指导下，新政策应声落地。2018 年 4 月，国家发展改革委宣布，汽车行业将分类型实行过渡期开放。其中，2018 年取消专用车、新能源汽车外资股比限制；2020 年取消商用车外资股比限制；2022 年取消乘用车外资股比限制，同时取消合资企业不超过两家的限制。通过 5 年过渡期，汽车行业将全部取消外资相关限制。

2018 年 5 月，国务院关税税则委员会发布公告，宣布下调汽车整车及零部件进口关税。公告表示，为进一步扩大改革开放，推动供给侧结构性改革，促进汽车产业转型升级，满足人民群众消费需求，自 2018 年 7 月 1 日起，降低汽车整车及零部件进口关税。将汽车整车税率为 25% 的 135 个税号和税率为 20% 的 4 个税号的税率降至 15%，将汽车零部件税率分别为 8%、10%、15%、20%、25% 的共 79 个税号的税率降至 6%。

目前来看，率先放开的新能源汽车，让筹谋多年的特斯拉在华建厂加速实现；打破不超过两家合资企业的限制后，民营企业长城与宝马顺利牵手；而取消 50% 红线，宝马已计划将其在华晨宝马的持股比例提升至 75%，继而实现控股。

可以想见，随着对外开放的力度加大，诸如此类的案例接下来会频繁出现，中国汽车产业将继续成为外商投资的热土，本土汽车品牌也将迎来更全面且充分的市场竞争。

历经 70 年风雨的中国汽车产业，终于在一个个政策接力般的驱动下迸发出蓬勃昂扬的力量，从封闭、半封闭的发展阶段进入全面开放发展的新时期。中国汽车将在新的发展机遇和挑战中，进入竞争发展与结构调整并重、完成动力转型并实现汽车生产大国向强国转变的新时代。

回首过往，70 年物换星移，如梭如歌。失意与韧性相随，坎坷与荣耀同行；坚守为自主护航，创新为发展谋篇。

汽车产业 70 年的发展和新中国 70 年的发展进程同频共振。如今，汽车产业在我国 GDP 中的贡献率超过 6%，汽车产业每增加 1 个百分点，就可以拉动上下游产业 17 个百分点的增长。

过去 40 年，国家坚持深入的改革开放，为汽车产业的纵深化发展创造了必要的外围条件；同时，国家也在针对每个阶段的主要矛盾，积极调整与应对，制定出与时俱进的政策，这也成为规范企业行为和引领汽车产业不断取得突破性发展的关键内因。

——70 年，中国汽车完成了轿车产业从无到有，汽车工业由小到大、由弱渐强的转变；实现了汽车工业现代化产业格局，进而成为国民经济的支柱产业。部分企业进入世界 500 强。

——70 年，我国汽车工业基本实现了由计划经济体制向市场经济体制的转变；实现了由单一国有体制向中外合资、自主发展及多种所有制共存的产业格局的转变。

——70 年，中国汽车产业完成了由依赖合资合作到自主发展过程的转变，并形成了可以应对全方位对外开放的自主发展实力。

——70 年，中国汽车工业已发展成世界范围内研发制造体系及产业链最完善的国家；汽车整车及零部件产业，已基本融入国际化发展体系，形成了与国际汽车产业相互依托而又竞争发展的格局。

——70 年，中国已经成为汽车电动化、智能化、共享化发展方向的积极倡导者和引领者，这为中国汽车参与全方位对外开放的国际竞争，为中国汽车走向制造强国提供了机遇和信心。

70 年的发展历史告诉我们，产业结构出现问题是历史的必然，最终必须要依靠法治化管理及公平公正的市场竞争机制解决。这是一个长期而艰难的历程。

70 年的成长经验告诉我们，中外合资是一把“双刃剑”，它虽然在一定时期内是汽车产业和市场发展的垫脚石，但长期依赖外资不可能将产业做强。企业和品牌的成长是岁月和意志的积累，成功之路只有快慢，没有捷径。

70 年的成功实践告诉我们，只有坚持改革开放才能形成国际领先的产业基础，自主创新才是产业发展的灵魂，执着的理想信念是发展的动力，自主品牌是发展的根本，只有依托自主才能将产业做强。

举目已是千山绿，宜趁东风扬帆起。成绩让我们喜悦，经验供我们借鉴。只要我们认真吸取 70 年积累的经验和继续发扬锲而不舍的奋斗精神，不断开拓创新，勇于进取，就一定能在全面开放的国际竞争环境中，抓住发展机遇，从容应对各种压力，在不远的未来实现汽车强国梦。

二、中国品牌：从无到有筑新梦

1949 年，我国汽车工业——尤其是轿车生产几乎是一片空白。1949 年到 1978 年间，汽车产量仅能达到 14.9 万辆。但到了 2018 年，这一数字达到 2780.9 万辆。数字量级的不断增长，勾勒出我国汽车产业飞速发展的不凡轨迹。我国汽车产业用了 70 年时间，走完了其他国家 100 年才走完的道路，如今已经成为不折不扣的汽车大国。

随着中国汽车市场的高速发展，我国民族汽车企业也在逐渐缩小与世界车企的差距。这些车企或引进国外成熟车型技术，或使用自主开发的车型技术，让汽车从“千金难买”的“稀罕物”成为走进千家万户的代步工具，书写出一部中国汽车社会波澜壮阔的成长史。

发展汽车产业需要自主品牌。没有核心技术和自主品牌，就不可能成为真正的汽车工业强国。中国汽车品牌的进阶方式多种多样，有国企造车明星，也有民营企业精英。如今，无数中国本土汽车品牌从产品出发，通过个体的努力，汇聚成强大的力量，铸就了磅礴的中国制造能力，为中国从汽车大国到汽车强国的进化提供了支持。

（一）国有企业上下求索

国有控股企业在中国汽车产业的早期发展中肩负着重要使命。直至今日，国有整车企业的规模、产值、利润和吸纳就业总量仍然占到整个汽车行业的 60% 以上，对经济社会的贡献不言而喻。

国有车企为中国汽车产业的技术积累和人才培养做出了突出贡献，也为后续民营汽车企业的发展壮大提供了前提条件和基础。这其中包括共和国长子一汽集团、曾经的第二汽车厂东风集团、上汽集团以及广汽集团等。

如今，为提升自主品牌竞争力，国有整车企业一方面注重吸收外资汽车厂家的技术和设计，以期通过核心知识产权转让，补齐设计、研发等核心短板；另一方面则大力推进内部改革，激发企业活力，加快自主研发投入、渠道和品牌建设。

1. 合资企业的历史使命

新中国成立之初，在借鉴国外车型的基础上，我国汽车企业开始走上自主研发的道路，中国汽车工业以一汽、二汽（东风汽车公司的前身）为主要标志，在计划经济条件下构建起商用车体系，奠定了我国商用车的产业发展基础。

到了1978年，改革开放春风初起，中国轿车工业发展被提上日程。然而在当时，全国轿车加上越野车年产量不过5000辆，不足国外大型汽车公司一天的产量，闭门造车多年的中国汽车业，与全球汽车业在管理、技术、产品等方面存在着巨大差距。但随着国家对汽车的需求量，特别是轿车需求量的剧增，国内轿车的生产能力，包括技术水平和产能两个方面都无法满足这个初露端倪的巨大市场。

因此，在当时的情况下，中国汽车产业开创了对外开放合作的先河，合资合作成为传统国有汽车企业集团的普遍模式——尤其是在乘用车领域。不过，依据外商投资企业法律的有关规定，中国的合资汽车企业，合资的外方在合资公司中的出资比例不能超过50%。通过合资合作，中国逐步形成了以乘用车为主体的中国汽车工业发展格局。

从1984年10月10日第一家合资车企上海大众成立开始，合资车企如雨后春笋般涌现。此后，合资车企的成立形成了三个高峰期：在2000年以前，中国车市缓慢爬坡，市场容量较小，仅成立南北大众、上海通用、神龙、长安铃木、广汽本田等几家合资车企；2000—2005年中国车市增速开始加快，市场容量逐步扩大，第二波合资车企成立高峰来临，国际知名大型车企大规模进入中国市场，一汽丰田、广汽丰田、东风日产、北京现代、长安福特、北京奔驰、华晨宝马都是这期间成立的；

2007 年至今，中国车市繁荣发展，前期进入中国市场的合资车企赚得盆满钵满，部分错失中国车市的国际二线车企期望赶上合资末班车，广汽菲克、广汽三菱、东风雷诺、奇瑞捷豹路虎等陆续成立。

据不完全统计，截至目前，中国有近 30 家乘用车合资车企。其中，一汽、上汽、东风三大老牌国资车企优势明显，广汽、北汽、长安实力也不容小觑。主流合资车企基本被这六大集团垄断。

从某种程度上来说，合资企业为奠定现代中国汽车工业基础做出了很大贡献。与此同时，跨国汽车集团还把许多国际知名的配套供应商带到中国，助推建立起完整的供应商体系。

2. “新合资时代”的到来

合资车企在特定的历史条件下发挥了重要作用：不但刺激了我国汽车业的发展，推动了汽车零部件产业的进步，也为我国提升汽车制造业的造车理念、体系能力、供应链建设等多方面带来了帮助。与此同时，一批拥有合资公司的中方国有企业也开始借助从合资公司获得的资金、资源、人才和技术，推出旗下中国本土品牌乘用车。

发展到现阶段，中国汽车工业发展水平已经上到了一个更高的台阶，但回过头来看，合资形式给国有车企和整个汽车产业带来的弊端也不容小觑。一方面，合资造成国有车企对现成外国技术的过分依赖，削弱了自主研发动力；另一方面，国内市场被外国品牌瓜分，本土品牌境况艰难。

2018 年，汽车合资企业这一诞生在中国汽车产业发展初期的阶段性“产物”终于走到了十字路口，取消整车制造外资股比限制等一系列政策信号，吹响了中国汽车产业全面对外开放的号角。同年，特斯拉在上海独资建厂、宝马集团和华晨集团联合宣布调整股比。中国汽车市场的竞争已经越发激烈，自主品牌汽车想要发展，只有参与到广泛的竞争中去，才会找到差距、弥补差距并伺机超越。

同时应该看到的是，合资股比的调整，不会让合资企业成为历史，合资企业将继续作为中国汽车产业与市场的重要参与者。“新合资时代”

时代的到来，最积极的意义在于将促使中国品牌全面参与竞争，倒逼中国汽车产业的转型升级，推动整个产业结构发生积极调整。未来一段时间，探索新合资模式和坚持自主品牌发展将会齐头并进、相互促进。

3. 自主创新是关键

在我国，汽车行业的大型国有企业集团有着独特的发展优势，一方面可以享受中央和地方政府的各级政策支持和补贴，另一方面通过中外合资的方式赚得大量利润。

如今，无论是一汽、上汽、东风、长安、北汽还是广汽，这几家曾经被划定为“四大四小”的大型国有汽车企业集团都找到了属于自身的发展道路，无论是企业规模、销量增长还是上缴利税、解决就业等方面都取得了值得肯定的成绩。

但同时也要看到，上述国有车企有着相似的短板：即目前还缺乏具备国际知名度的、能与世界级品牌相抗衡的自主品牌及产品，而这恰恰应该是一家汽车企业的核心竞争力所在。没有自主研发能力就要处处受制于人，缺乏核心技术就掌握不了发展汽车工业的主动权和主导权。在某种程度上，自主品牌的羸弱已经成为中国从世界第一汽车产销大国迈向汽车强国的最大拦路虎之一。

好消息是，在最近的十多年时间里，国有汽车企业管理团队和中央相关主管部门经过不断的反思和战略调整，对于壮大自主品牌已经形成共识。

以一汽为例。作为共和国长子，一汽集团为我国汽车工业的发展做出了巨大的贡献。时至今日，一汽经历了多次创业期：第一次创业，一汽集团从无到有地打造了解放和红旗两大品牌，让中国拥有了自己造汽车的能力；第二次创业，一汽在遇到发展困境时通过中外合资的方式解决了资金问题；而重振自主品牌就是一汽第三次创业的核心要务。目前，一汽集团旗下借助外方合作伙伴技术所打造的奔腾品牌系列车型已经在市场上站稳脚跟，红旗品牌也在酝酿“重生”，但自主品牌的打造绝非一日之功，一汽的自主品牌之路才刚刚开始。

除了一汽集团之外，其他大型国有汽车集团都已经意识到了发展自主品牌的重要性，也凭借各自不同的发展模式发展自主品牌。上汽抓住年轻消费者心理与智能化大趋势，荣威和名爵两大自主品牌已经在国内中高端汽车市场具备相当的竞争力。例如，2016 年，上市不到半年的荣威 RX5 累计销量即突破 9 万辆。

东风则通过扩张上下游全产业链打造自主品牌；广汽则利用多年合资积累的资金实力并借助合作伙伴的技术实力打造传祺品牌，高端自主品牌路线也初见成效；北汽作为后进者，不惜砸下巨资收购萨博部分知识产权打造自主品牌。

由安徽芜湖国资委控股的奇瑞汽车则是国有车企自主化发展的“特例”，从诞生之初就走自主化道路。如今，奇瑞汽车已打造了 QQ、艾瑞泽、瑞虎和风云等知名产品品牌，成为自主品牌的一张闪耀“名片”。

事实上，自主品牌的成功需要全方面能力的提升。首先是研发实力，只有强大的研发能力和过硬的产品质量才能为一个优秀的自主品牌背书；其次是营销能力，酒香也怕巷子深，尽管自主品牌产品的质量已经与合资品牌愈加接近，但要通过强大的营销体系建设提升销量，继而反哺品牌影响力的提升；再次是售后服务质量，通过良好的口碑提升自主品牌的美誉度；最后是要重视海外市场，只有在世界范围内打响知名度，才是一个成功汽车品牌的应有之义。

4. 壮大自主发展的路径

进入“新合资时代”后，中国汽车产业正在迎接一个充分竞争的市场环境，国有车企自主品牌也到了脱离政策的温床，与跨国汽车集团展开竞争的时刻。在国家自主创新战略的大背景下，国有车企正逐渐调整合资合作战略，通过发挥国企自身优势，深化国企改革，并充分利用合资合作实现产品升级、技术升级和产业升级，加强产业自主研发能力建设和自主品牌建设，开拓出一条自主发展的新路。

（1）混改：国有车企改革的突破口

推动国企改革并不是新鲜事。40年来，这个“最难啃的骨头”已经试验了多种经济学理论提供的途径，但至今仍然“在路上”。

目前来看，在国有车企改革中，混合所有制改革被看作是国有车企改革的唯一突破口。近年来，国有车企混改的步伐不断加快。从2014年混改被写入政府工作报告以来，上汽集团、广汽集团、长安汽车等企业或是通过交换持股、管理层持股，或是引入行业外投资者，或是吸引各种所有制资本进入，进一步打开了汽车企业的成长空间。

2015年开始，大规模央企重组先后在各个领域展开。2017年6月，国家发改委、工信部联合发布的《关于完善汽车投资项目管理的意见》明确提出，加快国有汽车企业改革步伐，鼓励企业兼并重组和战略合作，提升产业集中度；同时支持社会资本和具有较强技术能力的企业进入新能源汽车及关键零部件生产领域。

2017年11月30日，原东风汽车公司对外发布公告称，公司已更名为东风汽车集团有限公司；2017年12月21日，中国第一汽车集团公司也正式发布了更名的消息，更名后的企业全称为中国第一汽车集团有限公司。更名后的东风汽车和中国一汽，公司性质已从原来的国有企业变为国有独资公司。这意味着，国内两家大型汽车国企相继完成了公司制改制，汽车行业国企改革也将迎来新一轮深度试水。

2018年，车市的下行促使中国汽车产业迎来新的发展拐点。此种环境下，国有车企迫切需要引入新的战略投资者，积极探索新的发展模式，加速改革进程。比如，2018年11月，一汽富维在《一汽富维九届八次董事会决议公告》中提到，公司将深入推进股权多元化，引入战略投资者。这意味着，一汽富维如果成功引入战略投资者，其将成为一汽集团旗下首家实现混改的公司。

同年同月，小康股份发布公告称，拟全资控股东风小康。而东风汽车以其持有的东风小康50%股权作为对价，认购小康股份向其发行的A

股股份，持股占比为 26.01%。这样一来，东风汽车将成为小康股份的第二大股东。东风汽车以“换股”的形式实现“混改”，被业内视为“混改”路上的又一个典型。“换股”后，东风汽车将东风小康剥离集团，交给民营企业进行管理，使东风小康脱离了东风集团体制化束缚，也便于“东风大自主”的优化布局。

可以预见，未来几年，国有车企混改的力度将持续加大，不断推动其打破原有体制机制的束缚，为产业的高质量发展增添新动力。

（2）抓住消费市场新趋势

如今的国有车企汽车产品正在展现出更加年轻化的设计，以此抓住消费市场新趋势。在这方面，一汽、上汽和广汽自主品牌的表现极大凸显。对一汽集团而言，自主品牌改革绕不过对红旗品牌的复兴。红旗能不能复兴，以及如何复兴，关系到整个一汽集团的未来。近年来，红旗品牌以年轻化为核心和方向，逐渐为产品注入了“平民豪车”的基因，拉近了与消费者的距离。这可能是红旗发展史上最接近成功的时刻。

中国乘用车联席会数据显示，2016 年红旗品牌（仅有红旗 H7 一款车）销量为 4820 辆，2017 年为 4651 辆，2018 年，凭借着 H5 与 H7 的强势表现，红旗品牌销售整车 33028 辆，同比增长 602.4%，堪称在规模上的长足进步。为中国自主高端乘用车品牌树起一面夺目的旗帜。

上汽集团最为核心的自主品牌乘用车板块——上汽乘用车，近年来飞速发展，成为国内自主品牌车企向上突围的一个模板。其旗下的荣威和名爵两大品牌定位清晰，荣威面向主流乘用车市场，名爵则主打年轻化，二者优势互补，携手向乘用车市场发起冲击。

一直以来，上汽集团因其自主品牌发展相比合资品牌差距较大，被人诟病“大而不强”，但这种情况自 2016 年行业首款真正意义上的互联网汽车——荣威 RX5 上市之后，开始快速好转。截至 2016 年年底，上市不到半年的荣威 RX5 累计销量即突破 9 万辆，而以其为首的上汽乘用车整体销量则同比暴增 89.23% 至 32 万辆。2017 年上汽自主品牌累计销量52.2万辆，同比增长62.3%，其中荣威RX5累计销售23.8万辆。2018年，上汽乘用车完成整车销售70.19万辆，同比增长34.45%，其中荣威RX5年销量超过20万辆。

此后，上汽乘用车似乎找到了发展方向，即打造互联网时代的汽车。依托与阿里在互联网领域的合作，上汽乘用车又推出了荣威i6、MG ZS、MG6等主打互联网概念的车型，发展势头迅猛，逐渐成为国内乘用车市场的中坚力量。

2012年，广汽传祺抓住了SUV火爆的机会，推出了首款SUV车型传祺GS5，传祺品牌开始被中国消费者熟知，它也成为当年自主品牌中的黑马。自此之后，传祺逐渐在中国汽车市场站稳脚跟，广汽乘用车的销量也从2011年的1.7万辆增长到2018年的53.5万辆，连续两年突破50万辆。

（3）商用车市场"以我为主"

在中国汽车工业发展史上，商用车发展历史最长、基础最好、自主品牌最多、出口创汇最高。当今国内商用车市场上，无论是卡车领域还是客车领域，国内自主品牌均占有绝对优势，国有车企在其中占据了很大的分量。如今，与国民经济发展密切相关的商用车，称得上是中国汽车工业的基础和脊梁。

作为中国汽车产业的重要组成部分，商用车真正做到了"以我为主"。商用车领域的自主品牌可谓"风景这边独好"。既要掌握自主话语权，又要应用先进技术，更要储备前沿技术，商用车对于中国汽车品牌的崛起、中国汽车强国梦的实现责任重大。2018年，中国商用车销量437.08万辆，同比增长5.05%[1]。尽管市场充满着波动与各种不确定性，但商用车市场在经历了此前几年销量的骤升骤降之后，头部企业的稳定度越来越高，市场的集中度也在逐步提升。而头部企业以国有车企居多。

例如在重卡领域，以一汽解放、东风商用车和中国重汽为代表的企

---

1 数据来源于中国汽车工业协会。

业基本在适应市场变化上有着充足的经验，在顺境中，它们能够抓住机会进一步提升效率，在逆境中也能够稳健处置，保持甚至提升自己的占有率。

一汽的解放品牌在集团整体转型策略下，以“品质、技术、创新”的战略为统领，不断推进产品和技术升级，并瞄准新能源汽车发展方向加快布局。2018 年 11 月 30 日，第 700 万辆解放卡车——国六 J7 从生产线驶下。2018 年全年，解放品牌销售整车 332843 辆，同比增长 7.5%。其中，中重卡销售 26.8 万辆，份额超过 20%，持续保持行业第一。

作为东风自主事业的核心和主体，“东风”品牌产品从军车开始。2003 年，东风商用车成为东风集团所属的中重卡事业部。2015 年，东风集团与沃尔沃集团以 55∶45 股比组成新的东风商用车有限公司。2018 年，东风商用车全年实现中重卡销量 18.91 万辆的成绩，同比微降 0.6%。

智能化、网联化是汽车产业未来发展的方向。与乘用车相比，商用车的智能化、自动化更容易成为现实，因为商用车的运输环境相对固定，比如矿山、港口或公交专用道等环境能够为自动驾驶汽车创造一个特定场景。当前，我国商用车行业正处在以智能网联技术、新能源技术为代表的新技术革命的攻坚阶段。我国商用车企业紧跟趋势，积极加快智能技术的研发和相关产品的打造，中国重汽的智能卡车、一汽解放的无人驾驶智能卡车，以及中车首款 12 米纯电动智能驾驶客车等产品先后涌现，展现了国有自主品牌商用车企业的实力。

与此同时，在“一带一路”倡议的引导下，国有车企的商用车真正实现了从“引进来”到“走出去”的蜕变。如今，中国重汽、陕汽、东风商用车等卡车企业在海外的认知度逐渐提升，其优质产品已成为世界认识中国商用车品牌的重要名片。

汽车新四化在商用车行业的渗入，也有可能改变产品竞争力，进而改变市场的格局。而互联网重卡、轻卡，自动驾驶巴士，氢燃料客车等新产品的相继入场，也将让未来的市场竞争充满更多精彩。

（二）民营车企从零开始

20 世纪 90 年代中后期以来，基于中国汽车市场的巨大需求和未来汽车产业良好发展前景，国内一部分民营企业家开始涉足造车。由于没有充足的政策倾斜和产业基础优势，所以这部分民营企业即使想与跨国公司合作也没有机会。于是，我国民营车企开启了自主研发的发展道路。相比于国有车企，民营车企的发展要更加艰难，但如今依然涌现了吉利、长城、比亚迪等优质品牌，甚至有现象级的爆款产品频频推出，特别是在 SUV 车型、新能源汽车领域占据了一定主流地位。如今，中国民营品牌车企已成为国内一股几乎可以与合资品牌抗衡的新势力。

1. 轰轰烈烈的“民企造车运动”

从 20 世纪 90 年代末起，地方政府主导下的汽车项目开始退潮，而与此同时，民营企业造车热情却正风起云涌。民企造车的开端，可以从吉利制造整车算起。1998 年，浙江台州的民营摩托车企业吉利公司采用先斩后奏的方式，在没有“准生证”的情势下，推出吉利轿车。此后，民企的造车热情一发不可收拾。比亚迪、美的、中誉、华翔、奥克斯、格林柯尔等众多民营企业前赴后继地踏上造车之路。仅 2003 年在浙江一地，就有 40 家民营企业向发改委提出申请，要求取得整车生产资格。一场堪称“赶集”运动的民企造车潮轰轰烈烈地全面展开。

对于民企造车热潮，从市场层面来看，当时中国的车价是国际市场的三倍到四倍，利润空间巨大。据称当时汽车业的普遍利润率维持在两位数。与此同时，国内汽车消费正处于启动期，浙江等东部地区的消费能力已经积累到“私车时代”。

从民企自身来看，实力雄厚的民营企业已完成了资本原始积累，正处于二次创业的高峰时段，资本充裕，自然已不满足于只生产汽车散件，而是希望进入诸如造车这类利润丰厚的产业。

民营企业进入汽车领域，在很大程度上盘活和整合了原来由地方政府主导的汽车项目。与国内许多国有或合资汽车企业不同，民营汽车企业在产品导入、价格定位、营销手段上能自主决定。另一方面，民营企业的机制比较灵活，没有国有大企业和集团的社会负担，劳动力成本比较低，有利于增加竞争力。同时，民企进入整车业的路径大多采用借壳策略，通过购并整车厂获得整车制造平台与市场准入，这样就节约了成本、时间与精力。

起于 20 世纪 90 年代末的民企造车大潮主要呈现出三大特点。

首先是“上游企业买下游”，也就是汽配企业买整车制造企业。进入整车制造的民企基本都是造车的相关行业。如万向集团曾经是汽配大亨，吉利曾经是摩托车企业。

其次是借壳上市，即购买有生产目录但经营困难的国有汽车制造企业，进入造车领域。这是很多民营资本进入汽车行业的主要路径。如比亚迪是通过收购秦川汽车的股权，快速切入汽车业务。

第三，当时民企造车主攻方向是非主流的商务车、特种车、皮卡等。这样就避开了与合资企业正面对垒的情况发生。

2. 从“跟跑”到“并跑”

随着民营企业的逐步发展，这些本土化的自主品牌突破了创业初期的跟随模仿，逐渐形成了自主研发和创新技术的能力，最终在合资品牌的“围剿”中坚持下来。

一方面，民营汽车企业的机制更加灵活，以股权分配为代表的人才激励形式更具竞争力，以此吸引了一大批有志之士，从而为企业的发展提供了强有力的支撑；在国际并购方面，民营车企也能更好地发挥自己的主动权，避免“拉郎配”等现象的发生。吉利并购沃尔沃之所以能成为我国整车企业国际并购案中为数不多的成功案例，此后又能成功拿下马来西亚宝腾汽车 49.9% 的股权，与上述原因不无关系。

另一方面，在企业领导人方面，民营车企的掌门人正是对产业和企业具备高度热情的企业家们。他们大多来自草根，通过白手起家，最终实现了从草根到中国汽车行业重要参与者的蜕变。

吉利、长城和比亚迪，是民营汽车领域中国制造的代表。虽然它们的发展过程中荆棘密布，但三者最终找准了自身定位，并在业务规模、品牌效益、市场认知等各方面，获得巨大成功。

吉利汽车于1997年进入轿车制造领域，以“造老百姓买得起的好车”为品牌口号，扬帆起航。在发展初期，通过低成本策略，获得较好的市场反响，随后逐渐形成以“全球鹰”“帝豪”“英伦”为架构的差异化品牌布局，成为民营汽车企业佼佼者，2010年，随着对于沃尔沃乘用车业务的收购成功，其品牌价值进一步提升，经过长足自我研发以及对沃尔沃技术的消化吸收，吉利又于2017年推出全新子品牌——领克。吉利在短短二十年间，通过自主研发、企业收购、品牌价值提升，走出了一条属于自己的发展之路，堪称民营汽车企业，乃至整个自主品牌的典范。

比亚迪成立于1995年，除了汽车产业之外，还涉足IT、新能源等行业，自成立以来，一直坚持“技术为王、创新为本”的发展理念。秉承从模仿到自主创新的发展策略，比亚迪以丰田为模板，先是逆向研发了F3、F6、S6等众多热销车型。随着技术、资本以及市场经验的积累，在我国加快推动新能源汽车发展的背景下，比亚迪成功地在汽车领域进行垂直整合，确保了整个产品的差异化竞争力。比亚迪基于其电池技术，将发展中心逐步转移至新能源汽车行业，其高效可靠的电池技术，使其成为世界上最大的新能源汽车制造企业。

长城汽车一直专注细分市场，SUV销量连续16年国内第一，皮卡称霸市场21年，依靠SUV和皮卡构筑起强大的护城河。2013年独立出来的哈弗品牌以专注于SUV领域，哈弗H系列更是奠定了中国SUV领导者的地位，也带热了SUV市场，引领出了一个新的消费趋势和高潮。随着H5、H6、H7、H8、H9等多元化车型的推出，哈弗成为很多SUV消费者的第一选择。

皮卡方面，长城皮卡从 2011 年以后销量大约保持在 12 万辆，连续 21 年获得皮卡市场销量冠军，近 8 年的市场占有率达到了 30% 左右。长城旗下皮卡品牌风骏系列的发展一直顺风顺水，涵盖了从经济实用型到高端智能型等各个细分市场，已成为最受我国消费者欢迎的皮卡车型之一。“SUV+ 皮卡”的布局，为长城汽车自主品牌的发展构筑了强大的护城河。未来，随着在研发技术方面的投入不断加大，以及海外技术中心等全球化研发布局的加快，长城汽车的未来前景可期。

从吉利的前瞻性，以及比亚迪的科技感，以及长城的实用性中我们可以看出，差异化竞争是民营车企的法宝。只有将自身长处发挥到极致、精准把握住用户需求，才能在激烈的市场竞争中获得一席之地。

（三）决战新能源开辟新战场

发展新能源汽车是我国的国家战略。经过 10 余年的研究开发和示范运行，我国新能源汽车行业已经形成了从原材料供应、动力电池、整车控制器等关键零部件研发生产，到整车设计制造，以及充电基础设施的配套建设等完整的产业链，具备了产业化基础。

在国家及地方政府配套政策的支持下，我国新能源汽车实现了产业化和规模化的飞跃式发展。2011 年我国新能源汽车产量仅 0.8 万辆，占全国汽车产量比重不到千分之一； 到 2018 年，我国新能源市场全年产销分别达到了 127 万辆和 125.6 万辆，同比增长分别为 59.9% 和 61.7%，连续四年占据全球新能源销量第一的宝座。

当下，我国新能源汽车产业正处于由导入期向成长期过渡的关键阶段，在全球产业体系中占据着举足轻重的地位，引领和加速了全球汽车电动化进程。截至 2018 年年底，全球新能源汽车总销量突破 550 万辆，其中我国占比超过 53%。有了足够量变累积的国内纯电动汽车市场，正在迎来质变。预计在 2019 年，外资与合资车企、自主品牌车企与造车新势力，会在电动化的浪潮中相互博弈。中国自主品牌车企要不断突破前行的壁垒，就必须以强大的技术实力作为支点。

1. 电动化是中国品牌的机遇

2004 年，我国《汽车产业发展政策》将电动汽车、车用动力电池等新型动力的研究和产业化提上日程。2007 年，《新能源汽车生产准入管理规则》出台，多款新能源汽车被批准量产。2010 年，新能源汽车被国务院确定为七大战略性新兴产业之一。2012 年，国务院印发《节能与新能源汽车产业发展规划（2012—2020 年）》，要求到 2020 年生产能力达 200 万辆，累计销量超过 500 万辆；燃料电池汽车、车用氢能源产业与国际同步发展。

在国家政策的不断激励和引导下，中国自主品牌车企纷纷发力新能源领域。比如，国内新能源电动汽车的民企巨头——比亚迪新能源汽车进入发展快车道。五年间，公司收入规模从 2013 年的 28 亿元增长到 2017 年的 391 亿元，占汽车业务收入比重也从 11% 上升到 69%，占公司总收入比重攀升到 30%。

2017 年，北汽新能源 EC 系列以 77754 辆的总销量，超越特斯拉，夺得全球纯电动汽车市场的销量冠军，这不仅在中国汽车发展史上具有里程碑式的重要意义，也真正推动了纯电动汽车在全国范围内的普及。

经过近十年的厚积薄发，现在的中国汽车品牌，不仅全球销量成绩喜人，并且能够在新能源核心技术上实现自研、自产。长远来看，新能源是车市保持数量与质量内生增长的关键，也预示着各大汽车制造商，中国的汽车产业，乃至全球汽车产业进入升级调整期。

中国车市在经历了 28 年连续增长之后，于 2018 年第一次出现下跌，对于本身起步较晚的中国品牌，跌幅更是高于市场平均水平。但同时，2018 年，中国市场新能源汽车销量为 125.6 万辆，同比增幅为 90.4%，占全球新能源市场的 6 成。虽然目前电池成本居高不下，充电设施还不够完善，消费者们的里程焦虑制约了对车辆的选择，但自主品牌新能源汽车的市场竞争力依然可观。

2. 从“政策驱动”向“市场驱动”转变

近几年，我国新能源汽车产销之所以能实现快速增长，除了本身基数较小外，主要得益于国家和地方财政补贴政策的扶持。作为战略性新兴产业，在启动初期国家给予新能源汽车一定的扶持政策很有必要。但是，如果经过较长时间培育，产业自身不能孕育较强的成长动能，未来发展如何就要打一个大大的问号。

2018 年 6 月 12 日是新能源汽车行业发展的重要节点之一。自此，新能源财政补贴新政正式实施，也意味着新能源汽车产业由扩张期进入精简期。

按照四部委《关于调整完善新能源汽车推广应用财政补贴政策的通知》，纯电动车续航 150—300 公里车型补贴分别下调约 20%—50% 不等，低于 150 公里续航的车型将不再享有补贴；续航里程 300—400 公里及 400 公里以上车型，分别上调 2%—14% 不等。

从政策的动向来看，补贴新政更倾向于高续航里程、高能量密度车型，这意味着中国新能源汽车补贴已经从“普惠制”转向“择优制”。一部分不再补贴，一部分补贴更高，补贴政策引导方向明确清楚，就是鼓励和支持新能源汽车厂商加快产品升级步伐，引导新能源汽车产业向前有序发展。

目前，中国新能源汽车领域正发生一场深刻变革，可总结为四个转变：(1) 消费结构由乘商并重向乘用车为主转变；(2) 消费主体由公共领域向私人购买转变；(3) 私人消费区域由限购城市向非限购城市转变；(4) 私人消费生态由被动接受向主动选购转变。这四个趋势说明，市场因素对新能源汽车发展的推动作用越来越大，新能源汽车市场逐步由政策驱动型向市场驱动型转变。

在产业格局方面，一方面，在允许外商建立独资新能源汽车企业后，中国将成为国际新能源汽车产业的集聚地，我国电动汽车市场正在成为海外车企青睐的“热宴”。目前，特斯拉等知名外资整车企业以及三星、

LG、松下等外资电池厂商已经纷纷登陆中国新能源汽车市场。由此产生的“鲶鱼效应”打破了原有产业格局，给自主品牌新能源整车企业及零部件企业带来更大的压力和挑战。

另一方面，当前，蔚来、小鹏、车和家、奇点等大批互联网造车新势力相继涌入新能源汽车领域，并从早前的“PPT 造车”阶段进入试制车阶段或交付阶段。这批“新造车运动新生派”，与以北汽、江铃、奇瑞、合众、云度等为代表的“新造车运动传统派”，以及以威马、前途、拜腾为代表的“跨界转型造车新军”，形成鼎立之势。

可见，在补贴新政和“双积分”政策的双重推动下，将有更多传统车企涌入新能源汽车领域。随着政策日趋收紧，行业洗牌加剧、竞争日趋白热化、风险越来越大已是必然趋势。在这个市场变幻莫测、“鲶鱼”紧追不放的时代，稍有懈怠就可能会折戟沉沙。

（四）出征海外风雨路

在我国出口商品中，最有潜力、比较优势最为明显的就是汽车产业。1992 年，我国首次实现轿车产品出口。也就是从这一年开始，随着我国汽车工业的快速发展，汽车出口也实现稳步增长，年出口量超过万辆，1992—2004 年汽车出口总量达 313502 辆。其中，轿车出口总量 23103 辆；出口金额由 1993 年的 1.5 亿美元增长到 2004 年的 6.1 亿美元。这一阶段出口市场主要集中在亚洲、非洲，每个市场出口量都非常少，大多数国家的出口量不足 1000 辆，市场比较分散。

自加入 WTO 以来，中国汽车出口快速增长。汽车出口量从 2002 年的 1.7 万辆上升到 2017 年的 89.1 万辆，增加了 50 多倍，年均增幅高达 30% 左右。其中，2005 年，我国出口整车 16.4 万辆，整车出口数量首次超过进口数量，比进口多 2934 辆，实现了历史性的转折；进出口金额分别为 51.6 和 15.1 亿美元。2005—2007 年，累计实现整车出口 112 万辆，是 1958—2004 年 47 年出口量（409199 辆）的 2 倍多，我国汽车产品出口数量和金额均实现了快速增长。2018 年，我国汽车出口 121.6 万辆，金额 148.5 亿美元，成套设备出口超过 1300 亿美元。[1]

目前，我国汽车产品已经出口到 200 多个国家和地区，主要出口市场集中在中东、东南亚、南美等传统市场。受制于欧洲等发达国家的汽车市场安全、排放、技术认证等标准较高，向传统汽车制造大国的出口相对较少。

2017 年，汽车整车排名前十的出口目的国依次是伊朗、孟加拉国、智利、墨西哥、越南、美国、印度、秘鲁、俄罗斯和厄瓜多尔，分别出口 25.03 万辆、8.45 万辆、6.21 万辆、5.99 万辆、5.51 万辆、5.33 万辆、4.51 万辆、3.26 万辆、3.22 万辆和 2.62 万辆，伊朗依然是我国最大的汽车出口市场。与上年相比，出口印度的数量呈较快下降趋势，出口越南和美国的降幅略低，出口其他国家的则呈不同程度增长，其中，出口墨西哥、孟加拉国和厄瓜多尔增速更为明显。2017 年，我国向上述十国共出口汽车 70.13 万辆，占汽车整车出口总量的 65.93%。

“走出去”是中国汽车产业未来发展必须要推进的战略，经过 20 多年的积累，中国车企走出去的内容和形式也在不断丰富，并向全产业链全面发展，而借助“一带一路”走出去，正在成为越来越多中国车企当前海外拓展的重点。

1.“一带一路”沿线市场大有可为

数据显示，世界上主要的汽车产销大国，出口量占比多在 20% 以上，而我国只有 3%，从这一点判断，我国汽车出口还有很大的空间。随着我国“一带一路”倡议深入实施，我国汽车出口也面临利好机遇。根据中国汽车工业协会统计，2017 年我国对“一带一路”沿线国家出口汽车数量占比高达六成以上，整车出口前三位是伊朗、越南和菲律宾。

据统计，2017 年，我国向“一带一路”沿线国家共出口汽车整车

1 数据来源于海关总署。

64.07万辆，同比增长23.75%，占出口汽车整车总量的60.23%。从出口金额来看，2017年，中国出口到“一带一路”沿线国家汽车商品累计金额294.60亿美元，同比增长9.06%，增速略高于行业，占汽车商品出口总额的35.32%。

整车出口推动中国品牌汽车更多地走向了世界各地，同时，中国车企也在加快从出口贸易为主向投资、技术、管理等深度合作模式转变。毕竟，中国汽车企业想成为世界汽车制造强国，“走出去”是必经之路，这也是世界各国的惯例。国家相关政策也在鼓励中国品牌走向世界。《汽车产业中长期发展规划》提出，到2020年，中国品牌汽车逐步实现向发达国家出口；到2025年，中国品牌汽车 在全球影响力得到进一步提升，这对自主品牌的海外征程无疑是机遇。

中国出口海外的汽车产品大多数是具有自主品牌的产品。与以往国内车企出口到一些欠发达国家和地区不同，如今随着国内自主品牌逐步迈向高端，品质与品牌相互驱动走高，中国品牌开始强势打开海外市场尤其是欧美市场，中国车企海外出口也随之出现新布局。

总体上看，这些“走出去”的中国品牌汽车企业拥有五大优势：一是对产业本质的理解日益深刻；二是对产业政策的把握日趋精准；三是中国汽车市场潜力巨大；四是对客户需求洞察更加深刻；五是与新兴业务的融合发展。

海外收购是中国汽车企业获得技术与品牌的重要途径。吉利可谓是这方面运营的典范。吉利出征海外的第一个“里程碑事件”当属2010年正式从福特手中以18亿美元收购沃尔沃汽车。这次成功的收购虽历时3年，但吉利学习到了宝贵的经验，获得了大量的技术支持，为后来的国际市场运作打下了良好基础。受沃尔沃本身品牌力的影响，吉利品牌的国际化影响力也越来越强。

收购沃尔沃后，吉利海外收购的步伐越来越大：2013年收购锰铜控股全部股权；2014年收购绿宝石汽车公司；2015年投资冰岛碳循环国际公司；2017年收购马来西亚宝腾汽车49.9%的股份，以及宝腾汽车旗下豪华跑车品牌路特斯51%的股份，收购卡车制造商沃尔沃集团（Volvogroup）8.2%的股权，成为其第一大股东，并拥有15.6%的投票权；2018年2月23日，通过二级市场收购，吉利获得戴姆勒9.69%具有表决权的股份、成为其单一最大股东。

事实上，每次海外并购，对吉利来说都意味着某种收获。例如，收购锰铜股份不仅意味着吉利可借助锰铜的网络，实现在英国市场甚至是欧洲市场的销售，同时借此也积累了海外并购、融资方面的经验。

近年来，国内车企在海外建厂的趋势也较为明显。自“一带一路”倡议提出以来，长城汽车积极“走出去”，已从单一的产品输出转向技术、人才与资本共同输出，在共建共享中加快国际化发展步伐。2013年秋，长城汽车便开始探索海外发展新路径——投资建厂，实现生产本地化。

2015年秋季，长城汽车俄罗斯图拉州工厂项目正式开工。目前，年产能达15万台的图拉州工厂已经进入设备安装、调试阶段，预计将在2019年第一季度投产，生产哈弗F7、H9等车型。哈弗图拉工厂的建成投产不仅将长城汽车甚至自主品牌在海外的布局提升到了一个新高度，更意味着中国汽车品牌扎根海外有了新途径。当然，更重要的是在降低运营成本时树立了更好的自主品牌形象，进一步加速中国自主品牌实现国际化的步伐。

2. 中国车企“走出去”是持久战

在自主车企中，长城汽车、奇瑞、长安等较早展开海外布局。其中，长城汽车是第一批走出去的车企，其海外业务开始于1998年，目前累计出口160多个国家和地区，出口数量已超过60万辆。在与我国签署“一带一路”合作文件的126个国家中，长城汽车曾向其中近100个国家出口汽车产品。截至2018年，长城汽车海外销售网络达400余家。

而奇瑞的海外业务始于2001年，目前累计出口150万辆，在海外拥有1500个销售网络。长安汽车也在不断扩展海外市场的布局，在全球拥有15个基地、35个整车及发动机工厂。

最近几年，自主品牌发力海外市场，一方面是为了缓解竞争压力，另一方面则是为了提高品牌竞争力，力求实现国内与国外市场的双赢。此外，国内市场疲软，出口也可以缓解潜在的产能过剩危机。在未来几年之内，随着中国制造的配件和车辆质量的提升，加之进口配件关税的降低，对中国机动车行业的投资将由满足国内市场需求转向服务全球市场。

随着中国汽车工业的发展，中国企业“走出去”的内容也在不断丰富，从传统的内燃机车辆到新能源汽车，再到智能网联功能的产品，在实力不断提升的同时，竞争力也在不断增强。不少自主车企已经在海外市场方面做出了相关规划。

长安和奇瑞都计划在2025年出口汽车达50万辆以上，江淮计划在2020年出口10万辆汽车，上汽则计划在2020年出口20万—30万辆汽车。长城汽车则把2019年当作全球化战略的元年，计划将投入300亿元人民币，打造全球化研发体系。

而鉴于各国推行高关税等贸易保护措施，国内和海外形成的产品技术和法规方面的剪刀差以及小批量多品种的快速市场需求，中国车企靠传统贸易单一产品输出走出去的方式已经不足以应对。因此，国内车企走出去大多都在海外建立了基地，进行产业链上的转移。

虽然中国汽车企业在海外经过多年的布局和经营，已经在汽车国际贸易领域占据了一定的市场份额，并且在主要出口市场形成了一定的竞争力，但中国汽车品牌在巩固和增强海外竞争力的过程中仍普遍遇到较大阻力。究其原因，一是出口规模和效益偏低，一定程度上影响了企业对海外业务的信心和重视程度；二是产品竞争力不足导致企业扩大海外市场份额面临较大压力；三是品牌知名度和影响力有限，难以对企业的海外竞争力提升形成有效支撑。此外，中国汽车企业在“走出去”过程中也面临着新挑战：贸易摩擦对中国汽车企业全球化发展有一定影响，国内市场波动扰乱企业竞争力和自信心，中国汽车企业在主要出口市场面临来自日韩车企的竞争压力。

因此，中国品牌车企“走出去”是一个长期的过程，提升品牌价值仍需进一步努力，在融入当地市场方面还需要进一步改善，在加强核心技术自主创新方面仍需进一步加强，在迈向价值链中高端方面还有较长的路要走。

三、强国工匠：与有荣焉造车人

从新中国成立初期中国汽车行业的步履维艰到如今的驰骋中外，从跟随模仿到自主创新，从年产 14 万辆到年产近 3000 万辆，从产业“新四化”到出行方式的重构，这背后是无数汽车人的无悔坚守与默默奉献，是每一位从业者的敬业、精益、专注、创新的精神体现，是一代代汽车人在中国汽车产业不断跨越的进程中前赴后继，砥砺前行。

初心在方寸，咫尺在匠心。站在新时代的肩膀上，只有将“工匠精神”融入生产、设计、经营的每一个环节，才能真正实现中国汽车从“重量”到“重质”的突围，才能真正走上“汽车强国”之路，使中国汽车在激烈的国际竞争中赢得未来。

（一）一汽齐嵩宇：“工人发明家”谱写新时代劳动者之歌

获得 22 项发明专利技术成果，其中 11 项先后获得国家级和世界级创新发明领域的奖项，荣获包括全国劳动模范在内的 13 项殊荣，享受国务院政府特殊津贴，获选长春市第十四届人民代表大会代表……这样一份“成绩单”来自中国第一汽车股份公司红旗分公司制造技术科维修班长齐嵩宇。

从一名车间厂房中的普通技师到全国劳动模范，45 岁的一汽工人齐嵩宇始终坚信“遇事坚持是成功的关键”。他被一线员工亲切地称为“生产一线的发明家”；他几十年如一日，始终保持着奋发有为、开拓进取的创业精神；他立足岗位进行技术创新，成为一汽轿车核心技术人才、一汽集团高级专家；他是新时代产业工人的典型代表，在“大国工匠”的成长道路上投入了自己对中国汽车生产制造业的全部钻研与热爱。

1. 技术突破填补国际空白

2003 年 5 月的一天，焊装车间员工齐嵩宇突然接到通知：“你干的转向柱横梁螺柱焊工位出问题了，焊接的螺钉漏焊了。”他的心情骤然紧张，又出事了！以前都有三次漏焊的记录了。齐嵩宇才到这个工位没几天，干活已经很仔细了，而且每个螺钉都用记号笔作了标识。

“赶紧去补焊吧！”齐嵩宇心想。到了总装车间他傻眼了，总装的内饰件已经都装上了，就剩下漏焊的钉空着。“这怎么补呀，一补焊内饰件就废了，而且还不止一两台车。”最后，在总装的配合下，拆了内饰件后，才完成了补焊工作。他心里真是很苦恼，想：“我已经很小心了，还是出错，我真是没用。”

事实上，齐嵩宇面临的这个问题是车间质量管理中的重大难题，这一问题在国际汽车行业上也是普遍难以逾越的技术管理难题。轿车公司焊装车间在整车焊接工艺中点焊工艺所占比重超过 96%，为此，焊装车间在员工的标准作业中增加了自检、互检联控、巡检抽查的工作内容，但现场仍然时有漏焊和开焊现象，而造成开焊、漏焊的真因很难查找，解决问题的切入点也不明确。

齐嵩宇暗下决心，要对这一困扰车间管理人员和操作人员多年的问题进行攻关。经过多次研讨，齐嵩宇攻关团队应用相关电子专业技术自主研发“数量识别报警系统”，建立数据库，实时记录焊接数据，并与数据库数据进行比较，对有差异性的数据进行报警告知，以便实现工位内补焊。

同时，他们还应用焊接电极间电压、动态电阻识别等监测技术，解决困扰汽车行业“电阻点焊自动焊接线电极对中性监测”的关键技术难题。齐嵩宇带领大家，完成了“电子漏焊监控器”技术研发工作，并把这一技术提升为“电阻点焊工艺质量监控技术”重大技术成果研发工作，从根本上解决了“漏焊”“开焊”的质量难题。

令齐嵩宇没有想到的是，这一研究成果，实现了对点焊机自动化控制等关键技术，完成了对焊点即时检验和点焊焊接过程质量自动控制，达到了对焊点质量100%的即时检验。这一技术的开发成功，填补了国际上汽车行业治理白车身人工点焊开焊难题的空白。

这一技术成果在一汽全面推广应用，自2003年起推广应用，截至2016年为轿车公司累计创造价值7646万余元，取得14项国家发明专利。在2011年获得国家科学技术进步奖。齐嵩宇作为一线工人党员的代表登上国家最高科技殿堂，有力激发广大党员职工的创新潜能和创造活力。

2. 关键时刻保障高质生产

在日常工作中面对难题，齐嵩宇总是说“让我来”。特别是在紧急关头、关键时刻，总是能出现齐嵩宇和他团队的身影。

在一汽与马自达合作生产轿车期间，需要在车两侧前后翼子板和侧围上加36个直径圆孔。时间紧、任务重，齐嵩宇技术团队提出了钻孔对应的技术方案。可是，要在0.6mm厚的薄钢板上钻9.8mm直径的圆孔，这在工艺上非常难以实现。国内外普遍应用的普通型面麻花钻头，钻出的孔是无法实现保证规则圆孔，不符合生产需要。

就在这关键时刻，齐嵩宇创新发明了三尖多刃口钻头。它充分满足生产所需要的工艺质量（圆孔加工要求：孔直径误差在0.02mm以下，孔的准确定位、孔边缘平整无压痕、无烧边、无毛刺、无变形）。与此同时，齐嵩宇还总结研制出“三尖多刃钻头磨制法”。两项国家实用性专利又诞生了。这一研发成果实现了车身在线薄板表面件“孔”加工技术领域的突破。成果在生产线上应用，7年时间里累计给企业创造价值960余万元，齐嵩宇也成为一汽轿车“降成本”的先锋人物。

而在对“国车”红旗L平台轿车生产线进行技术保障期间，也凝聚着齐嵩宇和其技术团队的心血。

2012 年的一天，红旗车间生产突然停了下来，送排风系统变频器电流超限故障报警，复位后电动机还是不能启动，结果发现是电动机绕组烧损。这么大功率的电动机没有备件，购买需要十几天后才能运到。车间决定报修，送修三天，车间停产三天，这样长时间停产必定会影响“国车”红旗交付工作。

向来不服输的齐嵩宇有了一个大胆想法，“能不能改变这种现状，实现全天候电动机运行状态检测呢？能不能实现电动机零故障运行呢？”

在技术攻坚期间，齐嵩宇又大胆设想出了“自制传感器”。经过几个月的不懈努力和大量的实验数据整理，齐嵩宇终于成功设计出“电压调制板和高精准电流测量电路”，用电路的设计获得线性度非常理想的测量信号，解决了电动机测量信号后期运算的瓶颈难题，在国内外首次实现了在生产现场成功应用“功率平衡原理”来判别电力拖动机构启动、运行过程早期负载异常状态引发故障的监控技术。这一技术被命名为“电力拖动机构远程监控技术”，为维修预防的设备管理理论提供了早期科学判定方法，保障了红旗 L 系列轿车的有序生产，实现了多项国内第一。

3. 抗灾支援谱写劳模赞歌

多年来，齐嵩宇在学习技能的同时不忘回报社会，充分展现了他作为劳动模范的责任担当。

在 2008 年 5 月 12 日汶川地区发生大地震中，东方汽轮机厂受灾严重，80% 的厂房倒塌或受损，初步估算直接经济损失 50 多个亿。

齐嵩宇作为焊接专家，他与东汽人一起冒着不断发生的余震，往返于汉旺镇与德阳市之间，在重建工地努力恢复生产。在焊接分厂异常艰苦的条件下，车间不能按正常工艺生产，问题随之层出不穷。齐嵩宇在气瓶和各种备件中穿行，一一解答着大家提出的问题，最终帮助东汽人一起化危为安。

2015 年 8 月，齐嵩宇在吉林省总工会的组织下，组成三人的技术专家团队到新疆阿勒泰地区进行技术支援，他们要走遍阿勒泰地区的所有市县，将经验与技术传授给当地的技工，并和大家建立长期的帮扶对子，让大家能够通过这次技术帮扶活动真正地把输血支援和造血支援结合起来。

“汗水湿透衣背，讲解不分早晚。”这是齐嵩宇给阿勒泰地区技术工人们留下的印象。在新疆支援的日日夜夜里，齐嵩宇与技术支援小分队到布尔津县、哈巴河县等地进行巡回技术讲解，经常是下了车，饭都顾不上吃，就赶往讲解会场，九天时间举行各种技术理论讲座及实际操作演练十余场，三千余人次参加，好多新疆本地技工在讲解后不舍得走，围在三名技术支援队员身边问这问那，为了能让大家掌握更多的操作技术，齐嵩宇手把手地教，耐心地讲解，并给大家留下联系方式，建立起了长期帮扶对子，抓技术、带队伍、帮管理，他们把技术援疆拓展到更深层次，为阿勒泰地区工业基础建设贡献着自己的力量。

“观千剑而后识器，操千曲而后晓音”。齐嵩宇在平凡的岗位上做出了不平凡的业绩，为一汽 13 万名职工、为中国机械制造产业职工树立了创新发明典范和筑成了汽车人荣光。还有千千万万像齐嵩宇这样的“大国工匠”，他们用丰富智慧和辛勤汗水打造了中国的国之重器，用行动和担当托起了新时代中国产业工人的中国梦。

（二）东风杨国华：好一个“领头杨”！

说起杨国华，东风人皆知。谈起“国华班”，家喻户晓。杨国华和“国华班”已成为你中有我、我中有你的“有机体”。

四十不惑。全国劳模、东风汽车有限公司商用车总装配厂汽车装调工杨国华说，“国华班”是她成长的沃土、摇篮，她成长的每一步，都是站在“国华班”的肩膀上。

从一名出色的员工，到一个优秀的团队。成长为劳模的杨国华不忘反哺班组。2007年，以她名字命名的“国华班”屡获嘉荣，包括“中央企业红旗班组”“全国工人先锋号”等等。

1. 技艺：在接力中闪光

作为新时代的劳模，杨国华不再是“出力流汗的老黄牛”，用自己的人格魅力和娴熟技能去带动一大批热爱技术、爱岗敬业的员工，由“亮点”到“亮片”。

面对越来越高的JPMH（人均小时产出量）和质量要求，作为“国华班”的一分子，杨国华琢磨着如何提高整个班组的汽车电路知识和调试技能、质量水平。在工厂开展的“创建学习型组织、争做知识型员工”活动中，她积极开展技术传帮带活动，主动请缨，义务担当起教员，将业余时间全部用在备课和教学上。她为班组员工搭建起了“三个学习平台”（绩效展示、学习环境、学习培训），推行“五个一”学习制度（每天一次集中培训学习、每周一次学习心得体会交流，每月一次成果发表，每季一次课题研讨，每半年一次技能比武），实施“七种学习方法”（思想引导、工作实践、课题研究、团队建设、前瞻技术同步、名师带徒、先模人物带动），制定标准作业指导书及培训课件共计120余份10万余字，提高了班组员工的学习力，有力地推动了员工职业化素养的提升。

2011年，工厂新事业建设如火如荼。杨国华作为“国华班”的“先遣队”，3月份前往东风商用车重卡新工厂，参与车间、科室管理制度修订、工艺方案制定、班组阵地建设等工作。为了使工作迅速有效开展起来，她承担了员工的培训工作，常见缝插针地为班组员工讲解汽车电路知识和调试技能。比如利用班前会前5分钟，向员工传达新品调试方法、市场形势、有利于振奋员工士气的小故事等，让大家尽快融入新环境，开足马力发展新事业。2011年6月，通过学习培训，班组员工都取得了检查员上岗操作证，而且有3人所在的岗位被授予“免检岗”。对于新员工，她常先讲理论知识，再手把手地教。“国华班”员工孔敏感动地说：“刚来‘国华班’时，她经常把我们几个新员工组织起来培训。为了给我们上课，她在家里把课备好，利用工休时间给我们讲课，孩子在家里也顾不上管。”

在杨国华的指导下，全班员工的调试能力都达到了高级工水平。2009 年，徒弟王伟、褚伏波、罗旭代表东风汽车公司参加新中国成立 60 周年国庆阅兵车辆保障工作，获得阅兵联合指挥部颁发的“阅兵装备保障标兵”荣誉称号。孙艳新获得“中央企业先进职工”“东风汽车公司劳动模范”等荣誉称号。杨国华本人也被东风公司授予“优秀导师”“优秀内训师”。

2009 年，“国华班”代表东风汽车公司在全国班组建设现场推进会上做班组建设经验交流，深受国资委领导的好评，并先后获得“全国工人先锋号”“全国五一劳动奖状”等荣誉称号。

2. 知识：在传承中增值

杨国华既有丰富的实际操作经验，又有编撰教材的理论水平，让劳模效应发挥到最大程度。杨国华说：“劳模只是一个称号，人才是企业创新发展的一个强大动力源。在新事业的发展中，如何把我的所学、所知传递给员工，打造一个人才济济的团队是最紧要的。”

2007 年 5 月，杨国华牵头制作了 EQ2102 汽车电器培训模拟台，学员能利用模拟台充分了解电器的构造及工作原理等一系列知识。模拟台还被用于东风汽车公司汽车调整工技术培训 12 期，学员 142 人，东风汽车公司高级技工总校技术培训 8 期，学员 157 人。

2011 年 9 月，“国华班”向每名员工发放了一件小礼物——《汽车电器故障排除》。这本由杨国华与徒弟王世杰、汪开军等技能骨干联袂历时近一年时间（业余）编撰完成的“口袋书”，涵盖了 DFL4251、EQ2102 等五大类车型常见电器故障检查、诊断与排除的方法，通俗易懂，是调试工和汽车维修工便捷实用的工具书。而且只有 128 开，比银行卡大一点，员工携带起来也很方便。大家拿到手里，如获至宝，爱不释手。工作间隙，一有空就掏出来“拜师学艺”。

2011 年，她还利用休息时间和班组骨干完成了《电器线路分解图》《汽车电器系统故障排除》口袋书以及《汽车调整工接车检查》《方向盘二次装配》《EQ2102 车型常见故障判断和排除》《EQ2082、EQ2100 车型常见故障判断和排除》视频教材，将平时工作中遇到的电路易发故障在电路图中进行分解，并利用视频演示，同时列出排除故障的方法，使员工工作效率提高了 30%。截至目前，杨国华坚持组织编写了 10 余本百余万字的汽车调整与维修工具书、教材，累计发行 65 万余册。

杨国华编写的教材受到了员工的欢迎，技能提高了，效率提升了，员工的凝聚力进一步增强了。杨国华共带徒弟 30 余名，有 6 人在东风公司技能竞赛中进入前 10 名，2 人破格晋升为技师，3 人取得东风汽车有限公司商用车“企业内训师”资格，5 年来共承担技术培训和技术服务 23 期，培训各类技术骨干 364 人次。

（三）神龙杨祉刚：让更多的员工成为“大国工匠”

杨祉刚，神龙汽车有限公司武汉工厂钣金工。全国人大代表、全国劳模、武汉模范市民、湖北省总工会兼职副主席……这位憨厚实诚、看起来再普通不过的车间工人师傅，荣誉等身、光环夺目。

但在同事程德军眼里，杨祉刚“很虚心”，不懂就问，早就是劳模了，还经常义务加班加点，哪里需要人帮忙，总是主动请缨“我去行不行？”

质量之魂，存于匠心。从 2003 年 3 月进入神龙公司至今，从杨祉刚手中下线的神龙轿车多达 10 万余台，焊接与钣金方面，几乎无返工。

不仅如此，他还通过集中培训、收徒等方式传帮带，培养了一大批高技能人才。

锐意进取、传承创新，这是一个“大国工匠”对自己的要求，更是中国从“汽车大国”到“汽车强国”的强大支撑力。

1. 实干加巧干 工人变“工匠”

“当工人，就应该认认真真把活干好！”这是杨祉刚说得最多的一句话。16年来，他始终扎根汽车生产一线，实现了由“农民工”身份到“合同制”员工，从普通操作工到MAG焊（惰性气体保护焊）初级技术工、中级技术设备操作员和高级技术钣金返修工的完美蜕变。

这是个浮躁的时代——很多人都这样说。快节奏的生活，几乎压得人喘不过气来。吃着外卖，刷着手机，看着泛娱乐化的节目……似乎很少有人能够静下心来，专心去做一件事。

然而杨祉刚却能够16年磨一剑，专注一件事。

2003年，杨祉刚以“农民工”的身份进入神龙公司。刚到公司，他被分配在焊装分厂，从事汽车焊接工作。“一天要焊300个零件，每个零件有25个焊点。”杨祉刚说，下了班，手都是肿的。身体的劳累，他可以克服，而业务不熟练，这让杨祉刚特别难受。除了向师傅虚心请教，他还与同事交流心得。不久，他就用积蓄买了一台电脑，只要有时间，他就坐在电脑前，学习焊接技巧。

2004年，焊装分厂MAG焊接岗位人手紧张。当时，MAG焊接是个苦差事，烟尘大，飞溅和弧光都会对人体造成伤害。杨祉刚知道后，主动要求到这个岗位工作。

师傅给他找了两箱几千片焊接试板让他练习，杨祉刚只要有空就来练，不知道多少次眼睛被灼伤，肿得像桃子，脸上的皮肤掉了一层又一层。杨祉刚点上眼药水，症状稍微有点缓解，他就接着练。

功夫不负有心人。2007年和2008年，神龙公司举办MAG焊工技能比武，他均获得冠军。

2009年，由于工作需要，杨祉刚又被调到焊装分厂调整线学习钣金返修，离开了自己的MAG焊接岗位，面对一个自己一无所知的新工种，他没有丝毫犹豫，而是以饱满的热情投入到工作和学习中。功夫不负有心人，从学到干只有短短半年的时间，他就在公司举办的钣金技能比武中闯进了决赛，用自己的实际行动践行了“干一行，爱一行；干一行，就要干好一行”的工作理念。

2010 年 8 月，杨祉刚作为优秀员工代表被公司选派到武汉交通学校进行学习深造。回到工厂，他把学习到的知识立即运用到实际工作中，并把这些经验制作成教材资料，供新员工学习培训使用。

2014 年，杨祉刚开始组建劳模工作室，在团队成员的共同努力下，2015 年完成现场改善 34 项，实现经济效益 91.5 万元；2016 年完成现场改善 40 项，实现经济效益 85.5 万元；2015 年和 2016 年共进行各类专业培训 20 次，培训人员 206 人次。

2017 年，公司为杨祉刚启用了全新的“杨祉刚劳模创新工作室”，组建了以杨祉刚为领军人物，下辖 5 个专业组，集员工技能培训与现场改进改善、创新创效、质量攻关于一体的师资团队。新的“杨祉刚劳模创新工作室”成立以来，共进行各类专业培训 185 次，培训人员 1645 人次，完成现场改善 280 项，实现经济效益 1064.89 万元。

2018 年，杨祉刚当选全国人大代表。身负重任的他要传递千千万万像他一样的务工者们的心声。保护农民工兄弟的权益，提升整体素质，鼓励他们向产业工人转型。

2. 潜心搞研发 经验成教材

走进杨祉刚劳模创新工作室，左侧橱窗里，摆放着几十张荣誉证书，占了大半面墙。靠里边，8 把各种形状的挑钩吸引了记者的眼球：C 形、I 形、J 形、S 形，C 形中又分大、中、小型号。“这些挑钩，都是我自制的钣金工具。”杨祉刚介绍。

原来，他有一次发现，汽车挡风玻璃前立柱边角处，易出现凹坑变形，返修时需两人合作，费时误工。“能否做一个更好用的挑钩？”他开动脑筋，费时一个多月做了个 C 形挑钩，问题迎刃而解。

针对不同部位的维修，他一共做了十几把不同类型的挑钩，修复后的车身平整度达到不施涂原子灰的要求。由此及彼，杨祉刚又制作了长錾、T 字拉拔钉等多种工具。

如今，这些工具已成为钣金车间的标配，工作效率由此提升 20%，返修合格率100%。杨祉刚编写的《白车身钣金返修工作法》，成为神龙钣金返修培训教材。

碰到工作中的“痛点”，很多人习以为常，杨祉刚总是设法改进。汽车前立柱在装配设备上的防碰撞护板经常破损，返修量大。查原因，发现护板材质为胶和石棉混合物，用不到1个月就会被磨穿。换护板很麻烦，要找供应商专门做，一个护板得2000元，周期3个月。杨祉刚决心自己做，他把冲压经常用的铁质报废零件切一块下来，叠成双层焊在一起，做成全新的防护板，一周搞定，寿命长达2年，成本大降。

近6年来，杨祉刚带领劳模创新工作室成员，共完成现场改善几百项，创造经济效益1000多万元。

很多人或许认为“匠人”是一种机械重复的工作者，其实“匠人”意味深远，代表着一个时代的气质，与坚定、踏实、精益求精相连接。因为，一辈子太短，只够做一件事，全心全意投入一件事，终有修成正果的那一天。

学习，并学以致用是杨祉刚一直坚持做的一件事情。杨祉刚平时酷爱钻研，在调整线钣金工位，经常是大家都在休息了，他还在利用生产间隙在工位上练习钣金返修基本功，常常是刚换一双新手套，由于摸车的时间太长，到下班时手套已经被钢板上的油浸透了，五根手指都已经乌黑，麻木。经过反复的操作实践与练习，杨祉刚不仅自己能轻松自如地完成返修工作，还将自己平时的操作心得和技巧与大家分享。

“咱靠手艺吃饭，光荣！”杨祉刚自豪地说。

3. 收徒传帮带 初心永不改

“在厂里做工人和在老家做匠人一样，要站稳脚跟必须靠手艺，我目标就是想做个手艺好、人品好的‘俏师傅’，让更多的员工成为大国工匠。”杨祉刚说。

16年来，杨祉刚完成了从一个农民工到技术高工的蜕变。他可以用手感知需要修复的细微之处，可以准确无误地完成一个看似难以完成的任务。

16年来，他完成了跳出农门的梦想。为城市的建设，为国家的发展贡献着自己的力量。

16年来，他完成了个人价值观的提升。工作之初，他想得最多的是用双手改善生活。现在，他更愿不断改进技术，为企业、为社会做出贡献。

“我觉得‘工匠精神’有创新和传承两方面的含义：一方面，工匠要有精益求精、追求执着、不断进取、锐意创新的精神，要干一行，爱一行，专一行；另一方面，工匠也要做好技术和精神的传承，为更多员工做榜样，让更多员工成为‘大国工匠’，为中国从‘制造大国’走向‘制造强国’贡献力量。”杨祉刚说。

在杨祉刚的传道授业、示范引领下，神龙公司陆续走出了中国汽车行业十大工匠叶林、“国务院政府特殊津贴”获得者王雄等一批全国、省市级工匠代表。2015年，神龙成为央企所属首家获得“全国质量奖”荣誉的企业，是对以杨祉刚为代表的一批工匠最好的褒奖和肯定。

天道酬勤，杨祉刚先后荣获“武汉市优秀农民工”、武汉市劳动模范、湖北省“建功湖北十佳农民工”提名奖、全国总工会十五大代表、“湖北省五四青年奖章”金奖、湖北省五一劳动奖章、湖北省劳动模范、全国五一劳动奖章、全国劳动模范等奖项和荣誉称号。

无论换多少工种，杨祉刚总是岗位上最勤劳的那个，无论荣誉名利如何，他始终没有放下手中的工具，没有放下对“汽车制造强国”的执着追求。

2018年我国GDP同比增长6.6%，汽车产量突破2800万辆。“但是要实现汽车强国，我们依旧需要核心的技术与创新。”杨祉刚说。

追逐梦想，道阻且长。关于未来，杨祉刚希望越来越多像他一样的农民工能够用自己技术上的创新与实践为“制造强国”贡献力量，希望自己是一个永远奋斗在一线的技能工人，把“劳模精神”和“工匠精神”传承下去，让更多的员工成为“大国工匠”，更希望中国制造的汽车能够走向国际化，走向世界。

（四）上汽邵景峰：为中国人设计自己的车

纵观百余年的汽车进化编年史，可以说是一部造型设计不断突破的创新史。作为汽车产业的首要环节，汽车设计的不断创新与发展已经成为社会进步和时代文明的重要标志。中国汽车设计从懵懂到如今有所成就，所经历的每一阶段也都成为其继而向上的根基。

作为上海汽车集团股份有限公司乘用车分公司技术中心设计部总监，邵景峰从“朗逸之父”到“荣威 RX5 之父”，从单纯的“当一个好设计师”，到肩负“带领中国汽车品牌崛起”，赢得了鲜花和掌声、荣誉与成就。可他觉得，“我们取得了阶段性成果，但路途依旧很遥远”。在他看来，中国设计师最终梦想就是要为中国人设计自己品牌的车，刻上“中国设计”的烙印。

1.“朗逸之父”和“爆款制造机”

走进邵景峰的办公室颇有些意外，并没有想象中的稿纸成堆。一张宽大的办公桌，桌角散落着各色的铅笔，一面落地窗搭着素色的窗帘，透亮、简约。整个布局没有一丝多余，像极了他的设计风格。

为了让一款新车能达到均衡之美，从草图到效果图，从平面二维设计图纸转化到立体三维模型，再到油泥模型，邵景峰对每个环节的要求都是近乎完美。他可以为了一个细微的尾灯夹角而据理力争，“汽车设计比拼的是对细节的推敲和把控，设计上差 5%，销售上就有可能会差 30%”。

凭借扎实的绘画功底和优异的审美水准，邵景峰主持设计了新桑塔纳、朗逸、帕萨特领驭等车型。尤其是朗逸这个车界“爆款”，外观内饰皆由邵景峰主导。在业内，邵景峰由此得了个称号——“朗逸之父”。

2011 年 11 月，邵景峰加入上汽乘用车公司，负责上汽集团荣威与名爵双品牌造型设计工作。或许正是因为他的“苛刻”，邵景峰带领的

“上汽设计”这几年在业内可谓是声名鹊起。荣威 RX5 以月销量破 2 万辆的成绩晋升“网红 SUV”，名爵 ZS 以独特的设计风格成为圈粉利器，它们用各自的方式宣告着上汽乘用车这一波设计的成功。

同时，从合资到自主品牌之后，邵景峰的设计理念也发生了一些变化。主导“醒狮计划”是邵景峰加盟上汽乘用车后接手的第一个重要任务，即帮助荣威进行品牌定位和设计语言梳理。经历了“醒狮计划”的探索，上汽乘用车总结出一套全新的荣威设计理念，即“自信式优雅”的产品特质和“东韵西律”的核心设计思想。这“符合现在最新的造型设计趋势，跨界的思维”，邵景峰表示，东韵指的是东方式的审美，西律指的是国际化的品质，精湛工艺和设计品质。两者相辅相成，再配以洗练、精准、韵律及舒展四大元素，便组成了“律动设计”的核心元素，邵景峰称之为“就像演讲时使用排比句更管用”。

作为荣威品牌核心的设计密码，RX5 正是荣威“律动设计”理念的第一部量产车，展翼格栅的运用、鲸头燕尾的整体比例设计、豚跃 C 柱设计都是律动语言的完美体现。这款被上汽乘用车总经理王晓秋称为“把所有好东西都给了它”的 SUV 车型，上市后迅速站稳脚跟，上市一年累计销量近 20 万辆，迅速晋升为“网红 SUV”。于是，邵景峰便又获得了一个称号——“荣威 RX5 之父”。

最令人欣喜的是，荣威 RX5 里的每一个元素都是中国人自己设计的。在谈到这点时，邵景峰非常自豪。也正是由于像邵景峰这样优秀的设计人才的涌现，中国设计力量才能不断崛起，汽车设计终于不再是外国人的专属。

2. 设计是对消费者心理的把握

当汽车渐渐走进人们的生活后，汽车在社会发展中的意义已不仅仅局限于一种交通运输工具，汽车造型的不断创新和发展成为社会进步和时代文明的重要标志。

通过与专家学者共同深入研究中国人的审美沿革，邵景峰深刻地理解到，在中国消费者的内心深处，讲求“安”的传统中式审美和心理诉求根深蒂固。这种“安”，是大概念的安全性，既包括车体外观所带来的安全感、大气感，也包括车自身性能的高质量。

“就如荣威 RX5，它具有时尚美观的外形，高端舒适的内饰，还具有性价比高、车型大、适合家用等特点，能较好地满足整个家庭各年龄层人的需要。我的设计初心是让更多的消费者接受我的产品，无论车上贴有何种标志，具备何种特殊功能设计，这一点从未改变，十几年如一日。”邵景峰说。

汽车设计是在刀锋上行走的行业，会受到来自各方的挑战、责备和不信任，沉得住气是关键，“不能今天向东，明天向西”。不过，邵景峰追求完美，却不固执，因为他懂得纸上谈兵的产品设计永远没有跑在路上的可能。

一辆新车实现量产都需要设计团队、工程团队、技术团队之间的相互妥协，以达到最为平衡的状态。“在任何时候，当你走到死胡同时双方必定要很快妥协，关键看妥协哪一方面。有时是设计上要妥协，有时是工程团队、技术团队做出妥协。”

设计师最怕遇上死脑筋的老螺钉，遇上了也只能自认倒霉。但这在上汽设计中心几乎不存在，领导都是段子手，各种抖机灵卖包袱，王晓秋常常吐槽他手下都是“败家子”，尽可能地给新车装很多好东西。“晓秋总他们都是从消费者的角度来看车，并未用行政命令压迫我们”，邵景峰觉得这也是上汽原创设计能走到今天的一个大优势。

在邵景峰笔下，上汽乘用车打破了以往的“老气横秋”，荣威和名爵两个品牌有了独特、鲜明的特色，“荣威理性，名爵感性，就像人的两面性一样”。荣威品牌基于更为广泛的消费审美，倡导的是优雅、自信的产品形象，荣威 RX5 如此，荣威 i6 亦是如此。

而名爵的风格则和荣威的迥然不同，“英伦风、跑车文化让名爵更有张力”，所以，邵景峰给名爵定义了“感性力设计”，专为 90 后打造新车，让这些互联网土著看到名爵车型便有“怦然心动”的感觉。追求审美的宽度和深度，销量才能有宽度和深度。那台年轻人买得起的座驾名爵 ZS 上市后订单量迅速增长，再一次证明了邵景峰设计理念的成功。

在律动余温未散之际，邵景峰又迎来了新的挑战，“我是一个传统车企设计师，突然成了创新的对立面”。随着互联网对汽车行业的改变扑面袭来，几乎在一夜之间，邵景峰的团队迎来了新的压力。

不过，邵景峰并不喜欢“互联网颠覆传统汽车”的言辞。“别动不动就说颠覆”，他认为，互联网这块大屏打开了跨界之门，也打开了传统设计师和互联网设计师的交互之门。

荣威 RX5 的出现，意味着汽车真正插上了互联网翅膀。“如果没有及时抓住这股潮流，可能我们就不再是一个很牛很高大上的汽车设计师，转眼之间成为一个被颠覆、一个淘汰行业的设计师，身上压力非常大。”嗅觉属猫的邵景峰并不想当一个“砸核桃”的，所以在互联网 SUV 荣威 RX5 和名爵 ZS 热度依旧的时候，上汽又率先推出了荣威纯电动超级轿跑 SUV 车型“光之翼”Vision-E Concept 和名爵掀背式跑车风格 E-motion 概念车，邵景峰希望用设计为上汽再次赢得下一个五年，甚至十年。

3. 让世界倾听中国设计的声音

随着中国自主品牌的逐步崛起，中国的汽车设计不再缺席国际舞台，甚至能在国际舞台上一展风采。邵景峰见证了这个成长阶段，并成为这一过程的主要参与者和推动者。

7 年多来，邵景峰所带领的上汽设计师团队已迅速成长为国内最顶尖的设计师团队之一，他也由此获得了众多荣誉，如“上海市五一劳动奖章”“上海市十大青年高端创意人才”“全国机械工业劳动模范”以及“中国汽车工业优秀青年科技人才奖”等。

“能当上全国劳模对我而言是个巨大的荣誉，是对我所从事的创新工作的认可，我深感荣幸。”他对这个荣誉有着自己独到的理解：“劳动模范，在新时代也具有新含义，设计工作纯粹是脑力劳动，需要投入巨大精力和不懈的努力。设计工作需要埋头苦干，还需要时代所赋予的创新精神。”

与此同时，邵景峰在国际上的声誉也与日俱增。

2013 年年底，由邵景峰带领的团队设计的荣威蚁族概念车，首次代表中国汽车企业参加堪称国际汽车设计“奥斯卡奖”的设计大赛——洛杉矶国际汽车设计挑战赛，获得业内好评，一举拿到全场金奖。

2016 年，采用“律动设计”的荣威 Vision-R 概念车，获得了权威汽车设计杂志“CARSTYLING”颁发的“2015 年度中国最佳概念车设计大奖”，成为首个获得该奖项的中国汽车。紧随其后，荣威 RX5 连获德国红点和 IF 设计大奖，标志着中国原创汽车设计品牌已获得世界顶尖设计领域的极大认可。

也就是在这一年，邵景峰获得了评选的“2016 年度中国最佳汽车设计师”大奖。

2017 年，德国 iF 设计大奖组委会宣布，上汽荣威 RX5 和其新能源版荣威 eRX5 荣获“IF DESIGN AWARD 2017”设计大奖。荣威品牌再次登顶最受瞩目的世界设计舞台，代表中国汽车品牌摘得全球最顶级设计大奖，打破了汽车设计大奖被合资品牌垄断的局面。

“这些奖项说明，中国设计师的进步和发展已经被世界所认可。这使中国的汽车设计师们更敢于走出国门，并发出自己的声音。”邵景峰说。回忆起之前的经历，“我们把精心设计的汽车模型送去德国狼堡，对方却没有看一眼就把模型送了回来。”不被认可的挫败感令邵景峰记忆犹新。

“近几年，中国汽车设计有了很大提升和起步，中国企业的设计师会更自信地站在舞台上介绍他的车，中国设计师获得了国际认可，国际大奖上也逐渐出现了中国设计师的身影。这种变化是中国汽车设计职业生态发生的最显著变化。”邵景峰说。

有人说，设计师一定要有情怀，设计才会有灵魂，而邵景峰无疑是中国品牌设计师里最有情怀的那个。

不过，情怀之外，作为一个中国品牌设计师，邵景峰身上更多的还是沉甸甸的使命。中国设计师不仅要提升中国品牌的设计力，更要为中国设计、中国汽车设计师正名，中国汽车设计师，同样卓越与优秀，同样可以设计出走在全球前沿的优秀作品。

从单纯的“当一个好设计师”，到肩负“带领中国汽车品牌崛起”，这是挑战，也是梦想。人生没有终点，设计梦想更没有界限。邵景峰说，他的职业理想是让全世界倾听来自中国设计的声音，让外国人选择并爱上中国车。

他坚信自己会看到那一天。

（五）长安张永忠：汽修“老中医”的“四诊法”

对机器多看一眼，就能发现少没少零部件；感受一下汽车尾气的温度和气味，就能对“运转是否正常”知道个八九不离十；再听一听发动机的轰鸣声，他就能判断有什么问题。怀揣绝活，重庆长安汽车江北发动机工厂的维修工张永忠觉得这些都没什么神秘可言。

“从发现问题到找准原因，无非是靠多学、多练、多研究。”10余年前，张永忠依据经验与钻研创造出一套修理汽车发动机的“四诊法”：望外观、看点火；闻尾气、判隐患；听声音、分异常；调切部件、把原因。上万台发动机经他的手“治愈”了，他为长安汽车品牌质量提升、中国汽车动力发展做出了不可磨灭的贡献。而他却说，自己只是一名普通的维修工。

1. 从木工岗位走出的汽修达人

1983年，张永忠从部队退伍，进入重庆长安汽车（集团）有限责任公司，分配到当时的31车间成为一名木工。

一年后，公司正值研究发动机之初，人才紧缺，踏实而又勤学好问的他被领导看重，从木工岗位调去参加汽车发动机的组装调试工作。

20 岁的他刚进工厂，看着满地的零部件，“就像进了菜市场，却不认识地上都是些什么菜”。于是，他从辨识零部件学起，装配、调试、维修，不分工种，什么都干。张永忠说，那时候经常是白天黑夜连轴转，靠的就是一股韧劲。长安汽车第一台“江陵”牌发动机的成功点火，也有他的一份心血。

“做这一行久了，看发动机就像自己的孩子。”张永忠说，因为喜欢，所以会花很多时间在研究发动机上，因此大部分时间都在车间里和工人们在一起，也就对发动机有了更深入的认识。张永忠告诉记者，他与发动机打交道已有 30 多年的时间了，现在他已经离不开发动机了。“习惯成了自然，现在每天不看到发动机，总感觉缺少了点什么。”

“天下没有免费的午餐，要想在某一行业里有所成就，必须付出心血和汗水。”张永忠告诉记者，十余年前，由于长时间高强度的工作，导致双腿股骨头坏死。他忍着剧痛坚持上班，直到医院发出最后通牒，再不手术就瘫痪了！术后不到 1 个月，张永忠再次返回工作岗位。尽管拄着双拐行动不便，他依然保持着昂扬的精神和勇往直前的干劲，哪里有问题，哪里就有他。他的足迹遍及祖国大江南北，哪里有发动机的“疑难杂症”，他就在第一时间赶到哪里，挽袖上阵直至故障排除。

30 多年来，经他手调试、维修的发动机数量早已突破万台大关。30 多年来，张永忠顺手开发的小工具，点滴积累创新的工作方式，形成了 3 项国家专利；他组织参加的 80 多项技术攻关，创造价值 5600 多万元。他也因此获奖无数：工厂十佳能手、公司一级技能师、重庆市劳动模范、中国兵装团技能大师、中华技能大奖、全国劳动模范……

2. 汽修“老中医”自创“四诊法”

“‘望闻听切’维修法是张永忠 2003 年开创出来的，后被命名为‘重庆市职工经典操作法’，并在全国汽车行业迅速推广。”张永忠的同事介绍说，张师傅的耳朵很灵敏，听声音就能察觉出质量问题。

有一次，张永忠巡查发动机生产车间，从工人们身边走过时，发现工人在螺栓拧紧过程中，螺栓拧紧的声音和标准力度下发出的声音好像不完全一样。他赶紧查看显示仪器，果然，工人操作力度不够，有可能会导致连杆螺母力矩偏小，也就会导致发动机不合格。就在当天，车间内立即对问题进行了调查追溯，及时避免了1500台不合格发动机流入市场。

“张永忠是中国汽车发动机维修的‘老中医’。”同事说，一次，张永忠发现即将发往南美洲的上千台发动机排气管状态错误，第一时间反映了问题，从而避免了工厂更大的损失。

凭借一手绝活，张永忠已先后诊断出国内外各类汽车发动机“疑难杂症”800多例，挽回经济损失上千万元。他参与完成离合器压盘分离不彻底、发动机拉瓦等攻关项目，独立发明G系列气门发动调整螺钉瓶颈工具，将发动机生产30%报废率降低为零。

回忆起多年一线维修调试发动机的经历，张永忠告诉记者，自己印象最深的是攻克气门调整螺钉报废率的问题。

2003年，厂里生产的“G系列气门调整螺钉”报废率一度高达30%，严重影响了生产效率。由于生产线是从日本引进的，厂方就和日本代理商交涉并希望能解决这个问题。但日本公司回应：问题不在合同范围内，解决问题需另付600多万元研发费用且不保证一定成功。

面对这样的答复，张永忠心里憋着一股气。他和同事们夜以继日地研究，反复实验解决方案，画图、试验、修改，甚至推倒重来。“当时就像是着了魔一样，但有一个信念就是一定要攻克这个瓶颈，一定要做到。”最终，张永忠用自己的设计攻克了这一难关，为公司挽回了巨额损失，并获得了个人国家专利。

3. 缔造一支全能维修团队

“既做事，更做人”，是张永忠一直在心中遵守的准则。每当有人求助时，他都毫无保留地指导。带徒弟，他不仅将技艺倾囊相授，更注重以自己的行动给徒弟上好职业道德这一课。

“技术这个东西保留是没用的，技术要给别人解决实际困难才能体现它的价值。”张永忠坦言自己的愿望就是，把自己多年掌握、练就的维修技巧传授给更多的青年员工，培养更多的工匠。为此，他与公司数十名年轻员工签订了“名师带高徒”的配对协议，亲手带出了一支熟练掌握发动机调修技术的国家级全能团队。

如今，他的全能团队中，有公司二、三级技能师 5 人，高级技师 25 人，技师 100 余人，在兵装集团技能大赛中屡获发动机装调项目一、二、三等奖。长安汽车现在的发动机调修一线技术骨干中，有 80% 接受过他的指点。

“关注每一个细枝末节”是很多同事对“张大师”的评价，对此，张永忠的徒弟周正欣深有感触。一次，周正欣和工友组装一台空调压缩机，张永忠看了看便问：“你们再看看，装得是不是有问题？”周正欣一检查，发现果然少装了一个零件。他顿时脸红了，心里对这位师父又感激又佩服。

机加总装二车间的班组长张波是跟张永忠时间最长的徒弟，谈到自己的师父时，张波说道：“师父最爱说的一句就是‘既做事，更做人’，优秀的维修工一定先要是一名踏实敬业的人，发动机就好比人的心脏，半点都马虎不得。”靠着这种职业精神，张永忠的徒弟们不断在全国各级技能大赛上取得优异成绩。

“既做事，更做人”一直是张永忠心中默守的准则，评上全国劳动模范后，他依然把这句话挂在嘴边。“都说干一行，爱一行，钻一行，精一行，我的工作就是拿着扳手老实做事。”

2012 年，张永忠国家级技能大师工作室设立，被人力资源和社会保障部选拔并命名为“张永忠技能大师工作室”，成为全国首批 50 个国家级“技能大师工作室”之一。2015 年，张永忠被评为全国劳模，成立了“全国劳模创新工作室”。2016 年，他又获得了十大“巴渝工匠”

称号。

“工匠精神讲究精益求精，我也将在实际工作中，把几十年积累的经验毫无保留地传授给年轻一代，为营造劳动光荣的社会风尚和精益求精的敬业风气贡献自己的一分力量。”张永忠说。

30余年的专注与坚守，张永忠做到了人如其“名”——永远忠于职守。“不管哪一行，只要尽力把自己干的工作干到最好，就能体现一个人的价值。”张永忠用30多年的坚实步伐，向人们展示了一个从木工到中国汽车行业发动机维修专家的蜕变。“我就是一名维修工，只要拿起扳手，心里就欢喜、就踏实。” 张永忠说。

（六）吉利吕义聪：听声辨错的技术达人

晚上10点，位于浙江台州的吉利汽车路桥基地依旧灯火通明。流水线上，待装车辆呈“一字形”排列，井然有序向前传送。车间里，一个穿制服的年轻人，一手拿着笔记本一手执笔穿梭其中。无论走到哪里，他的身边总围着许多人。

他在吉利汽车是家喻户晓的明星，他是吕义聪，党的十九大代表、全国劳动模范、中国青年五四奖章获得者。作为一名80后汽车技术质量员，多年来练就了一手绝活：一辆汽车1200多个整装配件，他可在两天之内组装出一辆整车；单凭耳朵就能准确辨别40多种声音分别代表什么故障。

这身本事是怎么练成的？吕义聪记得，2004年他刚进厂，老师傅反复强调质量是企业的生存之本。他将这些话深深印在心里，不断修练“内功”。2011年6月，吕义聪转岗进入公司技术质量科。虽然只有高中学历，但他爱观察、爱学习，异常刻苦。担任技术质量员期间，吕义聪解决了很多技术难题，还获得了两项国家专利。

现在，吕义聪成立了技能大师工作室，新的研究课题是如何提高产品的感知质量。简单来说，就是在产品尺寸、质量都合格的前提下，怎样最大限度地提升顾客对产品的好感度。

吕义聪记得，在接受书福奖时，吉利控股董事长李书福对他说："吉利战略转型要想取得成功，就必须要抓技术、抓质量，这些都离不开每一位一线员工的素质提升。"

1. 在平凡中坚守

提起吕义聪，工友们对他敬佩不已，其中不少工友是比吕义聪更早进来的前辈，刚开始时，他们都是吕义聪的"师傅"。而现在的吕义聪，以工匠精神练就一手绝活，成了行业里的"带头大哥"，收获众多荣誉：全国劳动模范、中国青年五四奖章、全国技术能手、全国优秀农民工、浙江省职工技能状元金锤奖等。

有人赞叹，吕义聪是汽车领域尤其是装调方面的天才。吕义聪笑了笑说："哪有什么天才，无非是花了比大家多得多的时间去钻研和学习罢了。"

吕义聪刚满 20 岁时就从老家安徽出来打工，人生地不熟，他从一家汽车修理铺开始当学徒做起，经过两年积累，顺利应聘进入吉利汽车金刚公司，成为一名整车调试员。

为了多学技术，吕义聪常常一个人钻进成品车里研究汽车故障点，一"钻"就是几个小时。凭着踏实肯干的工作态度和日益见长的技术，吕义聪很快脱颖而出，转岗到了调试组。为了弥补没有上过大学的缺憾，吕义聪开始如饥似渴地自学。他的办公室、宿舍里，堆满了各类关于汽车的技术书籍，床头也贴满了各式各样的线路图纸和整车电气原理图。

功夫不负有心人。2005 年，吕义聪作为公司唯一的装调工代表，参加全国汽车装调工职业技能竞赛，最终获得二等奖。2007 年，他再次代表公司参加全国汽车装调工职业技能大赛，凭借娴熟的技术，一举夺得冠军，并获得了"全国汽车装调工操作技术能手"称号。如今，吕义聪已拥有 50 多项技术创新成果，其中"变速器油封装配工具""空调制冷系统效果提升装置"获得国家专利。

尽管技术高超，可关心吕义聪的同事和好友们对他喜欢挑战困难的性子却有些担心。

“很多时候，我站出来‘挑大梁’，这也意味着我挑下一个重担，背负起本可以不用背负的责任，在朋友们看来，这是‘自讨苦吃’。”毕竟，在这样一个机器轰鸣的车间里，汽车的“疑难杂症”会不断出现，花大精力把问题解决了，显得理所当然，可倘若搞砸了修不好，反而会被一些人背后嘲笑“打肿脸充胖子”。

2007 年 1 月，公司的 284 辆出口车在调试中有 40 辆行驶时有异响。如不及时排除，不仅会给公司带来 1000 多万元损失，也会对公司的声誉造成重创。领导急坏了，动用了公司所有技术人员，更换了所有能更换的零件，但响声依旧。就在大家一筹莫展的当口，青年工人吕义聪轻声说：“让我来试试。”

在人们疑惑的目光中，他跨进驾驶室，缓缓启动汽车，全神贯注捕捉着行驶中的每一个杂音。半个小时后，他回到现场，肯定地说：“是动力转向液壶和发动机怠速控制阀有问题。”专家一测，果真如此——动力转向液壶由于天气冷造成塑料件变硬，与发动机怠速控制阀摩擦产生异响。

从此，他的名字便在公司和配套厂家中间传开，成了小有名气的技术能手。

2. 在苦寒中勃发

17 岁那年父母先后去世，正上高中的吕义聪被迫辍学，孤身一人来到浙江做起汽车修理学徒工。修车又脏又累，他因为技术不熟练，去客运站修理中巴车时常被车主骂，说修得差，让赶紧回去叫师傅过来。

“这些话刺激了我，暗下决心一定要学好技术。”吕义聪说，“每次师傅修完后，我会刨根问底地问师傅是什么故障原因，求师傅让自己先试试，多上手多学。慢慢地，师傅觉得我还可以，开始让我一个人去修车，驾驶员也开始喊我‘小师傅’，我的自信心和对修车的兴趣就这么起来了。”

“刚到吉利汽车时，我钻在地沟里找汽车故障，又臭又脏，却常常半天都排查不出问题，这个场景我永远都不会忘记。所以，每次想要放弃时，我就对自己说，再坚持一下。”吕义聪说，“我知道自己学历没优势，只能比别人更努力，机会永远会留给有实力的人。”

只有高中文化程度的吕义聪付出了比同龄人更多的代价。他用 2 年时间，背下了 300 多条汽车线路图，用 3 年时间学会看懂汽车原理图，一次次拆装零部件，一遍遍啃专业书。

“主动钻研，特别能吃苦。”吉利控股浙江金刚汽车有限公司总装分厂厂长周国海是吕义聪进厂时的面试官，见证了他的成长，“小吕现在是我们分厂的一个标杆和典范。”

就像医生用听诊器听一下就能判断出病人的病灶在哪里，吕义聪也有这样的“特异功能”。只要听一下汽车的声响，他就能马上判断出这辆车存在的问题，故障在哪儿，需要怎么修。

“好学，遇到某个困难点、问题点，非把他解决了不可，就不会打退堂鼓呢。在我们车间、一线，只要是有问题就找吕义聪。” 金刚汽车总装分厂底盘班班长尤建军这样评价。

吕义聪说，任何人都可以沿着自己的轨迹跑出精彩人生。 “我的经历告诉我，只要肯学习，锻炼自己的本领，也能成才。不走捷径就是最大的捷径。”

“要培育精益求精的工匠精神”，在 2016 年的政府工作报告中，李克强总理提到。在企业，劳动模范正是“工匠精神”的践行者和传承人。

吕义聪说：“所谓的工匠精神，就是一种责任。经过你的手制造的产品就‘镌刻’上了你的名字，我们不能单纯地想着把活干完、把钱赚到了就好。你的产品出了问题或者做得不够精致，就是你的工作做得不到位。工匠精神，就是要求我们绝对不能应付工作，而是要把工作当成事业去做。”

3. 在分享中成长

在吕义聪看来，自己闷头做事是有一定弊端的，不容易发现自己身上的问题，而把自己的经验进行分享，别人的经验可能会告诉你其实还有很大的提升空间。在吕义聪的团队里，定期都会开展技术分享会，每一个人都可以分享自己的一技之长。

除了技术分享，吕义聪还“名正言顺”地收了很多徒弟。2005 年厂里任命吕义聪为调试组副组长，希望他能把个人的单兵能力转化为全班组的技能提升，培养更多高技术人才。这之后，吕义聪承担起了技能带头人的角色。为帮助广大员工在工作中学习和进步，他制定了专业培训计划，定期开展汽车专业理论知识培训和技能训练课程。他带出的十几名整车调试技能高手，很多都成了集团调试班组的“当家花旦”，有的更凭借技术优势转入了集团的其他系统。

吕义聪给每位徒弟都下了一个“命令”，一定要在某一专项上超越师傅，跟师傅形成竞争或者对抗。他认为，这一方面可以培养徒弟们独立思考的能力，另一方面也可以发现自己的不足，从而促进自己和团队的更大进步，这样大家每天的工作氛围都充满着正能量。

吕义聪认为，“很多细节虽然在技术质量层面上符合要求，但如果我们对工作提出更高要求，将误差降到更低，造每个人的精品车这一品牌使命才能得以践行，吉利汽车的品质才能得到更多用户的认可。”

在公司支持下，2008 年 10 月，以吕义聪名字命名的创新工作室成立，他带领团队 1 年完成 60 余项改善项目，直接效益达 760 万元。他编写的《金刚电器排故手册》成为吉利公司培训新员工的“教科书”。

面对这一切，吕义聪没有飘飘然。“永怀感恩之心，保持归零状态。”他一遍遍叮咛自己：荣誉归零，成绩归零，只有不断归零，才能轻装上阵，青春之树才能永远葱茏！

在他所处的汽车制造行业，这 5 年来发生了巨大变化。自主品牌乘用车产销年均增速超越合资品牌、新能源汽车产销规模跃居全球第一……“这让我们看到了民族汽车工业崛起的希望，增强了赶超合资品牌的信心。我们迫切希望把自己生产的产品推向价值链的中高端。”吕义聪说，要实现这一目标，需要我们在管理、科技、创新上持续取得突破，而再好的创意和设计，也离不开一大批高水平、高素质、具有工匠精神的蓝领把产品制造出来。

在吕义聪看来，要让“工匠精神”从目前的国家重视、社会共识到全面落地生根，需要学校和企业的科学精心培养以及从业者们的不断努力。同时，也迫切需要国家和社会在对一线劳动者的认同、分配机制、人才政策、社会福利保障、作业环境等方面不断地改善和完善。

“那样，让‘工匠精神’落地，力促制造业迈向价值链中高端，我们的工业强国梦一定会早日到来！”

吕义聪，一名普通的 80 后技术工人，怀着一颗匠心打磨自己的职业路。他说，“今后我一定要继续努力，为实现民族汽车自主品牌的中国梦做出贡献。”

第二章

盘点 2018 年：中国汽车产业迈入发展新阶段

2018 年对于中国汽车产业而言注定是不平凡的一年。总结来看，进一步扩大开放、管理体制改革、车市下行压力加大成为最受关注的三大话题。这三股力量交叉汇合，共同推动着中国汽车产业迈入发展新阶段。

本章主要从上述三大话题出发，梳理了中国汽车产业在 2018 年的总体发展走势以及未来政策导向。“扩大开放塑造全面竞争格局”主要从“股比开放”“关税下调”等政策视角，系统性总结了中国汽车制造业从封闭、半封闭到全面开放发展的历程，并解析了国内市场竞争加剧对于我国车企带来的机会与挑战。

“产业管理体制改革进入深水区”一节重点关注 2018 年我国汽车产业管理体制的深度变革。从《道路机动车辆生产企业及产品准入管理办法》《汽车产业投资管理规定》，到《智能汽车创新发展战略》（征求意见稿）、《智能网联汽车道路测试管理规范（试行）》等多个重磅政策，正在引导汽车产业转型升级、提质增效，并推动市场化竞争机制逐步建立完善。

“中国汽车市场进入转型增长新阶段” 对于 2018 年下半年，我国汽车产销压力持续加大、部分自主品牌车企利润大幅缩水、新能源汽车产销双增等市场现象进行了重点解析。总体来说，我国车市的发展趋势基本符合市场发展规律，在某种程度上，市场波动为汽车产业结构调整和实现转型升级提供了新机遇。

一、扩大开放塑造全面竞争格局

（一）汽车产业大门为何越开越大?

“中国开放的大门不会关闭，只会越开越大！”中国国家主席习近平在博鳌亚洲论坛 2018 年年会开幕式上的演讲，显示了中国改革开放再出发的坚定决心，向世界展现了中国进一步扩大开放的信心。

改革开放 40 年来，中国汽车产业快速崛起，产销量位居全球第一。而如今，世界汽车制造体系也在不断经历着颠覆和重塑，当今的汽车，已不再仅仅是一项简单的交通工具，而是逐渐演化成一款包含了智能系统在内的移动出行工具。

在世界出行大变革的形势下，自主品牌在智能网联、共享出行、自动驾驶、汽车服务等新业态、新技术、新模式的布局中蓬勃发展。而从改革开放到如今“股比开放”“关税下调”等不断开放的政策中，中国汽车制造业已经从封闭、半封闭的发展阶段进入全面开放发展的新时期。

1. 改革开放：汽车工业大门开启

中国汽车能够从薄弱的产业逐步成为国民经济的支柱性产业，首要得益于改革开放以来日渐开放的政策和市场环境。

1978 年，邓小平同志在一份关于外资车企建议搞合资经营的简报中批示“合资经营可以办”。这份批示被快速传达到几家主要国有车企，中国汽车人的思想禁锢由此打开，随后，中国政府主动派出多个考察团前往欧美，与外资车企进行合资经营谈判。

1984 年 10 月，中德合资轿车项目上海大众正式签约成立，上汽持股 50%，大众汽车集团持股 40%（包括斯柯达汽车的股份），大众汽车（中国）投资有限公司持股 10%，上海大众于 1985 年正式投入运营。

这成为中国汽车史上一个具有里程碑意义的事件。跨国车企给中国汽车工业带来了资金、技术和全新的经营管理模式，中国汽车工业和市场的第一扇大门，由此正式打开。

不只针对国企，在改革开放政策支持下，汽车产业也向民营企业家敞开了大门。为了鼓励汽车产业的开放，2004 年，国家发展改革委发布了《汽车产业发展政策》，推动汽车产业结构调整和重组，这一改革政策，为民营资本拆除了迈入汽车行业大门的高墙。

随着中国正式加入世贸组织，为了尽快向完全的市场经济体制过渡，我国在管理体制、经贸政策、外资政策、市场政策等方面加快改革步伐，开始大幅降低整车和零部件进口关税，使得国内汽车市场逐步开放。

2. 股比开放：新合资潮来袭

在不断的发展历程中，我国汽车产业已经脱离了“低廉”的刻板印象，而随着技术经验的积累，我国汽车产业政策的开放程度进一步加大。

2018 年 4 月，国家发展改革委宣布，汽车行业将分类型实行过渡期开放：其中，2018 年取消专用车、新能源汽车外资股比限制；2020 年取消商用车外资股比限制；2022 年取消乘用车外资股比限制，同时取消合资企业不超过两家的限制。经过 5 年过渡期，汽车行业将全部取消外资相关限制。

一直以来，汽车产业 50∶50 的中外双方股份都是一个标准模式，打破常规，是为了让自主品牌进一步参与国际竞争。

此前，股比限制的规定，给予了孱弱的中国汽车工业以坚强的保护。但不可否认，合资品牌的巨大规模和利润让不少自主车企贪图享受于温床之上，在车型溢价、品牌认知、全球化程度等方面与外资相比仍有差距，如果我国汽车工业在新一代信息通信、新能源、新材料等技术与汽车产业加快融合的关键时期没有跟上前进的脚步，将失去全球竞争的实力。

中国汽车行业要想更好发展甚至迈向国际市场，就必须打开国门、构建充分的市场竞争，只有在开放的国内市场锻炼了竞争力，才能谋求更好的国际发展。

同时，伴随着《乘用车企业平均燃料消耗量与新能源汽车积分并行管理办法》（“双积分”政策）的实施，我国已经开启了新一轮的汽车产业合资潮。

从 2017 年初戴勒姆与北汽的合作，到大众汽车与江淮，再到福特与众泰、东风与雷诺－日产，一年左右时间，已有 4 家世界汽车巨头在中国成立合资公司。对于跨国车企来说，在市场和政策的变化大势下，快速切入并适应中国新能源车市场的最好方式，就是寻求中国伙伴联姻，国内一些车企出于提高品牌和技术水平等考量，也乐于接受这样的“亲事”。

在股比开放的背景下，这些企业的合作也具有新的特点。

首先是合作领域不同。在政策和市场的推动下，国内企业纷纷与外国车企在新能源领域展开合作。以江淮大众为例，乘用车领域的合资，长期仅限于传统燃油车领域，近年来才开始涉足新能源汽车领域，江淮大众则只限于纯电动乘用车（含增程式混动）领域，不涉及使用内燃机的汽车产品（包括插电式混动）。

其次是我国汽车企业的话语权也越来越大。传统乘用车领域的合资，大多都是仅限于生产制造领域，技术和品牌主要依赖外方提供，且仅限于国内市场。而新型合资则是合资企业自主研发，使用全新的自有品牌和商标。新型合资起步阶段产品为中方自主开发产品，关键零部件配套主要来自本地。

未来，在电动化 + 智能化 + 网联化 + 共享化趋势下，股比放开，相当于在头顶悬下了达摩克利斯之剑，也将会倒逼这些车企加快扶植自主品牌的步伐，从而增加股比谈判时的话语权。

3. 关税下调：刺激投资

除了股比开放以及双积分的实施，关税下调，则是中国汽车产业大门开放的又一个重要政策信号。

2018 年 5 月，财政部发布的《国务院关税税则委员会关于降低汽车整车及零部件进口关税的公告》显示，自 2018 年 7 月 1 日起，我国将汽车整车税率分别为 25% 的 135 个税号和税率为 20% 的 4 个税号税率下调至 15%，降税幅度分别为 40%、25%；将汽车零部件税率分别为 8%、10%、15%、20%、25% 的共 79 个税号的税率降至 6%，平均降税幅度 46%。

这可以说是近十年来，对中国汽车消费者影响最大的一次政策调整，势必会使得我国汽车产业的开放程度进一步加深。

此前，国家的高关税举措，是为了避免国内汽车产业较早受到进口汽车的冲击。同时，这也吸引了跨国汽车企业到中国寻求合作投资办厂，并在一定程度上推进国内汽车产业的发展，为中国国内汽车产业发展创造了一个相对良好的发展环境。

如今，由于关税降低以及自贸区的零关税政策优势，独资建厂的豪华品牌可因关税减免的优势而实现售价大幅降低，将直接刺激进口车销量的增长，更多世界级汽车企业将会以贸易和投资的方式积极进入中国市场，使中国成为世界竞争最激烈的汽车市场之一。这也就意味着，自主品牌面对的竞争将逐步增大。

同时，关税下调之后，零部件采购全球化是大势所趋。在全球化市场中，整车企业通常进行全球采购，以最大限度降低成本。而国内零部件产业规模小、较为分散，这或许会导致其在全球市场处于劣势。

不过从另一个角度看，关税的降低也将激励国产品牌的崛起和发展，倒逼产业加快转型升级，推动我国汽车产业在更加开放的条件下实现高质量发展，股比放开与降低关税形成协同：一方面吸引外资进一步流入国内；另一方面利用自贸区等特殊优势鼓励对外出口（包括自主品牌和外资品牌），形成全球性的制造基地，促进中国汽车产业形成持续良性的竞争格局。

4. 技术更迭：倒逼行业转型

面对如今汽车技术的快速更迭，我国汽车行业转型升级迫在眉睫，而政策的开放，也为我国提供了在新一轮产业升级革命中“超车”的机会。

如今，我国汽车产业已从规模增长转为以结构升级、创新驱动为主要特征的高质量发展阶段，技术实力和产品品质将是汽车行业的核心竞争力。企业要通过大力推进技术、管理、机制和文化等创新，促进汽车产业向低碳化、电动化、智能化和自主化（汽车行业“新四化”）发展。

从新能源汽车产业来看，2009 年开始，我国就进入到以汽车动力电动化转型为目标，以节能与新能源汽车为重点的新能源汽车产业培育发展期。在新能源汽车领域，中国新能源汽车保有量在全球占比近 50%，稳居世界第一，市场渗透率也已经提升至 4%。

对于智能网联汽车，中国也是最为重视发展的国家之一。国家发展改革委公布的《智能汽车创新发展战略》（征求意见稿）提出，到 2020 年，中国标准智能汽车的技术创新、产业生态、路网设施、法规标准、产品监管和信息安全体系框架基本形成。中高级别智能汽车实现市场化应用，重点区域示范运行取得成效。到 2025 年，中国标准智能汽车的技术创新、产业生态、路网设施、法规标准、产品监管和信息安全体系全面形成。新车基本实现智能化，高级别智能汽车实现规模化应用。“人 – 车 – 路 – 云”实现高度协同，新一代车用无线通信网络（5G–V2X）基本满足智能汽车发展需要。到 2035 年，中国标准智能汽车享誉全球，率先建成智能汽车强国，全民共享“安全、高效、绿色、文明”的智能汽车社会。

汽车产业不断进行技术创新，表明中国汽车产业将在新的发展机遇和挑战中，进入竞争发展与结构调整并重、完成动力转型并实现从汽车生产大国向强国转变的新时代。

开放政策的引导，预示着我国汽车产业深度改革开放、全方位参与国际竞争的新时代已经来临。要实现“迈向世界汽车制造强国”的宏伟目标，中国汽车产业需为应对全方位对外开放营造良好的国际竞争环境。

立足当下，中国汽车业“坚持打开国门搞建设”的时间表已经制定，目标已经清晰，路径已经明确。而政策的令箭就像穿心之弩，面对转型升级过程中的淘汰者毫不手软，优胜劣汰的自然法则将在汽车工业发展中得到验证。

（二）华晨宝马和特斯拉先行试水

合资股比放开之后，中国汽车市场的走向如何？关税下调后，如今林立的合资车企将会迎来怎样的变数？利弊之间又该如何权衡？这都是在政策开放的背景下，中国汽车行业需要面临的问题。

在中国汽车大门越开越大的背景下，已经有外国汽车企业开始行动，最典型的就是华晨宝马的股比变更以及特斯拉在华建厂事件。

1. 华晨宝马：开放股比破冰者

成立于 2003 年的华晨宝马，是由沈阳金杯汽车和宝马按照 50∶50 的股比份额出资的中外合资企业。

2018 年 10 月 11 日，华晨中国宣布公司旗下全资附属公司沈阳金杯汽车将以 290 亿元的价格，向宝马集团出售华晨宝马 25% 股权，宝马集团对华晨宝马的持股比例将从 50% 升至 75%，这也证明合资车企的股权比例变化将掀开新的篇章。

华晨宝马加速开放合资比是中德之间沟通的结果。中国有关领导人会见德国宝马集团董事长科鲁格时表示，深化中德务实合作符合双方共同利益，也是中德两国在经济领域深化合作的又一成果。

为什么会选择华晨宝马先行试水？这与两者在技术、资金实力等方面的考量密切相关。

自改革开放以来，华晨汽车一直是汽车领域改革的先行者，也是“合资模式”的受益者，过去 15 年，华晨宝马始终是宝马品牌在中国这一全球最大的单一市场成功发展的基石。2017 年，约有 56 万辆宝马品牌汽车交付给中国客户，其中有三分之二由华晨宝马铁西和大东两座工厂生产。2017 年，华晨宝马铁西和大东工厂年产量近 40 万辆。

但是不得不承认，华晨宝马的股东双方实力是不对等的。

华晨中国一直以来主要依赖于宝马发展，华晨宝马已然扛起了华晨销量的半壁江山。此前，本土起步的华晨汽车可以算是自主品牌的代表性汽车企业，“中华”是中国第一个完全拥有整车自主知识产权的汽车品牌，作为在海外上市的公司，其市值曾经高达 246 亿元。华晨汽车旗下还拥有中华、华颂、金杯三大自主品牌，产品更是从乘用车到商用车再到高端商务用车逐一覆盖。

不过在随后的发展过程中，华晨汽车的产品却开始走了下坡路，很大部分原因是在核心技术上。在中国汽车工业不断向上的背景下，其他自主品牌都在全力构建自主研发体系，提升产品设计水平和质量，但是在与宝马合作这么多年里，华晨汽车明明拥有向宝马学习的绝佳机会，但却走上轻自主研发、重技术整合的发展路轨，希望利用外资车企已成熟的汽车技术研发新车。

过度依赖宝马已有资源，导致目前产品竞争力与吉利、长城等一线自主品牌相差较远，业绩也大不如从前。2017 年，华晨集团应占合资公司收益较 2016 年增加 31% 至 52.33 亿元，主要由集团间接拥有 50% 权益的合资企业华晨宝马贡献盈利增加。华晨宝马对集团净利润贡献，较 2016 年的 39.98 亿元增加了 31%，这意味着，如果扣除宝马的利润贡献，华晨中国实则亏损，净亏损达 8.62 亿元。

业界多认为，在实力和利润上不占自主权，华晨汽车自然在股比的谈判上就少了话语权。不过从另一个角度看，股比开放也给华晨品牌带来了新的机会。

宝马集团增持后，宝马也将进一步加大对中国投资力度，与华晨集团延长华晨宝马的合资协议至 2040 年（2018—2040 年），并对华晨宝马增加了 30 亿欧元的投资，用于现有及新增生产设施建设项目。

按照规划，华晨宝马未来几年沈阳生产基地将进行改扩建，新厂区建成后将使现有产能翻倍；大东厂区的改扩建项目也在进行中，产能保持不变，但生产体系将更加柔性化，可以根据未来宝马车型和市场需求而逐渐拓展。

正如华晨集团董事长祁玉民所言：“当 2022 年放开合资股比限制成为既定战略后，各家合资车企都有自己的心思，与其在纠结、困惑中等待，不如主动放开，让宝马把新工厂和新产品导入国内，将世界一流的产品和服务引入中国。”

纵观首个股比开放事件可以看出，自主品牌彻底失去了政策的“保护伞”，未来面对跨国公司的竞争，自主品牌丝毫不能掉以轻心。

2．特斯拉在华建厂：开放机遇受益者

2018 年另一个受益于中国开放政策的典型车企，就是特斯拉。

就在宝马集团收购华晨宝马股份一周之后，特斯拉公司与上海市规划与国土资源管理局正式签订《土地出让合同》，确认了特斯拉独资落户上海的工厂土地。

作为一个互联网车企，特斯拉一直面临着产能不足的问题，再加上其主要的生产工厂还是在美国，让美国之外的其他用户订单的提车周期大大延长，中国作为仅次于美国的第二大市场，对特斯拉的重要性不言而喻。据悉，特斯拉上海工厂规模将超过 1200 亩（逾 86 万平方米），将是上海有史以来最大的外资制造项目，集研发、制造、销售等功能于一体。

此次特斯拉在上海设立的新工厂，可以说缓解了特斯拉巨大的产能隐患。特斯拉表示，该超级工厂将最终年产 50 万辆电动汽车，特斯拉在华售价有望大幅下调。该工厂所生产的汽车，主要供应目标是针对中国的用户以及部分亚洲用户。在上海建设超级工厂，对于特斯拉来说，是非常重要的一步，这对于其将在全球建设 10—20 座超级工厂的目标，是一个很大的突破。

除此之外，特斯拉也获得了中国在资金上的支持。特斯拉创始人马斯克曾透露，上海建厂的资金将来自中国本土融资，包括银行贷款和“地方债务”，无须靠变卖股票筹资。“我认为，对于中国而言，我们的计划基本上是利用中国本地银行提供的一笔贷款，为上海的超级工厂提供资金。”马斯克说。

特斯拉在华建厂后不仅可以免除汽车进口关税，还可以缩短从制造到销售的周期和成本，并有望以更为经济的价格采购零部件，从而直接降低产品的终端售价，并进一步刺激特斯拉在中国的销量。

作为上海有史以来最大的外资制造业项目，这也将对上海的就业和经济发展，带来更好的推动效果，丰富生产主体，在当地将形成一个汽车产业集群。

就在特斯拉落实工厂土地同一天，荷兰电池制造企业沃克斯公司决定向中国投资 18.5 亿美元，在长江三角洲地区设立新能源锂电池超级工程项目并设立中国研发基地。据了解，本次投资的工厂将于 2021 年投产，年产量 8.0GWh，可为 16 万辆电动汽车提供电池，这也将进一步推动我国动力电池发展。

国家政策的支持、优惠的价格、成熟的电池技术与生产流水线，让特斯拉国产后，占尽“天时地利人和”的优势，而降价之后的特斯拉，势必会对国内造车新势力企业们带来巨大挑战。

3. 中国车企：机会与挑战并存

结合华晨宝马以及特斯拉的事件，能够看出一个明显的趋势：随着股比开放步伐的加快，更多外国企业参与到中国新一轮高水平对外开放中来，分享中国发展机遇。

从合资股比放宽时间表出炉，华晨宝马成为第一个“吃螃蟹”的合资车企；再到特斯拉全资工厂快速签约落地。这充分说明了我国正在加速推进汽车领域的全面开放，意味着汽车产业对外开放进入了一个新阶段，也表明我国汽车产业的洗牌速度也在加速。

中国汽车工业协会常务副会长董扬表示，当前，进一步的开放，对于外国资本、外国品牌更有利，对中国资本和品牌困难将加大。合资企业股比开放这一场飓风现已生效，未来将唤醒一批“躺着赚钱”的自主品牌。假若在股比限制取消的“大限”前，不向外资方多取经，还未掌握核心自主竞争力、以技术与品质改变命运，一些汽车品牌最终将会沦落成为代工厂。

对于国内的造车新势力来说，也是一种挑战。只有当国产电动车的性价比和做工品质有更多的提高，才能够更好地应对诸如外资企业特斯拉的凶猛攻势。

当然，在优胜劣汰的开放背景下，面对挑战的不仅仅是自主品牌，也包括外国车企。铃木汽车是个例子。曾经以“精品小型车”打下一片天的铃木，没有能及时应对中国市场在未来的发展趋势，在逐渐丧失品牌力的背景中，铃木被市场边缘化。

2018 年 6 月，昌河与铃木宣布合资公司“昌河铃木”解散，至此双方历经 23 年的合作画上了一个句号。时隔三个月后，长安汽车以 1 元的价格收购日本铃木 40% 的长安铃木股权以及铃木中国 10% 的长安铃木股权，交易完成后长安汽车拥有长安铃木 100% 的股权，存在 25 年的长安铃木也落下帷幕，也为其他跨国汽车企业起到了警示的作用。

随着宝马、特斯拉等项目相继推进，一个又一个市场开放“信号弹”的放出，不难预见，在未来一段时间内，现有的汽车产业格局将会发生巨大改变，这将进一步推动我国汽车产业的高质量发展。

（三）全面竞争格局考验车企“内功”

可以预见的是，股比放开、关税下调之后，中国将会成为世界汽车公司竞争的主要战场之一。市场竞争的加剧，将推动汽车业快速转型，而这也是我国汽车企业提升自身实力的绝佳机会。

1. 打造核心竞争力

在改革开放的引领下，中国汽车产业把握住了世界汽车产业全球化的潮流，打开国门，把外资车企请进来，把先进经验学起来。如今，我国汽车产业已经诞生了上汽、广汽、吉利等一批优秀车企，这些企业已经形成了规范的运营机制，成熟的产品开发流程，在传统技术方面也逐渐追赶外资车企，在新能源汽车、智能网联等某些技术上，甚至处于领先位置。

但也要看到，我国自主品牌传统汽车企业在研发能力、核心技术、产销规模、产品品质、营销服务等方面与主要跨国汽车公司仍存在差距。

对于中国自主品牌企业而言，要融入全球化的大国际环境，必须全面开放合作，坚持把国际化发展作为汽车产业可持续发展的重要保障，形成具有较强国际竞争力的企业和品牌。

具体来说，中国车企需要进一步深耕自己的优势领域，打造核心竞争力。

在北汽董事长徐和谊看来，国家产业政策的重点已转向自主品牌、自主创新，合资不再是一些地方政府的“一号工程”，自主与合资品牌的关系，正在由过去的“和平共处”发展到市场正面竞争。

乘联会秘书长崔东树也表示，未来自主品牌发展必然是优胜劣汰，要让自主企业明确现状，认清方向，解放思想，深化改革，在几年缓冲期内做好自身的提升，选择适合自己的汽车细分市场，实现更适合自己的发展线路。

“‘中国方阵’在发展节能汽车、新能源汽车和智能网联汽车方面，想要构建‘全产业链实现安全可控’，都要坚守低碳化、信息化、智能化核心技术的自主性；体现产品研发的互补性；坚持国内外市场的开放性；提升构建全球价值链能力的主导性等要求。”中国国际工程咨询公司专家学术委员会专家、工信部产业政策司原副巡视员李万里谈道。

2. 做好协同创新

“中国是全球第一大汽车产销国，智能网联汽车的未来必须掌握在自己手中。”吉利控股集团董事长李书福说道。

自主品牌要把握汽车产业智能化、网联化发展新趋势，充分发挥企业的市场主体和创新主体作用，打造线上、线下一体化的全球协同研发创新平台，推动智能网联汽车在技术、产品、业态、模式等多个层面的创新变革。

目前，我国在智能网联汽技术方面面临的挑战较大，比亚迪董事局主席兼总裁王传福表示，当前汽车智能化研究相对零散、重复投入多，由于没有统一标准、缺乏平台，很难开放和共享。当前，我国智能网联汽车的核心技术、测试标准尚不完善，不同行业间标准的有机融合仍需加强。在信息安全、开放共享、运行监管等方面的机制尚未完全建立，而这些问题也是全球智能网联汽车发展共同面对的挑战。

而自主品牌掌握智能网联汽车的关键，在于不能闭门造车。“今天没有一家企业能够拥有智能网联汽车所需要的全部资源和能力，开门造车正在成为现实。”腾讯董事会主席兼首席执行官马化腾认为，未来智能网联汽车产业发展需要传统汽车企业与互联网公司携手，沉下心来共同打造网络连接、数据处理和安全三大核心能力。

最重要的是，在发展智能网联汽车的过程中，不能蒙眼狂奔，要守住安全的底线，智能网联汽车上将会有越来越多的数据，对其中有价值的数据进行留存获取，将成为新常态。

“智能网联汽车的关键是智能，本质是汽车，特点是通信基础设施网联化，前提是确保交通安全、顺畅、高效率。”李书福表示，要实现以上目标，自主品牌必须做到安全与隐私保护、漏洞发现与应急补救、行车安全与恶意控制、网络边界与系统自主。其中，操作系统是智能网联汽车的核心部件，也是整部汽车的大脑，至关重要。

产业发展也需要标准支撑，智能网联汽车涉及交通、信息等多个产业融合，如果缺乏统一的标准规范和管理，产品和技术发展可能会出现乱象。

“目前，全球智能网联汽车标准法规处于起步阶段，是最佳协调时机。”中国汽车技术研究中心有限公司汽车标准化研究所副总工程师赵静炜说，如果我们积极主动，方法得当，完全可能协调与引领智能网联汽车国际标准的制定。

一方面需要汽车、电子、通信、互联网等领域协同创新；另一方面也需要世界主要汽车生产国携手，加强在智能网联汽车政策、技术、标准法规等方面的交流合作，在联合国世界车辆法规协调论坛（WP29）、国际标准化组织（ISO）等国际组织框架下新成立的自动驾驶车辆工作组，加快推进自动驾驶关键技术，制定相关标准和法规。

3. 走好新型合资路

不只是自主品牌，跨国品牌也在新一轮的技术革命中面临较大挑战。

中国电动汽车百人会理事长陈清泰表示，在新一轮工业革命中，汽车作为龙头产业，连接着能源革命、交通革命、技术革命和消费革命，是智能交通、智慧城市的基本单元，是绿色能源、智能电网、绿色出行、新一代移动通信连接在一起的纽带。在巨大机遇下，各国车企都在想方设法来中国汽车市场分一杯羹。

不过，在新技术领域——尤其是新能源领域，跨国车企的产销规模仍然有限。当我国开始对新能源汽车积分考核时，合资品牌企业将会面临相对较大的压力，随着人工智能技术的发展和资本的持续涌入，自主品牌与合资品牌之间的“战斗”也一定会愈演愈烈。

而如前所述，跨国车企化解危机的一大举措，就是与自主品牌进行合作。

随着“双积分”政策的落地，我国汽车领域的合资合作在不断创新，更多资本涌入将带来格局变化，不论是对于自主品牌还是外国品牌来说，这些挑战要求传统车企必须做出改变，找到新的应对措施。

作为本轮合资潮的标志性参与者，江淮汽车方面认为，江淮和大众的合作，不是传统意义上的合资企业模式。江淮汽车党委副书记王东生认为，江淮与大众汽车的合作，是新型合作模式的典型案例，大众汽车正是看中了江淮在新能源领域的基础，包括多年来积累的研发、推广和运营的技术、经验和数据等，两者才会“牵手”成功。

在合资过程中，不论是自主品牌还是合资品牌，企业的竞争力归根结底还是自己的技术研发水平。如果只是迫于政策考虑，而没有长远审慎的规划，便无法在竞争激烈的新能源领域立足。对于我国来说，新能源车领域的合资与传统汽车领域的合资模式应该有所区别，应是以自主开发、自主品牌为主要特征的新型合资品牌，只有这样才能避免沦为“代工厂”。

如今，我国对电动车领域新建企业的研发能力、技术创新提出了很高要求，如要求投资主体在中国境内具有纯电动乘用车产品的完整研发经历，具有专业研发团队和整车正向研发能力，掌握有关的核心技术以及相应的试验验证能力。有业内人士认为，这对车企在发展新能源技术时具有一定的导向和规制作用。

特别是对于新能源汽车领域核心技术，如电池、电机、电控这“三电”技术，以及充电配套、整车制造等重要技术，合资品牌需要通过提升自身设计和研发能力，打造自己的产品和品牌，同时，新能源汽车合资热要保持清醒，警惕投机行为和结构性过剩。

4. 竞合博弈

中国汽车产业要融入全球范围新一轮科技革命和产业变革浪潮，创新链、资源链、供应链和价值链都将发生深刻变化，竞合博弈，应是汽车产业生态环境的主基调。

从目前的政策来看，推进汽车产业进一步对外开放，眼下对于外国资本和外国品牌会更有利。但如上所述，目前汽车产业正在面临技术的更迭，中国给予了外国车企广阔的市场空间，但跨国汽车企业强势挑战现有局面的机会成本、沉没成本实在过于高昂，在很长一段时间内，跨国汽车企业或许都会维持现有局面，更不会出现所谓的“强制单飞”的局面。而且在智能网联以及新能源领域，我国已经积累了长久的实践经验以及显著优势。

单打独斗不如联合发展，所以在发展过程当中，越来越多的异业联盟和同业联盟将会建立，过去很多的壁垒慢慢被打破，企业主体会主动寻求产业升级和突破。

未来不断演进的产业生态圈将带来新的参与者、新的合作机会，以及新的行业规则，然而新玩家的门槛也越来越高。不仅要在技术上力求向电动化、智能化过渡的大转折时代取得新突破，也要重新定义主机厂、经销商和消费者之间的关系。

另外，中国企业开拓海外市场已成为国内自主品牌车企发展战略中的必行之举。近年来随着本土品牌的不断发展，不少国内企业试图进军北美及西欧市场，先是长城汽车宣布在2020年进军北美，随后广汽传祺在底特律车展上宣布2019年进入北美，另外还有吉利旗下的独立品牌领克，早在去年也开始了在北美和欧洲进行相关的商标注册和申请。

但在全球的汽车整车出口市场中，自主品牌所占份额还微乎其微。只有继续扩大对外开放，才有可能在全球汽车出口市场找到自己的位置。而如何做到真正的适应大众，落实技术于生活场景，才是国产车站稳海外市场的核心竞争点。

“中国车企应该学会从合资，到合伙，再到合作，进而到合创。”北京理工大学机械与车辆学院教授、电动车辆国家工程实验室主任孙逢春说道。

中国汽车参与全方位对外开放的国际竞争，为中国汽车走向制造强国提供了机遇和信心。谁排斥变革，谁拒绝创新，谁就会落后于时代，谁就会被历史淘汰。站在新的历史分界线上，中国如何能够顺利实现从一个新兴的汽车大国向汽车强国的转变，考验着决策者的智慧和从业者的信心与勇气。

二、 产业管理体制改革进入深水区

2018年，可谓是我国汽车产业管理体制深度变革的一年。国家发展改革委、工信部等部门发布了《道路机动车辆生产企业及产品准入管理办法》《汽车产业投资管理规定》《智能汽车创新发展战略》（征求意见稿）《智能网联汽车道路测试管理规范（试行）》等多个重磅政策，进一步加强了新一轮科技革命和产业变革期汽车产业发展的顶层设计和战略谋划，大力支持和引导汽车产业朝着电动化、智能化、网联化的方向转型升级、提质增效，进一步推动市场化竞争机制逐步建立和完善。

（一）宏观调控助力提质增效

2018 年 12 月 18 日，国家发展改革委正式发布《汽车产业投资管理规定》（下称《规定》），自 2019 年 1 月 10 日起施行。作为划时代的政策文件，《规定》从全面取消汽车投资项目核准、严控新增燃油车产能，到提高纯电动车企业投资准入门槛，再到限制新能源汽车市场资本套利，对事关汽车市场发展的多个重要环节都做出了巨大调整，进一步丰富和改善了政府对汽车产业的调控方式，将有力推动我国汽车产业提质增效，促进我国稳步迈向汽车强国。

1. 从“核准”到“备案”，汽车投资管理改革取得新突破

《规定》最重要的变化是，明确提出汽车整车和其他投资项目均由地方发展改革部门实施备案管理，其中汽车整车投资项目由省级发展改革部门备案。自此，我国汽车产业投资管理方式由实施多年的项目核准彻底转变为备案制，责任部门从国家发展改革委转变为地方政府。这是改革开放 40 年来我国汽车工业发展中最大的一次变革，也是我国汽车产业投资管理改革的一次新突破，具有划时代的意义。

一直以来，为促进产业发展、规范投资，我国汽车行业都实行严格的审批制度，即投资项目核准。在这一制度下，汽车的生产和销售需要获得双重资质，即国家发展改革委负责审核企业是否有资格建厂生产，简称生产资质；工信部负责产品是否有资格上市销售，简称销售资质。

实施汽车产业投资项目核准的初衷是合理配置生产要素，推动产业集聚高效发展。1994 年发布实施的《汽车工业产业政策》明确提出，制定汽车工业产业政策的目的就是为把我国汽车工业尽快建设成为国民经济的支柱产业，改变当时投资分散、生产规模过小、产品落后的状况，基本满足 2000 年国内市场需求。

十年后的 2004 年，为适应不断完善社会主义市场经济体制的要求以及加入 WTO 后国内外汽车产业发展的新形势，推进汽车产业结构调

整和升级，国家发展改革委制定了《汽车产业发展政策》，提出改革政府对汽车生产企业投资项目的审批管理制度，实行备案和核准两种方式。其中，实行核准的投资项目有：新建汽车、农用运输车、车用发动机生产企业，包括现有汽车生产企业异地建设新的独立法人生产企业；现有汽车生产企业跨产品类别生产其他类别汽车整车产品。

此后，在新能源汽车迅猛发展的态势下，国家又出台了多项政策，进一步调整完善汽车产业投资管理体制。2015 年 6 月，国家发展改革委发布《新建纯电动乘用车企业管理规定》，对新建纯电动乘用车企业投资项目和生产准入进行规范管理。2016 年 12 月，《国务院关于发布政府核准的投资项目目录（2016 年）的通知》对汽车投资项目核准做出新的规定，明确提出“严格控制新增传统燃油汽车产能，原则上不再核准新建传统燃油汽车生产企业，积极引导新能源汽车健康有序发展”等要求。2017 年 6 月，国家发展改革委印发《关于完善汽车投资项目管理的意见》，提高传统燃油汽车投资项目准入标准，规范新能源汽车投资项目条件，加强产能监测预警，完善产业监督管理。

从这些调整中可以看出，近年来我国已大幅度下放了汽车产业项目投资核准权限。实际上，截至《规定》出台前，实施核准管理的项目只剩 3 类，分别是：由国务院负责核准的新建中外合资轿车生产企业项目；由国务院投资主管部门负责核准的新建纯电动乘用车生产企业（含现有汽车企业跨类生产纯电动乘用车）项目；由省级政府负责核准的《汽车产业发展政策》规定实行核准的其余项目。

不可否认，严格的审批制度对规范汽车市场发展、保证汽车产品安全性具有重要作用。但是，目前我国汽车产业布局基本完成，已形成数家大型企业集团主导汽车产业发展的格局，骨干企业自主配置生产要素的能力显著增强，继续实施事前核准的必要性明显降低。同时，新一轮产业变革正蓬勃兴起，汽车产业发展方式发生深刻变化，市场主体趋于多元，跨界融合特征明显，需要积极探索、大胆创新，继续实施事前核准已难适应新形势新要求。此外，汽车产业多头管理问题突出，事前许可繁多，行政效率低下，企业负担较重，社会反映强烈。

在此背景下，《规定》取消汽车投资项目核准事项，淡化事前审批，为汽车产业投资打开方便之门，既是贯彻落实党中央、国务院关于深化“放管服”改革、全面放开一般制造业决策部署的重要举措，又是主动适应新一轮产业变革、积极回应社会关切的客观要求，有助于为地方和企业创造更有利于汽车产业发展的良好政策环境。

2. 严格准入门槛，加强事中事后监管

过去，我国对汽车产业投资的管理一直是严进宽出，对资质卡得非常严，但对企业的产品质量和销售规模等后续监管没有跟上，导致一些拥有生产资质的企业变成“僵尸企业”，要么因盲目扩建出现产能闲置等问题，要么产量极低甚至已停产。这不仅阻碍了汽车产业的良性发展，也把很多有志投资汽车产业的企业和资本拒之门外。

如今，《规定》改变了以往的监管思路，对汽车产业投资的管理方式从核准过渡到备案管理，进一步打开了社会资本进入汽车市场的大门。不过，这并不意味着对汽车产业的投资已经完全放开，谁都可以来汽车市场分一杯羹。因为《规定》在强调简政放权的同时，实际提高了地方政府和汽车产业项目投资的进入门槛，明确了各类汽车投资项目的准入标准，清晰划定了什么项目不能做、满足什么条件才可以做等界线。这为加强事中事后监管提供了基本依据。

在传统燃油车方面，《规定》严格控制新增传统燃油汽车产能，明确禁止建设的燃油汽车投资项目范围，严格新增燃油汽车产能投资项目的准入条件。其中，对现有企业扩产能相关条件中，在企业的产能利用率、新能源车占比、研发费用等基础上，增加了具备国际竞争力、项目所在地产能利用率两项新要求。

具体而言，根据《规定》，现有汽车企业扩大燃油汽车生产能力投资项目需符合五大条件：上两个年度汽车产能利用率均高于同产品类别

（乘用车和商用车）行业平均水平；上两个年度新能源汽车产量占比均高于行业平均水平；上两个年度研发费用支出占主营业务收入的比例均高于 3%；产品具有国际竞争力；项目所在省份上两个年度汽车产能利用率均高于同产品类别行业平均水平，且不存在行业管理部门特别公示的同产品类别燃油汽车企业。

对于纯电动汽车，《规定》从项目所在省份、企业法人、股东等多角度明确了新建独立纯电动汽车企业投资项目的准入门槛。《规定》要求，新建独立纯电动汽车企业投资项目所在省份上两个年度汽车产能利用率均高于同产品类别行业平均水平；现有新建独立同产品类别纯电动汽车企业投资项目均已建成且年产量达到建设规模。同时，《规定》不仅对企业法人的研发能力、建设规模、关键部件的生产能力和一致性保证能力等提出要求，还强调企业要建设新建纯电动汽车产品质量保障、市场销售、售后服务及车用动力电池回收利用管理体系。

此外，《规定》在明确企业主体责任的同时，还从管理举措、管理力度等方面着手，进一步强化了事中事后监管。具体包括：

一是做好信息搜集、调查分析等基础工作。《规定》要求企业通过全国投资项目在线审批监管平台报送项目有关信息，并对项目信息的真实性、合法性和完整性负责，为有关部门和地方实施监管提供了第一手信息资料。

二是建立部门协同监管机制。根据《规定》，各级发展改革委将与规划、国土、环境保护、安全生产及行业管理部门建立协同监管机制，对查实的违规项目给予撤销备案，同时实施联合惩戒。

三是夯实监管责任。《规定》提出，按照谁审批谁监管、谁主管谁监管的原则，各级发展改革部门要建立健全监督责任制和责任追究制，加强汽车投资项目事中事后监管。对不依法履行监管职责或者监督不力的单位，给予约谈、通报，责令限期整改；逾期不改正的，在整改到位前暂停备案。对负有责任的领导人员和直接责任人员，依法依规给予问责、处理。

3. 突出政策导向，推动产业转型升级

作为新时期我国汽车产业投资管理的综合性政策文件，《规定》的实施对燃油汽车、纯电动汽车、智能汽车等具体产品，以及市场参与主体、产能布局、产业组建结构、行业管理模式和市场环境等，都将产生重要影响。

一是营造了更加公平开放的市场竞争环境。《规定》全面取消汽车投资核准事项，并将投资项目管理责任下放地方政府，简政放权力度空前。这相当于国家放开了汽车产业投资入口，把权力交给市场，为汽车行业发展营造更加公平的市场竞争环境，使各类参与主体、各类汽车投资项目都能以更丰富的模式进入汽车市场充分角逐，为市场这只“无形之手”充分发挥在资源配置中的决定性作用创造了更好的条件，有助于推动汽车产业有效吸引资金，实现高质量发展。

同时，《规定》通过推动零部件供应链开放，进一步促进行业开放。未来，汽车行业的电动化、智能化、网联化、共享化发展是大势所趋，而零部件发展水平将成为决定汽车行业技术水平的核心要素，特别是在自动驾驶时代，传感器等关键零部件的水平将直接影响汽车的“智能程度”。在此背景下，《规定》把新能源汽车、智能汽车、节能汽车及关键零部件，汽车零部件再制造技术及装备研发和产业化，列入了产业发展重点领域和投资方向。

这不仅将推动零部件供应体系的开放，促进相关企业发挥各自优势，共同打造具有国际竞争力的平台化、专业化零部件企业集团，还将进一步推动行业开放，加快车企与研发机构、零部件公司及同行企业的合作，为汽车行业的发展营造一个良好的共赢环境。

二是催动新能源汽车市场激浊扬清。《规定》解决了造车新势力的生产资质难题，但也通过进一步强化监管，提升了竞争门槛，为其进入真正的市场化较量阶段拉开了帷幕，将催动新能源汽车市场优胜劣汰、激浊扬清。

对于新建独立纯电动汽车企业投资项目，《规定》在新建企业法人

应符合的条件中提出，设计研发企业、境外企业等其他市场主体为主要法人股东的，研发且拥有知识产权的纯电动汽车产品，上两个年度累计境内外市场销售并登记注册的数量大于 3 万辆纯电动乘用车或 3000 辆纯电动商用车，或上两个年度纯电动汽车产品累计销售额大于 30 亿元。

这实际上是设置了一个 3 万辆 /30 亿元销售额的门槛。对处于起步期的造车新势力而言，绝对是一个不小的挑战。能达到这一标准的车企，会在市场中生存下来，获取资质也就水到渠成；而达不到这一标准的车企，将被市场淘汰。

同时，从纯电动汽车产品的销售维度进行考核，将引导企业产能向价格较高的中高端车型集中，限制低端电动车的产能。而且，这也是在鼓励代工模式，一旦造车新势力通过代工模式生产的车型满足了销量条件，即有望获得生产资质。

另外，《规定》坚决限制资本套利，为新能源汽车的长远健康发展奠定了坚实基础。目前，在投资造车新势力的资本中，除了产业资本，还包括大量的 VC 和天使投资人。也正因如此，近年的造车新势力进行“圈地式”布局、“圈钱式”投资的现象并不罕见。对此，《规定》明确提出，新建独立纯电动汽车企业投资项目企业法人的股东，在项目建成且年产量达到建设规模前，不能撤出股本。这意味着，投资新能源车的资本很可能将在项目中“存放”超过 5 年或者更久，“圈地式”布局、“圈钱式”投资将不可能再出现，同时资本将向头部企业集中，真正有实力、有核心竞争力的车企将更受市场欢迎。

综合看来，对于如今还未进入汽车市场的新势力而言，投资传统车难度太大，新建纯电动汽车又面临高门槛制约，再加上对股本退出的严苛规定，找企业代工、满足条件后再申请新建成为进入汽车市场的唯一路径，但这花费的时间太久，那些急于谋利的资本将很难坚持到底。可见，未来的新能源汽车市场将是那些能踏实造车、能造好车企业的天下。

三是鼓励兼并重组，提升产业集中度。《规定》明确要求，通过股权投资、产能合作等方式，推动企业兼并重组和战略合作，联合研发产品，共同组织生产，提升产业集中度。对于新增产能，《规定》提出，推动新增产能向新能源汽车消费需求旺盛和燃油汽车替代潜力较大省份集中；对于燃油汽车整车投资项目，《规定》在第十五条、第十六条中，对兼并重组和内部调配进行了特别规定，为兼并成为非独立企业、集团内部调配扩能、省内内部调配扩能的项目，开了绿灯。

综合看来，《规定》新旧产能两端“两手抓”：一手抑制新产能的过快增加，推动燃油车产能向新能源汽车产能转化，促进产业向产能利用充分、产业基础扎实、配套体系完善、竞争优势明显的省份聚集；另一只手鼓励汽车产能利用率低的省份和企业加大兼并重组力度和资金投入，加速僵尸企业清退等“去产能”进程，加快技术进步。这将促进我国汽车企业市场竞争力的显著提升，有效推动行业产能的总体平衡和结构优化。

（二）建立完善市场化竞争机制

当前，我国新能源汽车产业正在从“培育期”迈入“成长期”，产业政策也正在经历从大力支持到充分发挥市场化机制作用的过渡。无论是新能源汽车补贴退坡加速、双积分政策的正式施行，还是《道路机动车辆生产企业及产品准入管理办法》的发布，都是我国政府逐渐放手让市场发挥在资源配置中的决定性作用，并逐步建立完善市场化长效机制的尝试和努力。

1. 逐步放宽准入，激发行业企业发展活力

2018年11月27日，工信部公布《道路机动车辆生产企业及产品准入管理办法》（下称《准入办法》），自2019年6月1日起施行。《准入办法》根据新形势发展要求，进一步推动车辆生产企业及产品准入许可管理改革，有助于释放和激发行业企业发展活力，助推汽车产业健康持续高质量发展。

近年来，以互联网、大数据、人工智能为代表的新一代信息技术加速与传统汽车制造业深度融合，催生了一大批采用新技术、新工艺、新材料以及新生产方式的企业及产品。为适应这一新形势，《准入办法》明确提出，鼓励道路机动车辆生产企业进行技术创新。因采用新技术、新工艺、新材料等原因，不能满足本办法规定的准入条件的，企业在申请道路机动车辆生产企业及产品准入时可以提出相关准入条件豁免申请。

这无疑是放宽了车辆企业和产品的准入标准，打通了智能网联、无人驾驶等新型造车企业及产品的准入通道，有助于促进行业技术创新和新型产业生态的形成，推动汽车产业朝着高质量方向发展。

实际上，纵观我国对车辆生产企业及产品的准入管理，放开、放活一直是大趋势。从 1985 年开始实施的车辆生产目录管理，只有目录内的企业才能生产和销售目录内的车辆，到 2001 年的公告管理，到 2004 年公告管理被设立为行政许可事项，再到如今进一步简政放权，放开对采用新技术、新工艺、新材料车企及产品的准入条件，主管部门一直在不断深化“放管服”改革，放宽汽车市场的准入范围，引导产业适应发展新形势、新要求，推动产业结构调整优化。

例如，《准入办法》进一步简政放权，缩减了生产企业和产品类型，优化了准入许可流程。《准入办法》将原来过于细分的 19 类生产企业和产品，简化为乘用车类、货车类、客车类、专用车类、摩托车类、挂车类 6 大类别，企业获得某一个类别的准入后，生产该类别内的产品，无须再次申请企业准入，大幅减轻了企业负担。同时，推行车辆产品系族管理，鼓励企业对同一系族的车型产品按照系族申请产品准入，大幅减少准入产品型号。

《准入办法》还对准入许可管理流程进行了优化。减少准入申请需提交材料；推行集团化管理改革，简化集团下属企业准入审查要求；对已取得准入的企业变更法定代表人、注册地址等事项以及已取得准入的车辆产品变更产品参数的，由原先的重新申请公告改为备案管理。

更重要的是，工信部首次正式明确了汽车“代工”生产的地位。《准入办法》针对汽车产业电动化、智能化、共享化等发展形势下产业链分工进一步细化的特点，鼓励传统车企与造车新势力间的代工合作模式，打破了以前对新能源车生产资质审批发放的严格限制，放宽了新能源车生产企业及产品的准入范围。

《准入办法》提出，鼓励道路机动车辆生产企业之间开展研发和产能合作，允许符合规定条件的道路机动车辆生产企业委托加工生产；鼓励道路机动车辆研发设计企业与生产企业合作，允许符合规定条件的研发设计企业借用生产企业的生产能力申请道路机动车辆生产企业及产品准入。也就是说，造车新势力可通过与传统车企进行合作，利用后者生产、制造、管理和资源上的优势以代工模式来“获得”整车生产资质。这有利于各方资源得到有效整合利用，对受资质约束的造车新势力的发展具有极大促进作用。

总之，《准入办法》不仅将推动传统车企有效利用现有产能，也将加快造车新势力新产品从设计到投放的速度，进一步释放和激发行业企业发展活力，加速产业转型升级。未来，我国汽车市场会迎来更多通过代工模式进入的新汽车企业，整个汽车市场的竞争和角逐将随之更为激烈。

2. 新能源车补贴退坡加速，行业增长动力转向市场拉动

2018 年 2 月 13 日，财政部等四部门发布《关于调整完善新能源汽车推广应用财政补贴政策的通知》（下称《通知》），进一步提高了新能源车的补贴门槛，财政补贴力度也逐步降低。

近年来，我国新能源汽车市场一路高歌猛进。2018 年，在中国新车市场年度销量出现 28 年来首次负增长的背景下，新能源汽车市场却逆势上扬，销量突破了百万辆大关。中国汽车工业协会数据显示，2018 年，新能源汽车的产销分别完成 127 万辆和 125.6 万辆，比上年同期分别增长 59.9% 和 61.7%。事实上，新能源汽车市场的增长在很大程度上得益于国家财政补贴、技术研发扶持、税收优惠等各种政策的强力驱动，尤其是财政补贴成为推动新能源汽车消费的最大源动力。

然而，在“国补”+“地补”的高额补贴诱惑下，产业出现了盲目扩张态势，部分企业甚至违规造假“骗补”，导致整个新能源汽车市场低端产能过剩而高端产能不足，结构性产能过剩风险加剧。为此，相关部门开始不断调整和完善新能源汽车支持政策，并着手建立和实施补贴退坡机制。

2015 年，财政部等四部门在 2013 年提出建立补贴退坡机制的基础上，明确了补贴退坡幅度：2017—2020 年除燃料电池汽车外其他车型补助标准适当退坡，其中：2017—2018 年补助标准在 2016 年基础上下降 20%，2019—2020 年补助标准在 2016 年基础上下降 40%。2017 年的新能源乘用车补贴政策，按照此前政策规划，在 2016 年基础上下降了 20%。

2018 年，在新能源汽车进入新旧动能转换、提档增效的关键时期，《通知》继续调整优化新能源乘用车补贴标准，在技术要求明显提高且规范更为详细之外，将财政补贴资金进行下调，较 2017 年总体下调超过 30%。

根据《通知》，纯电动乘用车单车补贴按照续驶里程将此前 150—200 公里段 3.6 万元的补贴下调为 1.5 万元，削幅 2.1 万元；将 200—250 公里段削减为 2.4 万元，削幅 1.2 万元；将 250—300 公里段削减为 3.4 万元，削幅 1 万元。插电式混合动力（含增程式）乘用车单车补贴金额从 2017 年的 2.4 万元降为 2.2 万元。不过，续航里程超过 300 公里的纯电动乘用车补贴额度不降反升，300—400 公里段和 400 公里以上段，从 4.4 万元上升为 4.5 万元及 5 万元。相较于 2017 年的单车补贴金额，总体下降约 38%。

新能源客车方面，非快充类纯电动客车、快充类纯电动客车及插电式混合动力客车单车补贴也都出现下调，总体下调约 35%，插电式混合动力（含增程式）客车单车补贴降幅达 50%。

值得注意的是，《通知》还进一步提高了补贴的技术门槛，以此引导高性能动力电池技术及高端电动汽车产品的发展。在 2017 年的基础上，《通知》对单车续驶里程、能量密度和节油率等提出更高要求，鼓励高能量密度、低能耗车型应用，将补贴资金显著倾斜于更高技术水平的车型。

具体而言，《通知》要求纯电动乘用车续驶里程不低于150公里，而2017年最低续驶里程标准为100公里；能量密度方面，《通知》要求纯电动乘用车动力电池系统的质量能量密度不低于105Wh/kg，105（含）—120Wh/kg的车型按0.6倍补贴，120（含）—140Wh/kg的车型按1倍补贴，而2017年则要求质量能量密度不低于90Wh/kg；新能源客车方面，非快充类纯电动客车其电池系统能量密度要高于115Wh/kg，插电式混合动力（含增程式）客车节油率水平要高于60%，此前这两个指标分别为85Wh/kg和40%。

补贴退坡机制的不断推进实施，意味着国家正逐渐放手让市场发挥作用，新能源汽车市场正在从“政策导向”转向“市场导向”。特别是，随着2019年3月26日财政部等四部委发布《关于进一步完善新能源汽车推广应用财政补贴政策的通知》，2019年新能源汽车补贴政策终于落地，补贴退坡力度进一步加大。根据《通知》，对于续航里程250公里以下以及电池系统能量密度要求低于125Wh/kg的纯电动乘用车取消补贴；续航里程250—400公里的纯电动乘用车补贴降低至1.8万元，续航里程400公里以上的补贴从2018年的5万元降至2.5万元。

由于我国已明确2021年后新能源汽车补贴会全面退出，也就是说，2020年还会经历一次补贴退坡。可以预见，未来新能源汽车市场的增长动力将加快转向市场拉动，车企的竞争会日益激烈，行业也将迎来新一轮洗牌期。只有那些技术实力过硬的企业，才能在市场化竞争中站稳脚跟，而低端产能会逐渐被淘汰。

3.“双积分”政策正式施行，发展长效机制逐步建立

2018年，在我国新能源汽车财政补贴退坡加速、后补贴时代即将来临之际，新能源汽车史上最严厉的一项考核政策——“双积分”政策（即工信部2017年9月发布的《乘用车企业平均燃料消耗量与新能源汽车积分并行管理办法》，下称《积分办法》）于2018年4月1日正式实施。

从此，我国乘用车企业将面临平均燃料消耗量（CAFC）及新能源乘用车生产（NEV）积分比例的双重考核。这将激发乘用车企业发展节能与新能源汽车的内生动力，推动节能与新能源汽车管理长效机制的建立，促进汽车产业的市场化程度进一步提升。

根据《积分办法》，CAFC 积分可通过结转、关联企业之间转让或者用 NEV 积分来抵扣等方式达到要求，但 CAFC 正积分不能交易。而 NEV 积分不能结转，除了自己多生产新能源汽车外，只能通过向其他厂家购买积分来达到要求。

同时，《积分办法》还明确了积分的核算时间点及比例要求。2018 年、2019 年、2020 年度新能源汽车积分比例要求分别为 8%、10%、12%。2018 年只是过渡，真正考核期将从 2019 年开始。这意味着，自 2019 年起，乘用车企业应达到 NEV 积分比例要求，达不到比例要求的企业将产生 NEV 负积分，需向其他企业购买 NEV 正积分进行抵偿归零。

对于积分不达标又未抵偿负积分的企业，《积分办法》明确，将面临被暂停申报汽车目录、停止部分传统汽车车型生产或进口等处罚。

在这一压力下，当前部分乘用车企业已经开始调整企业发展策略。一方面，各大车企在新能源汽车领域掀起了一股合资浪潮，如长城与宝马、江淮与大众、众泰与福特、北汽与戴姆勒、东风与雷诺－日产等，增加自身的新能源汽车产销量及相应积分。

另一方面，随着 2018 年 7 月 2 日双积分管理平台的正式上线，乘用车的双积分交易正式启动，企业可在该平台上通过竞价、定价和定向交易等形式，进行积分交易和转让。据统计，2018 年，118 家乘用车企业共完成了 107 笔积分交易，交易金额达到 7 亿余元人民币。

总体而言，在新能源车补贴退坡加速的态势下，《积分办法》通过积分交易的市场化方式，为新能源汽车企业提供了一个新的收入渠道，实现了与补贴政策退坡的有效衔接，有望降低补贴退坡给车企带来的压力和冲击。同时，“双积分”政策也将引导车企逐渐停产高油耗且利润低的车型，转而增加在小排量燃油车型及纯电动/插电式混动产品等方面的布局，这不仅有利于加快传统汽车节能技术提升步伐，激活企业发展节能与新能源汽车内生动力，还将推动汽车产业逐步建立起发展的长效机制。

（三）重拳管乱象，大力排隐患

如今，新能源汽车产销两旺已成为我国汽车市场最显著的特征之一。然而，在这繁花似锦的背后，也隐藏着不少乱象。近年来，骗补、车辆起火、低速电动汽车违规驾驶导致交通事故、召回事件等新闻可谓层出不穷。这让盲目扩张、投资过热、产品安全性有待提升，智能化关键技术、燃料电池技术等与国外差距明显等一系列有碍新能源汽车产业健康发展的深层次问题暴露无遗。为此，2018年监管层重拳出击，直击“僵尸企业”、低速电动车、产品安全隐患等行业突出乱象，为新能源汽车行业的高质量发展保驾护航。

1. 大力清理“僵尸企业”，退出机制加速落地

汽车领域清理“僵尸企业”并不是一个新话题。早在2012年，工信部就发布了《工业和信息化部关于建立汽车行业退出机制的通知》，决定在汽车行业建立落后企业退出机制，对于不能维持正常生产经营的汽车、摩托车生产企业，实行为期2年的特别公示管理。

但退出机制的落地和执行，直到2018年才正式开始。工信部在2013年、2015年和2018年共发布了3批《特别公示车辆生产企业》名单，分别涉及48家、77家、60家车企。第1批和第2批《特别公示车辆生产企业》退出名单，分别经过了长达2年和3年的“挽救期”后，2018年才进入执行期。

与此同时，2018年11月7日，工信部公告《特别公示新能源汽车生产企业（第1批）》（下称《公告》）名单，即停止生产新能源汽车产品12个月及以上的企业名单，长安标致雪铁龙、华晨汽车、西虎汽车、万向等27家企业被特别公示。随后，2018年12月发布的《道路机动车

辆生产企业及产品准入管理办法》进一步明确“僵尸企业”的清退标准：连续两年年均乘用车产量少于2000辆、货车产量少于1000辆、客车（整车类）产量少于1000辆、客车（改装类）产量少于100辆、摩托车产量少于5000辆、通用货车挂车产量少于100辆。这些都为加快“僵尸企业”的清理奠定了坚实基础，标志着我国汽车行业清理“僵尸企业”工作开始深入新能源汽车领域，行业清理“僵尸企业”的工作力度进一步加大。

近几年，我国加入新能源造车行列的企业不断增多，目前的新能源造车企业已超过400家。据新能源汽车国家监测平台统计，截至2019年3月11日，国家平台累计注册整车企业635家，成功注册整车企业的有486家，通过“平台符合性检测”的整车企业450家。

可是，这些企业中仅有15家通过发改委审批，具备新能源汽车生产资质，其中又只有6家有车在售。而且，这15家新能源车企项目进展参差不齐，除了北汽新能源、江淮大众和知豆，其他企业的竞争力相对较弱，部分企业的产品迟迟未进入市场，甚至有的企业工厂尚未投产使用，沦为“僵尸企业”。就整个新能源汽车行业而言，“僵尸企业”“僵”而不死的问题更为突出。

根据《公告》，对于被特别公示的企业，暂停受理其《道路机动车辆生产企业及产品公告》新能源汽车新产品申报；申请移出特别公示的企业，需通过39号令《准入审查要求》的考核。换言之，被列入《公告》的27家企业需要重新接受《准入审查要求》考核，一旦审查未通过，就将面临退市的风险。

显然，《公告》有利于整治当前新能源产业的散乱局面，加速行业退出机制的落地，将倒逼被特别公示的企业加快产品研发与投入，为新能源汽车产业的提质增效打造更好的发展环境。

2. 整治低速电动车乱象，建立长效监管机制

无牌照、无证驾驶、交通安全事故频发……低速电动车市场在近些年的井喷式增长中乱象丛生的问题一直广受诟病。

目前，我国低速电动车市场不断扩张，生产企业数量已超过百家，产销规模已超过百万辆。可是，多数低速电动车产品不符合现行机动车安全技术标准要求，生产企业也不具备机动车生产资质，再加上车辆无牌无证无保险上路通行，不仅加剧了城市拥堵，由其引发的道路交通事故也呈快速上升态势，这严重影响了城市绿色交通、慢行交通发展和人民群众生命财产安全。

公安交管部门2017年的统计数据显示，近五年，全国发生低速电动车交通事故83万起，造成1.8万人死亡、18.6万人受伤，引发的事故起数和死亡人数逐年增长，年均分别增长23.3%和30.9%。

实际上，相关问题已经引起我国多个地方政府的注意。2018年以来，北京、郑州、济南、泰安、菏泽等地相继发布了整治低速电动车相关政策。但由于低速电动车具有深厚的市场基础和消费需求，对其是“禁”还是“放”的问题，一度引发了巨大的舆论争议。

为从源头上加强低速电动车管理，2018年11月8日，工信部、国家发展改革委、科技部等六部委发布《关于加强低速电动车管理的通知》（下称《通知》），要求各地加大对非法生产、销售和使用此类车辆的整治力度，确保低速电动车产能不增长，并建立长效监管机制减少安全隐患。

《通知》明确省级人民政府是加强低速电动车管理的责任主体，要求其落实属地管理责任，认真组织开展低速电动车生产销售企业清理整顿。同时，将清理整顿工作分为调查摸底（2018年11月）、整改（2018年12月至2019年1月）、清理整顿（2019年4月至2019年年底）三个阶段推进实施。

同时，《通知》提出严禁新增低速电动车产能，并明确了五大手段：停止制定发布鼓励低速电动车发展相关政策，停止制定发布低速电动车准入条件，停止核准或备案低速电动车投资项目，停止新建低速电动车企业、扩建生产厂房等基建项目，停止新增低速电动车车型。

此外，《通知》要求建立长效监管机制，要按照“升级一批、规范一批、淘汰一批”总体思路，加快制定发布《四轮低速电动车技术条件》等国家标准，加快研究提出低速电动车生产、销售、税费、保险和使用管理、售后服务等环节具体管理措施，建立完善低速电动车管理体系。

可以预见，随着国家相关技术标准的建立及监管体系的不断完善，低速电动车市场的野蛮增长将就此画上句点，整个产业将迎来转型升级、提质增效的理性发展阶段。

3. 加强安全隐患排查，促进行业可持续发展

2018 年以来，上自特斯拉等高端车型，下至低端的低速电动车型，各类新能源汽车起火、自然事故频频见诸报端，新能源汽车安全问题引发广泛关注。据国家市场监管总局统计，2018 年我国发生的新能源车着火事件超过 40 起，事故范围涉及乘用车、客车、物流车等不同车型。

随着我国各类新能源汽车推广应用工作的持续推进和市场应用规模的不断扩大，车辆安全隐患问题牵动着越来越多人的心。为此，2018 年工信部加强对新能源车的安全隐患排查，分别针对新能源客车以及乘用车和载货汽车，开展安全隐患专项排查工作，以此保障人民群众的生命财产安全，促进新能源汽车产业健康可持续发展。

继 2018 年 9 月 4 日发布《关于开展新能源客车安全隐患专项排查工作的通知》后，2018 年 9 月 25 日，工信部又发布了《关于开展新能源乘用车、载货汽车安全隐患专项排查工作的通知》，要求各生产企业尽快对本公司生产的相应新能源汽车产品开展安全隐患专项排查工作。

两份文件从预防和处理两方面着手，通过一系列详细的监管措施，加强对新能源汽车安全问题的排查，推动国内新能源汽车市场安全监管体系的建设。

预防方面，文件明确了排查重点，新能源客车产品要求重点对 IP 防护失效、车辆泡水、车辆碰撞、线束连接松动、频繁充放电或长期搁置的车辆开展安全隐患排查工作；新能源乘用车、载货汽车产品的排查重点，除了前述六大类问题产品，还增加了工作行驶环境恶劣的车辆。

同时，文件按照行驶里程设定了详细的自查比例。对于新能源客车产品中高强度使用车辆，行驶 8 万公里以下的自查比例不低于 10%，行驶 8—20 万公里的自查比例不低于 20%；对于出租车、网约车、物流车等高使用强度的运营类车辆，行驶 10 万公里以下的自查比例不低于 10%，行驶 10—20 万公里的自查比例不低于 20%；此外，三大类车都要求行驶 20—30 万公里的不低于 30%，30 万公里以上和装用使用中出现故障较多动力电池（如沃特玛电池）的应全检。

处理方面，两份文件都提出，启动车辆安全预警及重大安全事故调查机制。发生起火、燃烧等安全事故，未造成人员伤亡的，生产企业应在 12 小时内（如造成人员死亡或重大社会影响的，应在 6 小时内）主动上报地方政府新能源汽车工作联席会议牵头部门和工业和信息化部装备工业发展中心，并及时展开事故调查，调查结果留存备查。

安全性是新能源汽车发展必须保持的底线。工信部在一个月内连续发布两份文件推动安全隐患排查工作，足可窥见政府对新能源汽车安全问题的重视程度。未来，除了如何推动新能汽车“跑得快、跑得远”，如何“跑得更安全”也将成为新能源汽车企业发展中需重点关注和解决的问题。

（四）抢占智能化时代行业高点

近两年，全球自动驾驶汽车领域精彩纷呈，传统汽车厂商、互联网巨头等各大企业都开始加快在汽车智能化方向的战略布局。

2018 年 3 月，Uber 披露已开始使用自动驾驶货车为其商业客户运送货物；2018 年 10 月，谷歌旗下自动驾驶公司 Waymo 开始无人驾驶出租业务商业化；2019 年 1 月，百度在 2019 CES 正式发布 Apollo 3.5，并推出全球首个最全面智能驾驶商业化解决方案 Apollo Enterprise（Apollo 企业版）；2019 年 3 月，滴滴成立全资子公司上海滴滴沃芽科技有限公司，经营范围涉及智能驾驶汽车技术、自动驾驶汽车技术等。

种种迹象都表明：以自动驾驶为核心的汽车智能化时代，已然来临。

在此图景下，美、欧、日等汽车发达国家和地区都将智能网联汽车作为汽车产业未来发展的重要方向，纷纷加快产业布局、制定发展规划，加快推动产业化进程。发展智能网联汽车，已成为全球汽车产业技术变革和转型升级的重要突破口和战略制高点。据美国波士顿咨询集团预测，智能网联汽车从 2018 年起会迎来持续 20 年的高速发展，到 2035 年将占据全球 25% 左右的新车市场份额。

面对全球汽车产业智能化浪潮，发展智能网联汽车成为我国从汽车大国迈向汽车强国的战略契机，也是我国在新一轮产业变革中培育竞争新优势、抢占制高点的重要机遇。

1. 加强顶层设计谋划，打造智能汽车强国

为加快推进我国智能汽车创新发展，国家发展改革委制定了《智能汽车创新发展战略》（征求意见稿）（下称《发展战略》），并于 2018 年 1 月 5 日发布。《发展战略》对智能汽车行业发展做出了全面系统的谋划部署，是我国智能汽车发展的纲领性文件和顶层设计。

一是清晰勾勒智能汽车社会发展蓝图。《发展战略》在明确智能汽车已成为汽车产业发展的战略方向基础上，以 2020 年、2025 年、2035 年为三个时间节点，具体提出了“三步走”打造智能汽车强国和智能汽车社会的目标与愿景。

第一步是搭建产业发展的基础框架，实现中高级别智能汽车市场化。《发展战略》提出，到 2020 年，中国标准智能汽车的技术创新、产业生态、路网设施、法规标准、产品监管和信息安全体系框架基本形成。智能汽车新车占比达到 50%，中高级别智能汽车实现市场化应用，重点区域示范运行取得成效。智能道路交通系统建设取得积极进展，大城市、高速公路的车用无线通信网络（LTE-V2X）覆盖率达到 90%，北斗高精度时空服务实现全覆盖。

第二步是实现产业发展体系提速升级，推动高级别智能汽车实现规模化应用。《发展战略》明确，到 2025 年，中国标准智能汽车的技术创新、产业生态、路网设施、法规标准、产品监管和信息安全体系全面形成。新车基本实现智能化，高级别智能汽车实现规模化应用。“人－车－路－云”实现高度协同，新一代车用无线通信网络（5G–V2X）基本满足智能汽车发展需要。

第三步是放眼全球，率先建成智能汽车强国。《发展战略》提出，到 2035 年，中国标准智能汽车享誉全球，率先建成智能汽车强国，全民共享“安全、高效、绿色、文明”的智能汽车社会。

着眼长远，发展智能汽车事关全局，是中国汽车产业实现弯道超车的重要机遇，也是建设汽车强国的内在要求。“三步走”的愿景清晰描绘了我国汽车产业的发展路线和蓝图，为包括整车厂、关键零部件企业在内的整个产业链相关企业加快布局和加大投资指明了方向，有助于加快智能汽车的产业化进程，进一步提升中国汽车产业在全球的话语权。

立足当前，我国智能汽车的产业链还不完整，距离较成熟产品的应用推广仍然任重而道远。尤其是对车企而言，尽管大部分车企都已在智能化和网联化方向有所布局或构想，一些自动驾驶汽车产品也已开始上路测试，但整体而言，智能汽车的投资巨大，且从研发、路测到量产一般需要较长时间，要想如期达成 2020 年的愿景，留给车企的时间实际已经不多。

国内大多数合资整车厂都提出将在 2019—2020 年落地 L3 以上级别自动驾驶。这意味着，未来两年，将是我国中高级别智能汽车落地的爆发期。不过，需注意的是，第一步提出的“智能汽车新车占比达到 50%”目标中，“智能汽车”并非指完全无人驾驶，而是指包括 L1（辅助驾驶）、L2（部分自动驾驶）级别自动驾驶在内的智能化车辆。也就是说，未来两年内我国驾驶辅助产业也可能将迎来高速增长。

二是重构智能汽车社会发展生态。发展智能汽车是一项系统性工程，不仅需要关键技术的创新突破、良好的产业生态、相匹配的智能交通体系，还需要推动建立相应的法规标准、监管体系等。为此，《发展战略》

不仅注重智能汽车产品的发展，更注重打造智能汽车产业发展体系，从创新、生态、法规标准等多角度着手，提出了建设“六大体系”的战略任务，以此构筑智能汽车社会发展的新生态。

根据《发展战略》，“六大体系”分别是：构建自主可控的智能汽车技术创新体系；构建跨界融合的智能汽车产业生态体系；构建先进完备的智能汽车路网设施体系；构建系统完善的智能汽车法规标准体系；构建科学规范的智能汽车产品监管体系；构建全面高效的智能汽车信息安全体系。

其中，对影响智能汽车规模化应用的关键技术领域，《发展战略》进行重点扶持。

智能汽车集中运用了计算机、现代传感、信息融合、通讯、人工智能及自动控制等技术，是典型的高新技术综合体。可与欧美发达国家相比，目前我国在传感器、车载芯片、中央处理器等关键核心技术方面，仍存在明显短板。鉴于此，《发展战略》明确提出，强化产业链关键环节，补短板、强弱项，重点推动传感器、车载芯片、中央处理器、车载操作系统、无线通信设备、北斗高精度时空服务与车用基础地图等产品开发与产业化。同时，《发展战略》还要求，积极引导社会资本、金融资本，加大对国家智能汽车创新发展平台等公共平台的支持力度，推动智能汽车基础共性核心技术研发和产业化。

三是加强统筹协同，完善扶持政策体系。智能汽车产业体系庞大且复杂，涉及行业多，产业链长，需要在技术、政策、部门、产业等诸多方面实现协调发展。为此，《发展战略》提出，成立国家智能汽车创新发展领导小组，由国务院领导同志担任组长，负责统筹协调智能汽车发展全局性工作；在领导小组指导下，组建国家智能汽车创新发展平台。

这一举措将智能汽车的创新发展提到了前所未有的高度，进一步彰显了我国大力发展智能汽车产业的信心和决心，更从领导体制上确保了我国智能汽车产业发展的战略地位，为加强部门协同、行业协作、军民融合，顺利推动跨部门、跨行业、跨领域协调奠定了坚实基础。站在产业风口的智能汽车，有望在政府主导下实现快速发展。据估测，到2020年，中国智能网联汽车的市场规模有望达到1000亿元。

此外，《发展战略》还从财政金融、人才、国际合作等多方面入手，保障建设“六大体系”战略任务的完成。《发展战略》提出，利用先进制造产业投资基金等多种渠道，支持智能汽车重大项目建设和示范应用；认真落实国家人才规划相关部署，培养造就一批具有国际先进水平的智能汽车战略谋划与科技领军人才、高水平创新团队；鼓励企业通过国际合作、联合开发、股权投资等多种方式，引进吸收国外先进技术和经验，打造具有国际影响力的智能汽车品牌；加强知识产权保护，健全技术创新专利与标准化互动支撑机制，促进创新成果知识产权化，等等。

2. 完善智能汽车路测政策，加快市场化发展步伐

公共道路测试是智能网联汽车技术研发和应用过程中必不可少的步骤，智能网联汽车在正式推向市场之前，必须要在公共道路上通过实际交通环境的测试，更加全面地验证自动驾驶功能，实现与道路、设施及其他交通参与者的适应与协调。同时，这也是各国政府为适应智能网联汽车技术及产业发展而采取的普遍做法。

目前，美欧日等国家和地区已相继出台路测相关规定，推动智能网联汽车产业化进程。例如，美国内华达州早在2011年3月就率先进行道路测试立法、发放测试牌照，众议院2017年7月通过了《自动驾驶法案》，加州2018年2月修改无人驾驶测试法规，允许无驾驶人员情况下进行智能网联汽车道路测试；日本2016年5月发布《关于自动行驶系统的公道实证实验的方针》；法国2014年2月公布自动驾驶发展路线图；英国2015年7月发布无人驾驶汽车路测指南，允许在封闭环境模拟测试后可使用公共道路进行测试。

近年来，我国智能网联汽车快速发展，如果不抓紧制定出台路测相关政策，将会制约智能网联汽车的发展。

正因如此，我国已有多个地方政府试水加强智能网联汽车路测监管。上海、重庆、北京 – 河北、浙江、吉林长春、湖北武汉、江苏无锡等地已建设智能网联汽车测试示范区，积极推动半封闭、开放道路的测试验证。2017 年 12 月，北京市发布《北京市自动驾驶车辆道路测试管理实施细则（试行）》及相关文件。2018 年 3 月 1 日，上海市发布《上海市智能网联汽车道路测试管理办法（试行）》，划定第一阶段 5.6 公里开放测试道路。随后，重庆、保定、深圳等地也相继发布了相应的道路测试管理细则或征求意见，支持智能网联汽车开展公共道路测试。

在总结各地方政府相关工作经验、广泛征集汽车及相关行业需求、专家意见建议等基础上，2018 年 4 月 12 日，工信部、公安部、交通运输部联合发布《智能网联汽车道路测试管理规范（试行）》（下称《管理规范》），自 5 月 1 日起施行，面向全国的自动驾驶路测新政终于出炉。

《管理规范》首次从国家层面明确了测试主体、测试驾驶人及测试车辆的相关条件，提出了详细的测试申请及审核流程，明确了智能汽车路测规范，为智能汽车在全国范围内开展路测奠定了政策基础。具体而言，《管理规范》主要有以下几方面突出特点：

一是高度重视自动驾驶路测的安全。安全是自动驾驶路测的前提和底线，因而，《管理规范》的多项条款都围绕安全问题展开，以此确保测试车辆产品和测试过程安全，加强道路交通安全监管，防范各类安全事故发生。

例如，为保障道路测试安全，《管理规范》对测试主体、测试驾驶人和测试车辆都提出了严格要求。对测试主体提出单位性质、业务范畴、事故赔偿能力等 7 个条件；对测试驾驶人提出签订劳动合同或劳务合同、经过自动驾驶培训、无重大交通违章记录等 8 方面的要求；对测试车辆提出注册登记、强制性项目检验等 6 项基本要求。其中，对测试车辆的要求中明确提出，应具备人工操作和自动驾驶两种模式，且能够以安全、快速、简单的方式实现模式转换并有相应的提示，保证在任何情况下都能将车辆即时转换为人工操作模式。

又如，《管理规范》借鉴Uber、特斯拉发生安全事故的经验教训，要求路测必须在规定路段进行，且要求测试驾驶人始终处于驾驶位置上，监控车辆及周边环境，随时准备接管车辆。

再如，《管理规范》提出了测试相关方在开展测试过程中携带通知书、醒目标示、操作接管、车辆转场和上报测试总结等要求，并明确省、市级政府相关主管部门撤销测试通知书、收回临时号牌的情形。

二是注重发挥地方政府在路测工作中的职责和作用。《管理规范》规定，由省、市级政府相关主管部门选择测试路段并公布，提出申请测试所需的基本材料；省、市级政府相关主管部门负责组织受理、审核测试申请，为审核通过的测试车辆逐一出具智能网联汽车道路测试通知书，定期报工业和信息化部、公安部和交通运输部备案并向社会公布；测试通知书基本信息的变更，临时行驶车号牌申领、发放程序及跨省、市申请测试等，均由省、市级政府相关主管部门审核。

三是明确了智能网联汽车交通违法和事故责任认定相关事宜。根据《管理规范》，在测试期间发生交通违法行为的，按照我国道路交通安全法律法规对测试驾驶人进行处理；发生交通事故的，按照道路交通安全法律法规等认定当事人责任和赔偿责任，如构成犯罪还应追究其刑事法律责任；在发生交通事故后，当事人有义务保护现场并报警；此外，测试主体和省、市级相关主管部门也应分别在发生事故时和事故责任认定后按照规定时间上报事故情况。

另外，为配合和支撑《管理规范》所列自动驾驶功能检测项目的规范开展，2018年8月3日，中国智能网联汽车产业创新联盟、全国汽车标准化技术委员会等发布了《智能网联汽车自动驾驶功能测试规程》(下称《测试规程》)，提出各检测项目对应测试场景、测试规程及通过条件。

《测试规程》将为各省市级地方政府提供统一的测试场景、测试规程及通过条件参考，为第三方检测机构进行自动驾驶功能检测验证提供有益借鉴。更重要的是，《测试规程》的发布，进一步完善了我国自动驾驶路测相关政策体系，有助于加快我国汽车智能化、网联化技术发展和产业应用步伐。

4. 以融合发展为主线，构建车联网产业新生态

实现汽车从有人驾驶到无人驾驶的跨越，车联网是其中最基础与关键的一环。当前，我国车联网产业发展已进入快车道，技术创新日益活跃，新型应用蓬勃发展，产业规模不断扩大。据前瞻产业研究院发布的《中国车联网行业市场前瞻与投资战略规划分析报告》数据显示，初步测算 2018 年中国车联网市场规模已达到 486 亿元，预计 2019 年中国车联网市场规模将达到 574 亿元。

不过，我国车联网产业发展中也存在着关键核心技术有待突破、产业生态亟待完善、政策法规需要健全等问题。针对这些问题，2018 年 12 月 27 日，工信部发布《车联网（智能网联汽车）产业发展行动计划》（下称“《行动计划》”），加快推动中国车联网产业持续健康发展。《行动计划》加大了对车联网产业的政策支持力度，进一步彰显了国家对车联网产业发展的高度重视。

《行动计划》将 2020 年设定为车联网产业发展实现从示范应用阶段向规模应用阶段跨越的“分水岭”，提出到 2020 年，具备高级别自动驾驶功能的智能网联汽车实现特定场景规模应用；2020 年后，高级别自动驾驶功能的智能网联汽车和 5G-V2X 逐步实现规模化商业应用，“人 - 车 - 路 - 云”实现高度协同。这与 2018 年 1 月发布的《智能汽车创新发展战略》（征求意见稿）相呼应，再次强调了 2020 年我国智能网联汽车要达到的市场应用目标。

同时，《行动计划》从关键技术、标准体系、基础设施、应用服务、安全保障五方面，进一步细化了行动目标。譬如，关键技术方面，《行动计划》提出，构建能够支撑有条件自动驾驶（L3 级）及以上的智能网联汽车技术体系，形成安全可信的软硬件集成与应用能力；智能网联汽车计算基础平台、平台线控、智能驱动等核心技术有所突破，L3 级集成技术水平大幅提升等。标准体系方面，《行动计划》提出，完成车联网（智能网联汽车）关键标准制定，大幅增加标准有效供给，健全产业标准体系；提升综合测试验证能力，完善测试评价体系，构建场景数据库等。

为推动上述行动目标的实现，《行动计划》在深入调研基础上明确了重点任务：一是突破关键技术，推动产业化发展；二是完善标准体系，推动测试验证与示范应用；三是合作共建，推动完善车联网产业基础设施；四是发展综合应用，推动提升市场渗透率；五是技管结合，推动完善安全保障体系。

尤为重要的是，《行动计划》明确把融合发展作为我国车联网产业“突围”的主线，从指导思想、基本原则，到行动目标、重点任务，再到保障措施，处处都强调融合发展，构建车联网产业新生态。这与《智能汽车创新发展战略》（征求意见稿）提出的建设“六大体系”中，“构建跨界融合的智能汽车产业生态体系”的战略任务如出一辙，为我国车联网产业的跨界融合发展奠定了主基调。

《行动计划》开宗明义，在指导思想中就明确提出，以网络通信技术、电子信息技术和汽车制造技术融合发展为主线，优化政策环境，加强跨行业合作，突破关键技术，夯实产业基础，推动形成深度融合、创新活跃、安全可信、竞争力强的车联网产业新生态。

基本原则方面，强调要推动产业合作、平台互通、系统互联，构建优势互补、融合发展的产业新格局。

行动目标中，提出到 2020 年，实现车联网（智能网联汽车）产业跨行业融合取得突破，开放融合、创新发展的产业生态基本形成。

重点任务方面，明确要构建智能道路基础设施，促进网络通信技术、人工智能技术与道路交通基础设施的深度融合，为车联网、自动驾驶等新技术应用提供必要条件；发展综合信息服务，创新商业模式，推动车联网产业与智慧旅游和智慧商务等融合发展，等等。

保障措施里，提出要加大政策支持力度，加强产融合作，引导信贷投放，吸引风险投资等各类社会资本参与车联网产业发展；构建产业生态体系，积极发挥产业联盟等的统筹协调作用，促进产业链上下游以及与相关行业之间的有效融合等。

此外，《行动计划》在支持政策和示范应用方面，特别强调要加强地方政府的参与度。《行动计划》提出，发挥财政资金的引导作用，鼓励地方政府加大投入，完善协同机制，加大对关键技术研发、示范应用与产业化应用的支持力度。鼓励地方政府通过多种方式支持产业发展，探索制定智能网联汽车分时租赁优惠政策。这与《智能网联汽车道路测试管理规范（试行）》中的相关要求一致，将在一定程度上影响车联网相关企业在区域集聚度上的倾向性。

三、中国汽车市场进入转型增长新阶段

从 2018 年下半年开始，我国汽车产销压力持续加大，行业主要经济效益指标增速趋缓，部分自主品牌车企利润大幅缩水。然而，抛却整体产销数据，2018 年我国汽车产业仍有可圈可点之处：新能源汽车产销双增，行业集中度不断提升，部分领军企业市场表现稳中有升，自动驾驶、共享出行等新业态、新技术和新模式不断涌现、蓬勃发展。总体来看，我国车市的发展趋势基本符合市场发展规律，在某种程度上，市场波动为汽车产业结构调整和实现转型升级提供了新机遇。长期来看，我国千人汽车保有量尚未达到发达国家水平，二手车市场与农村市场潜力尚未完全发挥，未来我国汽车业仍有较大的发展空间。

（一）汽车市场产销压力持续加大

1. 总体情况：下行压力加大

根据中国汽车工业协会数据显示，2018 年，我国汽车产销分别完成

2780.9 万辆和 2808.1 万辆，产销量比上年同期分别下降 4.2% 和 2.8%。同时，行业主要经济效益指标增速趋缓。增幅回落：2018 年，汽车制造业规模以上企业主营业务收入 80484.6 亿元，同比增长 2.9%；利润总额 6091.3 亿元，同比下降 4.7%。其中，汽车工业重点企业（集团）累计实现主营业务收入 41716.4 亿元，同比增长 4%。累计实现利税总额 6105.7 亿元，同比下降 4%。

从 2018 年的月度销量走势来看，从 2018 年 7 月开始一直到 12 月结束，汽车市场销量明显走低，并连续 6 个月呈现同比负增长态势。具体来看，2018 年下半年各月我国汽车销量分别为 188.9 万辆、210.3 万辆、239.4 万辆、238.0 万辆、254.8 万辆和 266.1 万辆，同比降幅分别达到 4.02%、3.8%、 11.6%、11.70%、13.86% 和 13.03%。

2018 年我国汽车月度销量走势

单位：万辆

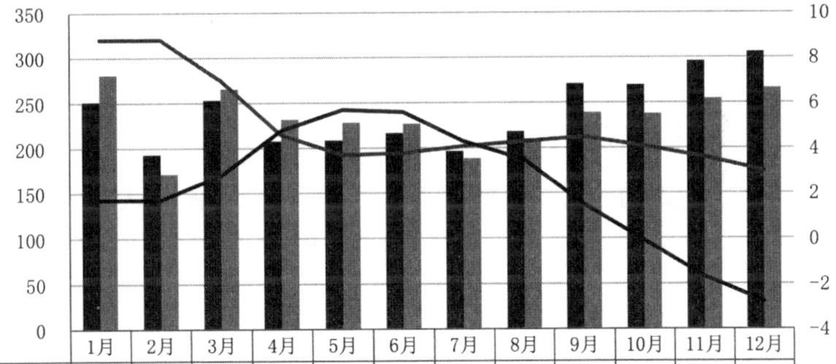

	1月	2月	3月	4月	5月	6月	7月	8月	9月	10月	11月	12月
2017年月度销量	251.7	193.3	253.8	208.0	208.7	217.0	196.8	218.5	270.7	269.6	295.8	306.0
2018年月度销量	280.92	171.8	265.6	231.9	228.8	227.4	188.9	210.3	239.4	238.0	254.8	266.1
2017年累计增速	8.8	8.8	7.0	4.6	3.7	3.8	4.1	4.3	4.5	4.1	3.6	3.0
2018年累计增速	1.7	1.7	2.8	4.8	5.7	5.6	4.3	3.5	1.5	-0.1	-1.7	-2.8

2017年月度销量　2018年月度销量　2017年累计增速　2018年累计增速

数据来源：中国汽车工业协会

从近五年来的汽车产销量情况来看：据中汽协统计，2014—2018 年汽车年产销量增长率分别为： 7.3% 和 6.9%、3.3% 和 4.7%、14.5% 和 13.7%、3.2% 和 3%、-4.2% 和 -2.8%。这也是 28 年以来，我国汽车产销增速首次出现负增长。

2013—2018 年中国汽车产销情况

单位：万辆

年份	产量	同比	销量	同比
2014	2372.29	7.3%	2349.19	6.9%
2015	2450.33	3.3%	2459.76	4.7%
2016	2811.9	14.5%	2802.8	13.7%
2017	2901.5	3.2%	2887.9	3%
2018	2780.9	-4.2%	2808.1	-2.8%

数据来源：中国汽车工业协会

中国汽车工业协会分析表明，2018 年我国汽车产业趋势基本符合市场发展规律。造成本轮市场下滑的原因大多来源于外部环境变化。与此同时，当前出现的市场波动和调整过程也为产业结构调整提供了机会，是产业实现转型升级阶段需要经历的过程。

综合各方观点并结合具体数据可知，造成 2018 年我国汽车市场下行加大的原因包括以下几个方面。

首先，我国汽车市场连续多年保持高速增长状态，全国汽车保有量水平快速提高，增长空间已经相对有限。

据公安部统计数据显示，2018 年全国新注册登记机动车 3172 万辆。国家统计局发布的 2018 年国民经济和社会发展统计公报则显示，截至 2018 年年末，全国民用汽车保有量达到 24028 万辆（包括三轮汽车和低速货车 906 万辆），比上年末增长 10.5%。其中，私人汽车保有量 20730 万辆，增长 10.9%；民用轿车保有量 13451 万辆，增长 10.4%。其中私人轿车 12589 万辆，增长 10.3%。

从地域分布情况来看，目前全国已有 61 个城市的汽车保有量超过百万辆；27 个城市超 200 万辆；北京、成都、重庆、上海、苏州、郑州、深圳、西安 8 个城市则超过了 300 万辆。由此，在一、二线城市等热门新车销售市场渐趋饱和的过程中，汽车销量增速趋缓属于较为正常的现象。如果反观成熟汽车社会的历史发展规律就会发现，欧美日等国家和地区在本国汽车保有量达到一定水平后，也曾经历过一个由市场快速增长向平稳发展过渡直至稳定在中低增长水平线附近、上下波动的必然阶段。

当前，我国汽车产销规模已经向3000万辆迈进，稳居全球首位；汽车保有量居世界第二，仅次于美国，是名副其实的全球汽车大国。据中国汽车流通协会发布的数据显示：1991年我国汽车销量不足100万辆，到2017年的这26年时间内，销量数字翻了近30倍。近年来，拉动市场增长的SUV产品，目前规模和份额也已经逐步稳定，增速回归正常。在这种背景下，2018年中国汽车市场销量增速开始放缓，并逐步向平稳增长的新阶段迈进是较为正常的市场发展轨迹。

第二，外部环境变化导致 消费能力下降，延缓了部分人群的购车需求。

与国民经济关联度高、带动性强是汽车产业的基本特征。可以说，汽车市场是受国民消费水平与整体消费生态环境影响最大的产业之一，也常被视为国家经济走势的“晴雨表”。

当前，我国工业化和城镇化进程都已经进入新阶段，消费结构、产业结构已经发生重大变化。在刚刚过去的2018年，我国经济运行虽保持在合理区间，但也是稳中有变、变中有忧，外部环境复杂严峻，经济发展面临一定的下行压力。部分企业在2018年面临的经营存在一定困难，中低收入人群的负担加重。受市场预期恶化、消费能力下降、信心不足等因素的影响，部分企业和消费者购车需求出现滞后。

根据中国汽车工业协会的观点，房地产走高、金融去杠杆均是造成消费疲软的主要原因。比如，2018年以来，我国各级城市的房价指数、交易量增速均呈现上涨。房市火爆造成居民资金占用加大、负债增加，降低了购买力。再比如，金融去杠杆在一定程度造成全社会资金紧张，中小企业融资更难、更贵，企业资金压力的加大会压缩员工的福利，造成员工消费能力的下降。2018 年 6、7 月以来大量 P2P 平台发生逾期、清盘，导致消费者资金被套牢，极大地损伤了消费能力，加剧了车市的下滑态势。

第三，前期政策红利推高产销基数，提前透支了一部分购车需求。

除了受宏观经济影响，2018 年我国汽车市场增速放缓在很大程度上还源于过去两年的短期刺激性政策，提前透支了一部分市场需求。

2009 年和 2015 年，我国曾两度颁布了小排量乘用车购置税优惠政策，并对整个汽车市场起到了极大的刺激作用。其中，2009 年的购置税减半政策是在 2008 年全球金融危机爆发的大背景下提出的。彼时，中国汽车市场连续两年产销量超过 20% 的高速增长势头戛然而止。为了刺激汽车消费市场，优惠政策随之出台：自 2009 年 1 月 20 日至 2009 年 12 月 31 日购置的 1.6L 及以下排量的乘用车，按 5% 税率征收车辆购置税；2010 年，该税率增至 7.5%。正是在这一政策的直接推动下，我国乘用车汽车市场迅速回暖，并在 2009 年一举成为全球汽车产销第一大国。

2015 年 10 月，购置税减半政策再次出炉，并促成了此后两年我国汽车市场的快速增长，2016 年和 2017 年的四季度都出现了集中消费的情况。2017 年，我国汽车产销分别完成 2901.5 万辆和 2887.9 万辆，是美国同期产销量的 1.7 倍左右。

然而，两轮红利政策的出台，不仅迅速推高了产销基数，加大了 2018 年车市的增长压力，也相当于提前透支了一部分购车需求。由此，中国汽车工业协会认为，优惠政策退出后出现市场需求不足是必然现象。比如，2011 年购置税优惠政策退出后，我国汽车市场增速就从 46% 和 32% 大幅降至不足 3%。因此，2018 年全年市场增速下滑在某种程度上是业界预期内的结果。

2. 自主品牌乘用车下滑明显

从细分车型的销量数据来看，2018 年，我国乘用车产销分别完成 2352.9 万辆和 2371 万辆，比上年同期分别下降 5.2% 和 4.1%；占汽车产销比重分别达到84.6%和84.4%，分别低于上年0.9和1.2个百分点。从乘用车四类车型的具体产销情况来看，轿车产销比上年同期分别下降4%和2.7%；SUV产销比上年同期分别下降3.2%和2.5%；MPV产销比上年同期分别下降17.9%和16.2%；交叉型乘用车产销比上年同期分别下降20.8%和17.3%。

2018年我国汽车分车型产销情况

单位：万辆

	产量	同比	销量	同比
汽车总计	2780.9	-4.2%	2808.1	-2.8%
其中：乘用车	2352.9	-5.2%	2371.0	-4.1%
其中：轿车	1146.6	-4.0%	1152.8	-2.7%
其中：SUV	995.9	-3.2%	999.5	-2.5%
其中：商用车	428.0	1.7%	437.1	5.1%

数据来源：中国汽车工业协会

在市场整体走低的情况下，中国品牌的乘用车份额有所下降。具体来看，2018年，中国品牌乘用车共销售998万辆，同比下降8%，占乘用车销售总量的42.1%，占有率同比下降1.8个百分点。其中，轿车销量239.9万辆，同比增长1.9%，市场份额为20.8%，同比增长0.9个百分点；SUV销量580万辆，同比下降6.7%，市场份额58%，同比下降2.6个百分点；MPV销量132.8万辆，同比下降23.1%，市场份额76.6%，同比下降6.9个百分点。

值得关注的一个现象是：自2013年以来，我国自主品牌车企开始从轿车市场转战SUV市场，并获得极大的市场红利。这一积极信号被普遍视为自主品牌“向上走”、逐步占领中高端汽车市场的成功实践。然而，在刚刚过去的2018年，随着自主品牌SUV的市场风头开始减弱、份额明显下降，自主品牌本身的竞争力水平与生存环境才真正浮出水面。

一方面，在此前几年时间内，视野高、空间大的 SUV 车型一直受到中国消费者的偏爱，并成为拉动中国车市增长的强劲引擎之一。而随着 SUV 产品市场规模逐步稳定，增速趋缓是极为正常的现象。

另一方面，自主品牌 SUV 市场份额的下降，在某种程度上可以视作是自主品牌与合资品牌全系列产品的又一轮激烈对阵的开始。受整车进口关税下调影响，奔驰、宝马、丰田、雷克萨斯等国外品牌车型在 2018 年下半年大幅降价，逐步逼近自主品牌中高端车型的价格区间，在一定程度上导致自主品牌乘用车的某些细分市场份额有所下滑，而德系、日系、韩系品牌的乘用车市场份额却均有上升。

实际上，自主品牌乘用车在 2018 年的市场境遇也是我国经济转型的一个缩影。党的十九大报告指出，我国经济已由高速增长阶段转向高质量发展阶段。在转变发展方式、优化经济结构、转换增长动力的攻关期，我国汽车产业也在转型升级的道路上高歌猛进。

由此，优胜劣汰、去除低端产能都是这一时期必然要经历的“阵痛”。反映在自主品牌的市场表现上，就是以往一些靠价格优势取胜的低端 SUV 产销量明显下降。可以预见，在未来一段时间，我国自主品牌汽车即将在更加复杂激烈的市场环境中迎来“真枪实弹”的新一轮竞赛。

3. 商用车产销两旺

与乘用车市场明显的下滑态势不同，在货车销量的强劲带动下，2018 年我国商用车市场稳中向好，产销量分别达到 428 万辆和 437.1 万辆，比上年同期分别增长 1.7% 和 5.1%。其中，货车产销量分别完成 379.1 万辆和 388.6 万辆，比上年同期分别增长 2.9% 和 6.9%，重型货车产销分别达到 111.2 万辆和 114.8 万辆，销售再创历史新高。

在车市整体下行的大背景下，促成商用车市场向好的原因主要在于：随着近两年一系列环保和治超治限政策趋向严格，商用车市场出现了集中换购的现象，从而在短期内推升了重卡等大型商用车型的市场销量。

具体来说，由环境保护部于 2016 年 12 月 23 日和 2018 年 6 月 22

日发布的《轻型汽车污染物排放限值及测量方法（中国第六阶段）》和《重型柴油车污染物排放限值及测量方法（中国第六阶段）》，将分别于 2020 年 7 月 1 日和 2019 年 7 月 1 日起实施。而根据 2018 年 7 月初国务院印发的《打赢蓝天保卫战三年行动计划》，2019 年 7 月 1 日起，重点区域、珠三角地区、成渝地区提前实施国六排放标准。正因如此，北京、天津、广州、深圳等多个城市实际上已经提前开启了“国六时代”。

同时，愈发严格的治超政策也是倒逼部分企业更换车辆的直接推动力。根据2016年发布的《汽车、挂车及汽车列车外廓尺寸、轴荷及质量限值》（GB1589-2016）要求，2018 年 6 月 30 日前要完成所有不合规车辆运输车的更新退出，2018 年 7 月 1 日起全面禁止不合规车辆运输车通行。

另外一个推动我国商用车市场走高的原因是：电子商务的快速兴起极大促进了物流业的发展，同城配送和城际物流市场规模不断扩大，直接推动了我国轻卡销量的增长。

但同时，从 2018 年下半年我国商用车的市场表现来看，中、重卡以及中大型客车均出现了不同程度的下滑，造成了商用车整体增幅快速趋缓。根据中国汽车工业协会的数据分析表明，造成这一现象的原因主要包括以下几方面：

首先，商用车作为生产工具，对政策的敏感性大于乘用车。2018 年上半年，中、重卡中运输类货车产品受新标准及治超治限趋严的影响，部分车辆强制被淘汰，导致了市场需求急速攀升，但随着产品结构调整完毕，该政策的红利已逐渐用尽。

第二，中、重卡早在 2012 年就出现过一次高速增长，由于车辆平均生命周期为 5—6 年，因此这两年正好处在那一批车辆置换的高峰期，但目前该置换周期也已基本结束。

第三，2018 年上半年，受国家投资项目陆续开工导致工程类产品价格大涨，但随着生产工具的补充完毕，工程类产品也从今年 7 月起增速由正转负。

第四，2018 年上半年我国新能源公交增速较快，原因是新车补贴政策加严切换的节点在同年 6 月底，导致部分节点以后的购车需求前移。再加上去年上半年新能源客车销量惨淡造成的基数过低。进入 7 月以后，随着需求提前释放，新能源客车的增速明显放缓。

4. 行业集中度进一步提升

根据中国汽车工业协会数据显示，2018 年，汽车销量排名前十位的企业集团销量合计为 2503.6 万辆，比上年同期下降 2.1%，降幅低于行业。前十家企业占汽车销售总量的 89.2%，比上年同期提高 0.6 个百分点。这说明：我国汽车行业的集中度有进一步提升的趋势。

2018 年汽车分车型前十家生产企业销量排名

单位：万辆

排名	汽车（按集团）		乘用车		商用车	
	企业名称	销量	企业名称	销量	企业名称	销量
1	上汽集团	701.25	上汽大众	206.51	东风公司	53.14
2	东风公司	383.08	一汽大众	203.70	北汽福田	49.35
3	中国一汽	341.84	上汽通用	196.96	上汽通用五菱	39.75
4	北汽集团	240.21	上汽通用五菱	166.25	中国一汽	33.68
5	广汽集团	214.28	吉利控股	150.08	中国重汽	32.66
6	中国长安	213.78	东风有限（本部）	128.81	江铃控股	27.25
7	吉利控股	152.31	长城汽车	91.50	江淮股份	25.76
8	长城汽车	105.30	长安汽车	87.44	长安汽车	24.25
9	华晨企业	77.86	北京现代	81.02	陕汽汽车	18.32
10	奇瑞汽车	73.71	广汽本田	74.14	长城汽车	13.80
合计		2503.63		1386.41		317.97

数据来源：中国汽车工业协会

在已经公布 2018 年度业绩预测数据的多家汽车上市公司中，上汽集团、长城汽车、北汽新能源、东风汽车、一汽夏利、北京汽车 6 家车企预计在 2018 年实现净利增长。而海马、江淮、江铃、福田等企业的亏损幅度持续加大。其中，海马汽车因连续两个会计年度净利润显示为亏损，面临极高的退市风险。

由此可以看出，我国汽车行业发展不均衡的趋势已经较为明显：规模大且善经营的企业抗压能力强，市场地位得以在低迷的市场环境下得到进一步强化，少部分车企上市公司甚至利润大涨；但是对于部分规模小、经营能力较差、低端产能占比较大的企业来说则是危机重重。

从市场表现较好的企业来看：2018 年，上汽集团以超过 705 万辆的总销量继续领先，在整个车市遭遇“寒冬”和本身销售基数较大的情况下，逆市取得了近 1.8% 的增长水平，进一步拉大与竞争对手的差距，彰显了行业龙头地位。根据上汽集团公布的业绩数据，2018 年归属于上市公司股东的净利润预计约为 360 亿元，与上年同期相比将增加约 16 亿元，同比增幅为 4.6% 左右。

尤其值得注意的是，2018 年上汽集团自主品牌表现十分突出。数据显示，上汽乘用车全年新车销量突破 70 万辆，同比增长近 35%；其中新能源汽车销量突破 9.6 万辆，同比大幅度增长 120% 左右。上汽乘用车旗下的荣威和名爵两大品牌定位清晰，形成了良好的优势互补格局：荣威面向主流乘用车市场，名爵则主打年轻化品牌。二者不仅在一定程度上带动了上汽集团总销量的正向增长，也成了我国自主品牌车企向上突围的成功模板之一。

另一家在 2018 年业绩表现突出的企业是东风汽车。据东风汽车预计，2018 年度归属于上市公司股东的净利润将增加 3.45 亿—3.8 亿元，同比增加 171%—189%；扣非后净利润预计增加 1.55 亿—1.9 亿元，同比增长 77%—95%。东风汽车表示，业绩预增主要是受非经常性损益的影响以及剥离了部分亏损资产。

从销量数据上来看，东风汽车集团 2018 年销售汽车 383 万辆，稳居行业第二位。其中，自主品牌销售量超过 120 万辆，位居百万辆以上自主企业的前三名。在新能源汽车方面，东风汽车集团新能源车在 2018 年共销售 5.1 万辆，同比增长 223%，连续三年实现快速增长。

从民营企业的表现来看，吉利汽车的表现较为亮眼。根据吉利汽车公布的 2018 年销量数据：全年总销量超过 150 万辆，较上年同期增长约 20%，继续领跑民营车企。在整个车市低迷的情况下，吉利得以杀出重围、实现 20% 的销量增长幅度，离不开持续优化完善的产品架构。从细分市场车型来看，不仅有老牌车型帝豪系列持续发力，也有新品牌领克不断向市场输出成熟产品。

但与此同时，2018 年对于许多车企而言都是难熬的一年：销量下滑、业绩亏损让这部分企业步履维艰，未来前景面临极大不确定性。比如，2018 年海马汽车销量几乎“腰斩”，同比下跌 51.88% 至 67570 辆，全年亏损金额达到 12 亿元以上。2018 年，众泰汽车累计销售新车 23.31 万辆，同比下滑 25.53%，且产品质量问题频出。宝沃 2018 年全年销量大幅下降 25.7% 至 32942 辆，销量滑坡进一步加剧了宝沃的财务问题，2018 年前 8 个月其经营亏损便已经超过 16 亿元。

由此可以看出，2018 年我国汽车产业格局呈现出一定的“分化”趋势：强者进一步巩固地位，弱者则面临着严重的生存危机。这说明，我国汽车市场正在加速优胜劣汰的步伐，未来国内车企还会面临新一轮“洗牌”。

5. 汽车出口较快增长

根据海关总署和中国汽车工业协会发布的统计数据，2018 年我国汽车出口同比呈现出较快的增长趋势。海关总署数据显示：2018 年全年我国汽车及汽车底盘的累计出口量为 121.6 万辆，出口金额为 977.5 亿元人民币；而 2017 年同期的累计出口量为 103.4 万辆，出口金额为 902.8 亿元人民币。2018 年出口量累计比 2017 年同期增长 17.6%。从 2018 年汽车零配件出口情况看，2018 年我国全年出口金额累计 3627.7 亿元；

而2017年同期累计出口金额则是3363.5亿元。

中国汽车工业协会的统计数据也给出了相似的结论：2018年，我国汽车出口104.1万辆，比上年同期增长16.8%，继续呈现较快增长态势，但增速较上年有所放缓。其中乘用车出口75.8万辆，比上年同期增长18.5%；商用车出口28.3万辆，比上年同期增长12.5%。除了第四季度外，2018年前三季度我国月度汽车出口量均高于上年同期。

2016—2018年我国月度汽车出口量对比

单位：万辆

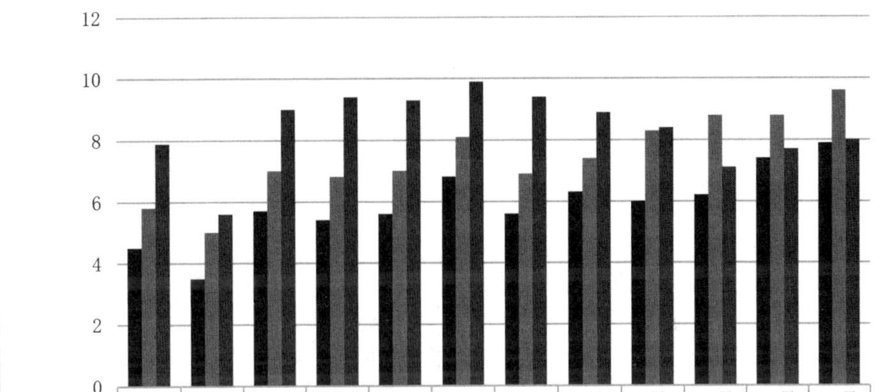

	1月	2月	3月	4月	5月	6月	7月	8月	9月	10月	11月	12月
■2016年	4.5	3.5	5.7	5.4	5.6	6.8	5.6	6.3	6	6.2	7.4	7.9
■2017年	5.8	5	7	6.8	7	8.1	6.9	7.4	8.3	8.8	8.8	9.6
■2018年	7.9	5.6	9	9.4	9.3	9.9	9.4	8.9	8.4	7.1	7.7	8

数据来源：中国汽车工业协会

从主要出口国来看，我国汽车整车出口主要分布在中东、东南亚和南美等发展中国家和地区。近年来，“一带一路”沿线国家建设为我国汽车出口带来了新机遇。鉴于沿线国家和地区大多处于发展中和经济转型时期，与我国经济形成了良好的互补效应。除了俄罗斯、印度和部分东南亚国家之外，绝大多数国家的汽车产业基础薄弱，汽车市场尚未培育完善，但国内需求有逐年增长的态势，由此带动了我国一部分自主品牌车型在当地走俏。

2018 年我国自主品牌狭义乘用车出口量

单位：辆

排名	汽车厂商	出口量	同比增幅
1	奇瑞汽车	126993	18%
2	江淮汽车	53671	16.8%
3	上汽乘用车	45885	221.6%
4	华晨汽车	35937	-28.1%
5	长安汽车	35532	36.4%
6	长城汽车	33500	20%
7	吉利汽车	27533	127%
8	东风风神	25685	-4.8%
9	华泰汽车	18375	-42.8%
10	力帆汽车	11539	-60.3%

数据来源：全国乘用车市场信息联席会

从数据上来看，2018 年，奇瑞的海外市场销量达到 126993 台，同比增长 18%，占乘用车出口总量的 16.75%。这也是奇瑞连续 16 年位居中国乘用车出口第一。艾瑞泽 5、瑞虎 5、瑞虎 3X 等车型均有不俗销量。截至目前，奇瑞汽车已经出口到全球 80 多个国家和地区，累计出口量超过 140 万辆，在俄罗斯、智利、埃及、巴西等国家已经是较为知名的汽车品牌。此外，为推进品牌本土化战略，奇瑞已在海外投资建设了 10 个生产基地。

江淮汽车 2018 年的国内销量数据并不理想，亏损较为严重，但是出口市场表现却相对亮眼：江淮全年实现出口 7.4 万辆，同比增长 13%，这也是江淮年出口量首次突破 7 万辆大关。其中，乘用车出口量首度达到了 5 万辆以上，瑞风系列的 SUV 车型是拉动出口销量的最主要力量。

近两年来，随着上汽名爵品牌在泰国、英国、澳大利亚、沙特、南美等国家和地区陆续上市，上汽乘用车产品在海外市场崭露头角。2018年也由此成为上汽乘用车的“出口元年”。预测数据显示，2018年上汽名爵海外销量同比增长高达250%，预计将超过7万辆。其中，名爵ZS抢占了泰国多个细分市场首位，说明我国自主品牌乘用车在以日系品牌为主的东南亚汽车市场已经打开了突破口。

与此同时，我国车企“走出去”进程也存在一些隐忧。一方面，全球政治经济环境的变化，会对国际消费预期产生不可知的影响。特别是近期海外市场环境日益复杂，汽车出口可能会面临一些外在因素的影响，车企如何抵御相关国际风险将是一个长期课题。

另一方面，一些国外技术性贸易措施也会对我自主品牌“走出去”造成不利影响。2018年，上海海关和上海机动车检测认证技术研究中心曾对我国汽车进出口贸易形势进行过一次较为全面的调查。根据规模和地域分布，该项调查选取了200家我国汽车企业作为样本。结果显示：2017年，有38.2%的汽车企业表示受到国外认证、检测、标准变更、通关障碍等技术性措施影响，损失金额占出口额的5.8%。其中，环保、被动安全和主动安全是国外技术性贸易措施对我国汽车出口企业设置的主要技术门槛。而且，相对于合资品牌，自主品牌车企受到的此类影响更为显著。

对此，我国汽车产业应该得到两点启示：首先，自主品牌车企应进一步提升关键技术水平，靠优质产品性能打开海外市场是基础；第二，我国相关检测认证机构应紧跟国外先进汽车技术法规的发展趋势，进一步提升检测机构影响力和权威性，为我国整车出口提供更加有力的支持。

6. 经销商库存预警

根据中国汽车流通协会发布的“中国汽车经销商库存预警指数调查”（VIA，Vehicle Inventory Alert Index）月度数据显示，2018年1—12月，我国汽车经销商库存预警指数均位于警戒线之上。其中，11月库存预警指数更是达到75.1%，为三年来的最高水平。据悉，库存预警指数以

50% 为警戒线，50% 以下被视为处于库存合理范围内；库存预警指数越高，说明汽车市场的需求越低，库存压力越大，经销商的经营风险也越大。

在消费者延迟购车、增量市场乏力、存量市场换购周期延长等一系列因素的作用下，部分经销商为了应对持续的库存压力，完成任务目标，选择了“降价去库存”的方式。据悉，2018 年不少经销商新车业务已出现价格倒挂现象，甚至某些豪华品牌也不例外。

然而，价格的大幅下调虽能在短期内提振销量，但也进一步加剧了消费者在购车时的观望态度。随着车市降价效果减弱，经销商盈利减少，流通市场普遍大面积亏损现象十分严重。根据人和岛《2018 年 1—9 月全国乘用车市场调研分析报告》显示，全国只有 32.8% 的汽车经销商处于盈利状态，26.7% 的经销商持平，而 40.5% 的经销商则明确表示处于亏损状态。

从五家上市汽车经销商集团公布的 2018 年前三季度财报来看，除了广汇汽车服务股份公司“一枝独秀”获得了净利润增长 8.34% 的成绩外，庞大汽贸集团股份有限公司、国机汽车股份有限公司、上海永达控股(集团)有限公司等汽车经销商集团的前三季度利润均为负增长。其中，国机汽车第三季度净利润为 4.89 亿元，同比下降 25.59%；永达汽车净利润 9.94 亿元，同比减少 11.1%；亚夏汽车净利润 4036.53 万元，同比下降 27.22%；

具体分析各家汽车经销商集团的财报数据可知：在 2018 年我国汽车市场环境下，影响汽车流通业经销商业绩的因素主要包括以下几点：

第一，高端品牌汽车受此轮市场低迷影响较小，丰厚的销售及售后服务利润，对确保经销商利润率稳定增长起到了关键作用。

比如，广汇汽车能够取得不错的盈利成绩，在一定程度上就受益于高档品牌汽车销量走高。在广汇集团 2018 上半年营业收入最高的前十家 4S 门店中，除了上汽大众和捷豹路虎两家经销店之外，其余八家均为奔驰、宝马和奥迪三家德系中高端车型的销售门店。实际上，截至 2018 年上半年，广汇集团经营的 771 家 4S 店中，超豪华及豪华品牌 4S

店共有220家，同比增加了25家。

再比如，2018年前三季度，永达集团的整体利润水平虽不理想，但旗下豪华及超豪华品牌乘用车的销量同比却增加了13.6%，达到8.03万辆；销售收入同比增加11.9%至273.58亿元，售后服务收入同比增加18.3%至57.60亿元。中升集团也出现了类似的情况：2018年上半年，豪华品牌汽车销量同比增长39.2%，中高端品牌汽车销量同比增长12%。在新车销售中，奔驰的收入份额高达31.6%。

第二，保险、二手车交易、租赁等汽车后市场衍生服务，是增强经销商盈利能力的新业务板块。

在整个新车市场增速放缓的情况下，一部分经销商集团积极拓展诸如汽车保险、二手车市场交易等业务板块，并使之成为新的业绩增长点。

2018年上半年各大经销商集团的财报也证明了这一点。广汇在保险、二手车交易和融资租赁三大业务领域成绩显著：新车首保率达到73.6%，同比增长2.2个百分点；二手车业务实现代理交易量14.24万辆，同比增长80.85%；融资租赁13.41万辆，同比增长57.76%。中升集团实现增值服务收益10亿元，同比增长35.6%。此外，正通汽车金融服务业务所得利息及服务收入约3.65亿元，较上年同期增长50.2%。

（二）新能源汽车“一枝独秀”

与传统汽车下行表现相比，2018年我国新能源汽车市场基本实现了“逆势上扬”。据中国汽车工业协会数据显示，2018年，我国新能源汽车产销分别完成127万辆和125.6万辆，比上年同期分别增长59.9%和61.7%。其中纯电动汽车产销分别完成98.6万辆和98.4万辆，比上年同期分别增长47.9%和50.8%；插电式混合动力汽车产销分别完成28.3万辆和27.1万辆，比上年同期分别增长122%和118%；燃料电池汽车产销均完成1527辆。

分类别来看，纯电动乘用车产销分别完成79.2万辆和78.8万辆，比上年同期分别增长 65.5% 和 68.4%；插电式混合动力乘用车产销分别完成 27.8 万辆和 26.5 万辆，比上年同期分别增长 143.3% 和 139.6%。纯电动商用车产销分别完成 19.4 万辆和 19.6 万辆，产销比上年同期分别增长 3% 和 6.3%；插电式混合动力商用车产销均完成 0.6 万辆，比上年同期均下降 58%。

2018 年 1—12 月我国新能源汽车销售情况

单位：万辆

	1—12 月累计	环比增长	同比增长	同比累计增长
新能源汽车	125.6	32.9%	38.2%	61.7%
新能源乘用车	105.3	19.0%	69.0%	82.0%
纯电动	78.8	23.9%	64.6%	68.4%
插电式混合动力	26.5	2.0%	91.0%	139.6%
新能源商用车	20.3	97.8%	-8.8%	2.6%
纯电动	19.6	94.6%	-7.7%	6.3%
插电式混合动力	0.6	73.9%	-76.9%	-58.0%

数据来源：中国汽车工业协会

2013—2018 年我国新能源汽车销量数据情况

单位：万辆

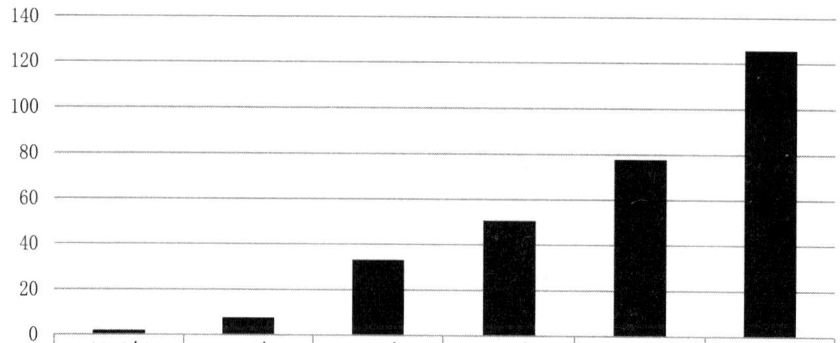

	2013年	2014年	2015年	2016年	2017年	2018年
■年份	1.8	7.5	33.1	50.7	77.7	125.6

数据来源：中国汽车工业协会

在自主品牌中，比亚迪和北汽新能源仍然占据着我国新能源汽车产销量的前两位。2018 年，比亚迪汽车共销售 520687 辆，其中乘用车销量 500028 辆，同比增长了 23%，新能源汽车年销 227152 辆，同比劲增 108%。据了解，从 2018 年 7 月开始，比亚迪新能源汽车销量首次超过燃油车，并延续到现在。同年，北汽新能源产量 110141 辆，同比增长 37.58%，销量 158012 辆，同比增长 53.11%。其中，北汽新能源 EC 系列总销量为 90637 辆，同比增长 16.6%，位列新能源单一车型榜首位置。

同样作为国内新能源汽车厂商的翘楚，比亚迪和北汽新能源两家企业的最大不同在于，北汽新能源到目前为止一直更注重纯电动的技术路线，而比亚迪则是纯电动和插电式混合动力双线并举。

综合分析，影响 2018 年新能源汽车市场走势的原因包括以下几个方面：

第一，针对新能源汽车的财政补贴政策针对性强，拉动产品销量效果突出。

在推动新能源汽车产销的各项政策中，起到最直接作用的就是来自中央和地方的财政补贴。2016 年发布的《关于调整新能源汽车推广应用财政补贴政策的通知》则明确了补贴即将退坡的消息，即 2017—2018 年在 2016 年的补贴基础上退坡 20%；2019—2020 年在 2018 年的补贴基础上再退坡 20%，直至 2021 年取消补贴。

在某种意义上，补贴红利的持续“缩水”以及未来新补贴标准和政策的不确定性，都能够起到短期内有效刺激新能源汽车销量的作用。实际上，2019 年的开年销售数据已经充分证明了这一点：2019 年 1 月，新能源汽车产销分别完成 9.1 万辆和 9.6 万辆，比上年同期分别增长 113% 和 138%。其中纯电动汽车产销分别完成 6.7 万辆和 7.5 万辆，比上年同期分别增长 141.1% 和 179.7%；插电式混合动力汽车产销分别完成 2.4 万辆和 2.1 万辆，比上年同期分别增长 59.9% 和 54.6%。但是从长期来看，随着补贴红利的“退潮”，购车需求也在波动中有所下降，未来新能源汽车销量增速逐渐减缓将成为必然趋势。

第二，补贴新政出台助力新能源汽车市场加速优胜劣汰。

从新能源汽车细分车型市场的表现来看，相比于纯电动汽车，2018年插电式混合动力汽车的市场表现极为亮眼，产销比上年同期分别增长122%和118%。从某种程度上说，这与从2018年6月12日正式实施的《关于调整完善新能源汽车推广应用财政补贴政策的通知》紧密相关。此次补贴新政以新能源乘用车150公里的续驶里程为最低基准，以“电池能量密度”和“能耗”两项指标作为补贴系数考核主要依据。

补贴新政对于2018年新能源汽车市场的直接影响主要体现在两方面：一方面，随着补贴大幅退坡，插电式混动动力车型的性能优势和经济性却得到了凸显。具体来看，插电式混合动力汽车可以较好地平衡里程焦虑和纯电动汽车较高的成本，通过提高传统内燃机的使用效率和整车能源效率，降低了电池的使用量、车辆自重以及车辆成本。可以说，插电式混合动力汽车销量增速的提升，是市场回归正常的一种表现。

另一方面，以往扮演着市场主力军角色的A00级微型纯电动汽车占比出现下滑。过去几年间，依靠补贴取得极佳价格优势的微型电动车产销量比例过高，曾在2017年一举实现占比70%的历史高点。而此次补贴门槛的提高，使得2018年前11个月的微型车产量占比下降到49.3%。其中，2018年知豆电动汽车的累计销量仅为1.5万辆，同比大跌63.90%。

可以说，“知豆们”的增速骤降和财政补贴的技术要求直接相关，原有的车型因为达不到补贴的最低要求，所以造成销量增长减速，甚至有的车型直接退出市场。与此同时，那些续驶里程较长、在整车低能耗和电池性能方面表现出色的车型开始获得厂商与消费者的热捧。比如，据统计到2018年第四季度，我国A级电动车续驶里程在400公里以上的产品达到了50%左右。

这说明，无论是补贴门槛提高抑或是退坡趋势，正在重塑我国新能源汽车的市场结构，并使之向着更加合理、更重产品性能的方向倾斜。在这一过程中，部分车型销量下降是市场回归正常发展的表现，不能在技术上取得领先优势的企业，将在未来面临更大的生存危机。这也催动着我国新能源汽车产业格局加速实现优胜劣汰，并逐步向占领中高端车型市场进发。

第三，“双积分”政策实施效果凸显，倒逼汽车企业向新能源方向转型。

在财税补贴优惠逐步退出、油耗管理后续政策有待接续的情况下，企业发展节能与新能源汽车动力不足。对此，2017年9月，工信部等五部委正式发布了《乘用车企业平均燃料消耗量与新能源积分并行管理办法》，即“双积分”政策。

具体来说，“双积分”政策采用积分交易的市场化运作方式，实现与财政补贴政策退坡的有效衔接，从而激活企业发展节能与新能源汽车内生动力，特别是提高传统汽车厂商发展新能源汽车的积极性。

从政策效果来看，“双积分”政策不仅推动着自主品牌汽车的新能源转型，也催生了一批合资新能源汽车公司的诞生：包括奔驰与北汽、大众与江淮、宝马与长城。车企巨头相继入局新能源汽车领域，不仅大大丰富了消费者的市场选择，也快速拉动了中国新能源汽车的产销基数。

第四，充电桩等新能源汽车配套设施逐渐完善。

近年来，我国公共类充电基础设施总数稳定增长，随车配建充电设施增速较快，为推动新能源汽车市场增长提供了充足保障。根据中国电动汽车充电基础设施促进联盟数据显示，截止到2018年年底，全国充电基础设施累计数量为77.7万台，同比增速为74.2%。其中，2018年全年，新增充电基础设施33.1万台，相比于2017年全年新增24.2万台，增速提高了36.8%。

从区域分布来看，我国公共充电桩设施建设较为集中。其中，北京市、上海市、广东省等地区的公共充电桩设施总数占比约为76.5%。从充电电量流向来看，广东、陕西、江苏、北京、四川、湖北、山东、浙江、福建、湖南、上海等省份所占电量比重较高，且流向以公交车和乘用车为主，环卫物流车、出租车等其他车辆类型占比相对较小。

然而，在多重原因的刺激下，新能源汽车市场未来有可能出现一些变数：一方面，合资股比限制放开、允许汽车“代工”生产等政策环境变化，将推动外资公司和造车新势力在新能源汽车领域持续发力，未来我国新能源汽车市场竞争将更加激烈。另一方面，补贴政策退坡、“双积分”政策的正式实施，将使得那些过度依赖补贴的低端产能遇到更大的困难，我国新能源汽车产业的发展阶段将从“量的积累”逐渐迈向“质的提升”。

（三）未来中国汽车市场走向何方？

业界普遍认为，当前我国汽车产业正处于“由大变强”的重要机遇期。虽然从发展速度来说，我国汽车市场将进入中低速增长期；但受市场环境、技术变革、政策调整等多重因素的叠加影响，一系列新风险和新挑战将形成有效的倒逼机制，中国汽车产业即将迎来创新驱动、转型升级的重大机遇，并有望摘掉“大而不强”的帽子。

首先，未来我国汽车产业或将进入中低速增长阶段。

目前，我国位列全球第一汽车产销大国，但千人保有量只有约 140 辆，相当于美国的 1/5、日本和德国的 1/3，这说明我国汽车市场刚需尚未封顶，未来还有较大的增长空间。其中主要包括三个方面：一是受全面取消二手车“限迁”政策等因素影响，一、二线城市汽车的更新置换率将有所提升，从而推动新车销售。二是随着当前各地展开清理整顿低速电动车工作，部分三、四线城市及农村地区购车需求会有明显提升，这部分市场份额预估将在百万辆以上。三是新型城镇化建设加快和乡村公路等基础设施的不断完善，会在未来 5—10 年间释放大量农村居民购车需求。

虽然需求总量巨大，但由于我国汽车产销基数较高，按照美日德等汽车成熟市场的增长规律，在车市趋近饱和过程中车市增速会有所放缓，直至稳定在较低水平。由此，未来我国汽车市场中低速增长或将成为常态，并在一段时间内基本稳定在3%—5%的增长区间，期间还会出现上下波动的情况。

第二，我国汽车企业将在更加激烈的市场竞争环境中进入“洗牌期”。

长期以来，我国汽车产业形成了以国有企业、民营企业、合资企业三种主要形态并存的格局。随着投资股比限制的放开，纯外资企业、新造车势力和互联网巨头即将冲破这一稳定的格局模式，特别是我国自主品牌车企将面临多元化的挑战，优胜劣汰步伐进一步加快。

实际上，从2018年出现的销量低谷就可以看出，我国汽车行业的集中度有所提升：一方面是头部汽车集团凭借着清晰而强势的产品战略、品牌拉动能力和资本运作能力，巩固了自身地位；但是另一方面，一些规模小、产品单一且性能普通的自主品牌车企走在破产或被吞并的边缘。

然而上述现象对于中国汽车产业而言并非坏事，反而是助推部分企业“做大做强”、带动整个行业重整旗鼓、重新洗牌的好机遇。目前，虽然我国已经出现了一批年销量在百万辆以上的汽车头部企业，但总体而言，产业“大而不强”的现象仍然较为突出，企业的体系能力建设在一定程度上依然低于大型跨国车企集团，这也是中国自主品牌车企所面临的最大现实问题。在新能源汽车领域也是一样。数据显示，当前我国仅新能源汽车整车企业就有200多家，生产过多过散，产业整体“大而不强”。

由此可以预测：在未来产业中低速增长背景下，为应对生存压力，一部分整车企业会通过强强联合或兼并重组，强化市场地位；同时低端落后产能被迫退出市场。中国汽车业将在2020年之后迎来兼并重组的高峰期，届时汽车行业集中度将进一步提升，具有国际竞争优势的自主品牌企业集团有可能酝酿出现。

第三，财税经贸政策的保护作用减弱，自主品牌将加速提质转型进程。

受新能源汽车补贴逐步退坡、汽车进口关税下调、合资股比限制放开等政策的叠加影响，国内汽车市场的国际化水平进一步提高，我国汽车市场竞争环境会更加公平也更加激烈。而随着全球汽车行业向智能化、电动化、网联化、共享化方向转型，新技术、新业态、新造车力量不断涌现，国内行业竞争态势会进一步加剧，尤其是中低端市场的波动性相对更大，部分自主品牌品牌产品面临很大压力。

与此同时，由于国家财税和经贸政策对自主品牌企业的屏障作用减弱，企业很难再凭价格或产品数量优势分到市场红利。针对于此，网络舆论上曾出现的“恢复购置税减半”呼声，尽管相关部委已经出面澄清，但有关国家是否应该出手“救市”、加大对于自主品牌的直接补贴力度等话题还有不小的影响。

综合来看，过去几年间，购置税减半政策的确对提振车市、释放内需起到了关键作用，但已不适用于迈向成熟的中国汽车市场，贸然恢复不仅会让低端产能患上“政策依赖症”，还会打乱车企既有生产节奏，加大整体产销波动，不利于供需两端稳定。同时，购置税优惠政策是一种让消费者“寅吃卯粮”的短期刺激政策，促使消费出现“翘尾”现象，会间接影响企业对于车市正常增长水平的判断。

由此，一方面，相关部门要做好顶层设计，在综合评估产业长期发展趋势的基础上，保持步调一致和政策稳定性，科学引导产业过渡到发展新阶段。另一方面，当前的产销形势和产业格局，能够在某种程度上倒逼自主品牌提质增效，走出高质量发展的新路。

针对未来我国汽车市场走势，为尽快平稳实现我国汽车产业新旧动能转换和高质量发展，特建议以下几点：

首先，应把握住汽车产品能源结构和技术路线日渐丰富这一大趋势，鼓励多种技术路线创新发展，靠市场机制培育新动能。

比如，新能源汽车和智能网联汽车是未来汽车两大发展方向，也被视为汽车行业新的利润增长点。现在二者都在摸索发展阶段，智能网联汽车出现了单车智能、车路协同等不同技术解决路径；新能源汽车也有以锂离子电池为代表的纯电动汽车、以氢燃料电池为代表的燃料电池汽车、混合动力等多个技术路线。

对此，应坚守市场需求导向，鼓励多种技术路线良性竞争，积极发挥企业在创新方面的主体作用，特别是防止行政手段过度干预和介入具体技术路线或指标的选择，导致资源错配。

同时，为避免重蹈传统汽车等产业核心共性技术受制于外国厂商、零部件空心化的覆辙，相关部门可以考虑牵头建立汽车产业供应链安全清单，特别是围绕新能源汽车和智能网联汽车两大领域，系统梳理和评估上下游产业链中的薄弱环节。此外，应该鼓励相关研发机构、车企、零部件厂商整合研发生产资源、攻关共性关键技术。同时，鼓励行业组织和企业展开自查，对于供货来源单一的零部件，要尽早自主研发。

其次，要挖掘新的汽车消费市场增长点，特别是通过培育二手车市场和农村市场，有效拉动新车消费。

业界对二手车市场形成的一个共识是：活跃的二手车交易可以提高车辆置换率，从而拉动新车销售。然而，我国的二手车市场交易规模与产销第一大国的身份有所不符。按照成熟市场规律，二手车的交易量大都在新车销售量的两倍以上，例如美国的汽车市场，每年新车销售在1700万辆左右，二手车的交易在4000万辆左右。而我国有着近3000万辆新车的销量，但是二手车的交易仅有1200万辆左右，只有新车销售的五分之二。

从某种程度上来看，我国二手车的流通供给渠道不畅通抑制了交易市场的进一步发展壮大。据2018年年初的统计数据，全国目前95%以上的地级市都在执行着不同程度的限迁政策，对那些车况较好、车主有置换意愿的二手车来说，地域限制会拉低交易价格，最终导致车主延长换车周期。

对此，2018 年政府工作报告中提出，要全面取消二手车限迁政策。商务部则表示，要加快修订《二手车流通管理办法》，推进二手车信息和信用体系建设，规范二手车交易秩序，促进二手车市场潜力进一步释放；同时，带动汽配、维修、保险等相关服务业的发展，促进我国汽车市场不断优化结构。

2019 年 1 月，国家发展改革委会同有关部门共同制定了《进一步优化供给推动消费平稳增长 促进形成强大国内市场的实施方案（2019 年）》，对加快繁荣二手车市场做出了具体表述，特别是提出要严防限迁政策出现回潮；此外，对二手车经销企业销售二手车，可以落实适用销售旧货的增值税政策，依照 3% 征收率减按 2% 征收增值税。

另一方面，农村市场也应被纳入未来我国汽车消费的重点“战场”之一。目前我国农村居民的汽车保有量相对较低，广大农村地区居民出行很多还是依靠安全标准很低的三轮汽车，甚至是没有路权的低速电动车。对此，《进一步优化供给推动消费平稳增长 促进形成强大国内市场的实施方案（2019 年）》明确提出：促进农村汽车更新换代，部分地区可对农村居民报废三轮汽车、购买 3.5 吨及以下货车或者 1.6 升及以下排量乘用车，给予适当补贴，从而有效带动农村汽车消费。

实际上，部分车企带动下的新一轮“汽车下乡”在 2019 年年初已经揭开帷幕。比如，长安欧尚宣布汽车下乡最高可享受 2.2 万元的厂家补贴；一汽 – 大众官方推出了“一成首付购新车”和“最高万元报废补贴”的汽车下乡政策；福田相关政策表明，凭旧车换购或农业户口购买部分产品可享受 3000 元优惠补贴；上汽大众对全系车型推出 2000 元至 3 万元不等的补贴，等等。

第二章

新技术赋能：培育核心竞争力

在全球汽车产业发生重大变革的今天，新技术、新业态、新主体不断涌现，固有产业格局即将被打破。想要在变革大潮中获取一席之地，技术培育无疑是最关键的环节之一。

“节能与电动化技术向上走”一节主要关注内燃机技术和动力电池技术的发展趋势。内燃机经过一百多年的发展，在全球减排目标的倒逼作用下正经历着前所未有的挑战。但随着其热效率提升、减排效果显著，这一传统汽车部件正在焕发新的生命力。动力电池作为新能源汽车的核心零部件，目前也迎来了产业发展的快速增长期，在全球动力电池市场竞争加剧的情况下，如何提质降本，推动产品安全性和可靠性的跃升，将是提高我国动力电池产品国际竞争力的关键。

“创新技术打造更聪明的车与路”一节主要关注自动驾驶关键技术及车路协同解决方案。二者对于构建未来智慧交通体系、重塑人类智慧出行模式而言，具有重要作用。在这一过程中，如何充分挖掘诸多新技术的应用潜力，使之服务于未来交通愿景的实现，将成为重要课题。

“构建氢燃料电池汽车全产业链条”重点关注我国氢能与燃料电池汽车发展。特别是随着国内燃料电池产业化的快速推进，“氢气从哪里来”和“我国燃料电池技术实力如何”这两个话题逐渐得到越来越多人的关注，本节将重点围绕这两个话题进行解析，深入探讨我国氢源供应潜力和燃料电池关键技术能力。

一、节能与电动化技术向上走

（一）内燃机潜力不容小觑

内燃机经过一百多年的发展，现已成为汽车产业中最重要的动力装置。在全球减排目标的倒逼作用下，特别是随着电动汽车的快速进步，内燃机技术正经历着前所未有的挑战。但实际上，内燃机技术原理虽然未曾有大变化，但细节上早已脱胎换骨：热效率提升、减排效果显著等成绩，正在让这一传统汽车部件焕发新的生命力。

同时，内燃机技术优化与电动化路线正走在融合发展、互为补充的道路上。特别是内燃机和电池、电机的有效组合，可以构成不同形式和程度的混合动力技术，从而将两条技术路线的优势发挥到极致。

1. 传统燃油车面临多重挑战

内燃机曾是工业革命中最具核心价值、最有代表性的发明之一。内燃机的应用大大提升了生产效率，推动了工业社会快速发展。然而，在如今动力系统电动化、工业生产智能化的大趋势下，传统内燃机产业正面临前所未有的挑战。

（1）能源供给缺口持续加大

石油、天然气、煤炭三大化石燃料长期以来占据全球燃料消费结构主要地位。根据《BP 世界能源统计年鉴（2018 年）》数据显示，2017 年，全球能源需求增长了 2.2%，高于其过去十年均值 1.7 个百分点。其中，全球石油消费增长 1.8%，即 170 万桶 / 日，连续第三年超过十年平均增速（1.2%）。与此同时，继连续三年（2014—2016 年）几乎没有增长后，能源消费产生的碳排放在 2017 年增长了 1.6%。

同时，第二次工业革命以来的大规模开采利用，使全球化石能源储量消耗速度不断加快。根据《BP 世界能源统计年鉴（2018 年）》，2017 年世界石油产量仅增长 60 万桶 / 日，连续第二年低于历史平均增速。由此，2017 年全球探明石油储量下降至 1.697 万亿桶，按照 2017 年产量水平，这只足够满足世界 50.2 年的产量。换言之，如果各国化石燃料消费结构依然维持现状，未来能源供需缺口将持续增大，最终导致全球性能源供应危机。

此外，由于全球化石能源资源储量空间分布不均，能源开发向着少数国家和地区集中。近几十年来，中东、北非等地区主要产油国，以及马六甲海峡、苏伊士运河等海上石油运输要道所在地区政治局势动荡、战争频发，为能源持续供给和维持价格平稳埋下诸多隐患。对于能源对外依存度较高的国家而言，寻找新兴替代能源、规避能源安全风险迫在眉睫。

对我国而言，能源结构转型势在必行。目前，我国已成为世界上最大的能源生产国和消费国，形成了煤炭、电力、石油、天然气、新能源、可再生能源全面发展的能源供给体系。但同时也面临着能源消费需求总量增长快、进口依存度高等一系列挑战。

近年来，中国石油需求量不断增长，对外依存度持续攀升，能源安全面临严峻挑战。根据国家统计局发布的《2018年国民经济和社会发展统计公报》显示，我国原油消费量增长了6.5%。2019年1月，中国石油集团经济技术研究院发布的《2018年国内外油气行业发展报告》数据表明，2018年中国的石油进口量为4.4亿吨，同比增长11%，石油对外依存度升至69.8%。可见，能源进口依存度高，已成为威胁我国能源安全的巨大挑战之一。

（2）温室气体排放损害生态环境

传统化石能源在开采使用过程往往伴随着对于生态环境的巨大破坏。首先，化石燃料燃烧过程中产生的碳转变为二氧化碳进入大气，大气中二氧化碳浓度增大的直接结果是地表温度升高，温室效应加剧，并引发异常天气、冰川融化、海平面上升、沿海低地淹没，海岸和海滩遭受侵蚀等一系列连锁反应。

而传统内燃机汽车的大规模普及应用，在给人们日常生活出行带来便利的同时，化石能源消耗所带来的温室气体和有害污染物排放，也是空气污染的重要诱因，愈来愈严重地影响着人类的生存环境和身心健康。国际能源署（IEA）发布的《2018全球能源和二氧化碳状况报告》显示，全球能源相关的二氧化碳排放量增长1.7%，达到33.1亿吨，为历史最高水平。

在我国快速经济增长和城市化进程中，煤炭、石油等传统化石能源作为主要发展能源，对环境损害严重。煤炭和石油过度消费使用，导致我国主要城市近年来笼罩在严重雾霾污染之中，碳灰尘、微颗粒物、二氧化硫、氮氧化物和一氧化碳严重超标，不仅带来了巨额环境和社会治理成本，也与中国经济社会可持续发展目标不相适应。

当前，欧盟、美国、中国等国家和地区对于温室气体减排提出了各自的目标。在 2015 年的巴黎气候大会召开前夕，全球 150 多个参会成员国就提交了各自的减排计划书。在这次会议上，中国已经向世界承诺了二氧化碳的减排义务：使二氧化碳排放于 2030 年左右达到峰值并争取尽早实现，到 2030 年单位国内生产总值二氧化碳排放比 2005 年下降 60%到 65%，非化石能源占一次能源消费比重达到 20%左右。

据悉，2015 年我国汽车平均二氧化碳排放量约为 170 克 / 百公里，按照发改委相关文件要求，到 2020 年汽车平均二氧化碳排放量要降低到 115 克 / 百公里。相当于每年要降低 11 克 / 百公里。按照我国目前汽车产业的发展速度，想要按时达标就必须做出改变，即在发展新能源汽车的同时，探索采用多种技术组合的方式，并重新定义内燃机在汽车动力装置中的地位。

2. 内燃机技术迎来优化机遇

内燃机在减排和提升能效方面还有很大潜力。综合来看，在未来相当长的时间内，内燃机在汽车动力装置领域仍然占有重要位置。

（1）内燃机仍有市场潜力

从 19 世纪末卡尔·本茨发明世界上第一辆以汽油为燃料的内燃机汽车开始，内燃机汽车已经走过了一百多年时间。到目前为止，以汽油和柴油为主要燃料的内燃机汽车仍然占据着全球道路交通市场的主流地位。一方面，这是内燃机技术不断进步发展、适应市场需求的体现；另一方面，内燃机本身的特性决定了其作为移动交通工具动力装置，有着不可取代的功能价值。

当前，内燃机仍是汽车等各类机械的主动力，并占据着较大市场份额。但是随着电动汽车潮流席卷全球，跨国车企纷纷推出“全面电动化”时间表，甚至有一种声音认为“内燃机已死”。但事实上，无论是在重型运输动力、大型工业用固定动力、船用动力、工程机械、农业机械、军用车辆等特定应用领域，还是在特定自然环境和气候条件下，内燃机仍都具有较为广阔的市场需求和顽强的生命力。

根据国际能源署在2011年发布的《电动汽车与插电式混合动力汽车技术路线图》预测，全球汽车产业格局在未来很长一段时期还将继续保持多种燃料方式并存的格局：到2050年，插电式混合动力、纯电动和氢燃料电池作为最重要的三条技术路线，将与压缩天然气、传统汽油车等共分全球乘用车市场份额。也就是说，在未来很长一段时间内，内燃机仍然具备一定市场潜力。

实际上，从目前的技术水平和应用场景来看，内燃机与纯电动驱动的汽车各有优劣，过早断言“内燃机已死”并不科学。其中最重要的一点就是：在某些环境条件下，内燃机汽车的性能表现更加稳定。

美国汽车协会（American Automobile Association，简称AAA）最新的研究表明，当温度下降到约零下6摄氏度时，电动车的平均行驶里程会减少了41%。2019年年初，美国中西部地区遭遇寒冷的北极空气，气温骤降。彼时就有包括特斯拉Model 3的车主表示，汽车行驶里程最多减少了50%。同样，在高温条件下，电动车的性能表现也有待提升。美国汽车协会的报告显示，当室外温度达到35摄氏度，并在车内使用空调时，电动车续航里程减少了17%。

从原理上来看，在极寒和高温条件下，往往需要使用车辆的加热、通风和空调系统。电动车需要利用电池为气候控制系统提供动力，而这会大大提高对于电池电量的需求，并影响总续航里程。而传统内燃机汽车则可以利用发动机的余热给车内供暖/制冷，在极端天气条件下的制热/制冷和动力效果的表现就会比较稳定。

由此来看，在目前的动力电池技术条件下，纯电动汽车在某些极端环境和气候下的应用存在一定局限性；而内燃机汽车则可以有效填补这一市场需求。不仅如此，目前全球市场主流的电动汽车在续驶里程、成本、耐用性等方面都有待改进，这也给内燃机持续焕发生命力提供了条件。

比如，据估算，当前我国纯电动汽车的制造成本比传统内燃机汽车要高 50% 左右，而这一差距可能要到 2025—2030 年左右才能追平。不仅如此，考虑到大规模推广电动汽车需要大量的锂、钴、镍等资源，未来也可能会出现供应稳定性与价格波动等问题。因此可以说，在未来相当长时间内，内燃机作为汽车主要动力来源之一的地位不会发生颠覆性改变。

（2）内燃机热效率仍有提升空间

在各国环保要求加严的背景下，提高汽车内燃机的热效率是降低油耗、减少排放的重要途径。同时，热效率越高，内燃机汽车就可以获得更好的性能表现。因此，提高内燃机热效率也是全球传统汽车产业从业者的首要任务。

从理论上来说，如果根据卡诺循环的原理，汽油内燃机的最高热效率仅为 35% 左右。目前全世界主流内燃机热效率基本在 30%—38% 之间，只有个别引擎热效率能突破 40%。也就是说，市场上的大多数内燃机汽车，其燃油所产生的热能只有三分之一可以转换为机械能。

然而，根据美国汽车研究会（The United States Council for Automotive Research，简称 USCAR）的预测，未来内燃机有可能突破卡诺循环的限制。这主要是因为理论上的卡诺循环为闭口循环。但是在现实情况中，内燃机并不一定遵循闭口循环的规律，而是可以把内燃机排出去浪费掉的能量回收利用起来。

目前，全球已有一些基础研究成果证明：如果内燃机的热效率不受卡诺循环的限制，在短期内可以达到 60% 的热效率，中长期则有可能接近 85%。在国内，中国工程院院士苏万华的研究团队通过采用低㶲损失、可变压缩比等技术，以结构常规的内燃机为基础，已经实现了均质压燃汽油机热效率达到 60% 的目标。而在全球范围内，还有许许多多提升内燃机热效率的途径正在试验和推行过程中。

具体而言，提升发动机热效率的途径有多种，比如提高压缩比、采用直喷技术、提高废气再循环率、采用阿特金森（米勒）循环，等等。总体上来看，在持续进行大量技术工作的基础上，短期而言比较现实的目标是把主流汽油机的热效率提高到 45%—50%，柴油机热效率提高到 50%—55% 乃至 60%。这样的目标愿景如若实现，内燃机的未来前景可期。

实际上，目前市场上也已经出现了一些热效率表现较好的内燃机汽车。比如，丰田的“Dynamic Force Engine”直列四缸 2.5L 直喷发动机，通过采用高速燃烧技术、可变控制系统，并减少排气、冷却、机械运转等各类能量损失，在汽油车和混合动力车上的热效率分别达到了 40% 和 41%。

马自达的创驰蓝天最新一代发动机的理论热效率已经达到了 48%。这款发动机主要的核心是采用了米勒循环的原理，即在传统奥托循环的进气和压缩行程之间增加了一个减压的过程，这样就可以使空气和燃油更充分地混合，也就是最大程度上提高发动机的膨胀比。如此一来，内燃机的热效率就会明显提高，从而实现燃油利用率的最大化。

（3）排放水平有望进一步降低

多年来，内燃机的排放水平从低排放到超低排放，直到目前，业界有一种声音认为，只要持续提升燃烧效率，未来内燃机甚至有可能接近零排放的水平。

这种论断并非空穴来风。纵观中外汽车排放法规，一直在不断收紧。这说明大量的研究实践已经证明，内燃机的排放水平是有可能持续降低的。更重要的是，衡量一种能源或者动力转化方式是否先进，其标准应该包含汽车全生命周期的二氧化碳排放量，也就是一个包括整车、零部件制造生产等各个环节在内的全链条，包括了从采矿、冶炼、运输、制造、报废、回收的完整的生命周期。

如果从这个角度来看，目前内燃机汽车的排放水平与纯电动汽车其实不相上下，在某些情况下甚至略胜一筹。一般来说，只要出现了碳基能源消耗，就会产生碳排放。因此，只要将热效率提高到一定水平，内燃机汽车并不一定“高碳”；而纯电动汽车虽然在使用过程中比内燃机汽车更低碳，从整个生命周期的角度来评估，是否低碳还取决于电能的来源，以及电池在生产制造和报废处理等过程中产生了多少有害物质。

比如，动力电池在生产制造和报废处理等过程都会产生有害物质，同时也会产生碳排放。英国工程院院士高腾·卡嘉迪（Gautam Kalghatgi）的研究结果表明，过分使用电池会产生很多问题，其中非常重要的一点就是金属毒性问题，而这会对社会经济和国民健康产生不利影响。

再比如，在温室气体排放方面。2016 年，一位特斯拉 Model S 的车主在新加坡就因为“排放超标”而被罚款。根据新加坡法律规定，新车需要通过长达几个月的检测，达到新加坡政府车辆碳排放（CEVS）标准的车辆可收到的退税额度金额为 10880 美元。然而，这台 Model S 在测试后被认定为“非环境友好车型”，原因是该车每公里要消耗 444 瓦时电量，被认为使用太多电量而成为“污染源”。根据新加坡陆路交通管理局的规定，所有电动车辆的电能源消耗标准是每瓦时 0.5 克二氧化碳。而 Model S 的二氧化碳排放量为每公里 222 克，属于严重超标。

在我国，清华大学赵福全教授的研究团队曾在对比分析各国专家研究结果的基础上，结合我国当前电力生产实际情况，得出结论：在我国当前煤电占电力 70% 的条件下，电动汽车全生命周期的二氧化碳排放水平只是略优于内燃机汽车。也就是说，在我国煤电比例较高的情况下，电动汽车的减排优势并不明显，未来随着煤电比例下降，电动汽车的全生命周期减排优势才会更加凸显。现在全球其他大量研究结果也已经表明，综合对比汽车内燃机使用过程中的碳排放与电动车所耗电能在发电过程中的碳排放，两者的数值其实差别不大。

也就是说，在目前的技术水平和能源结构条件下，如果综合考察汽车从生产到使用的全过程，当前国际通行的将电动汽车视为零排放车辆、将内燃机视为“高碳”产品的论断并不完全科学。

但是从另一方面来看，上述结论并不能否定电动汽车或混动汽车对于全球减排事业的重要意义。首先，电动汽车可以做到在使用阶段有害气体零排放，相当于把“排放”转移。如此一来，发电过程中产生的碳排放和有害气体可以进行集中处理，而不像燃油车那样直接排放在城市中，这对于受环境污染影响最为严重、人口最为密集的城市地区而言有着不可取代的积极作用。

其次，电动汽车作为可移动的能源储存终端，可在电力产能过剩地区起到调节电网峰谷差的作用。而且，随着我国可再生能源发电比重上升，电动汽车如果能与智能电网相配合，成功消纳过剩风电和光伏电，则全生命周期碳排放有望进一步降低；同时，随着锂电池梯次利用和回收处理规范体系逐渐完善，废旧电池污染问题完全有可能得到技术性解决，这对于全球能源体系变革和环保事业推进而言都将产生重要影响。

3. 内燃机未来发展方向

内燃机产业是我国重要的基础制造业之一。目前内燃机动力系统承担着全国公路货运量的77%、客运量的80%—90%；还承担着几乎全部的基础建设和工程建设，以及农业机械、国防、海洋运输和内河运输等任务。

现在业界有一种声音认为国外的发动机更先进，而我国自产的发动机性能落后。但实际上，中国发动机技术虽与世界顶尖水平尚有一定距离，但也早已今非昔比。作为国内最权威的汽车发动机评选活动之一，“中国心”2018年度十佳发动机大奖中，共有包括吉利、江淮、长安等6款国产品牌自主研发的发动机名列榜单。

按照评选的结果来看，国内量产汽车发动机的热效率已经做到超过

40%，最高可达到 40.5%。这说明我国汽车发动机技术已经取得了长足的进步，技术创新潜力很大，正向国际先进水平靠近。业界专家认为，在单点热效率大幅提高之后，下一步的挑战就在于如何把最高单点热效率在更宽的工况范围内推广，从而更大限度地提升发动机的综合热效率。

尽管如此，还是要看到我国内燃机产品综合能效与国际先进水平仍有差距，在高强化整机技术、高性能关键零部件技术、先进燃烧技术、低摩擦技术、低消耗功附件、轻量化、余热能利用、先进后处理技术等领域，以及天然气、醇类燃料等多能源高效利用方面，仍有进一步提升效率、降低排放的空间。

从全球范围内来看，内燃机与新技术、新材料的嵌合、与电力驱动以及新能源等的耦合、与智能化趋势的融合，都有广泛领域亟待创新攻坚。

4. 混动技术大有可为

从上面的分析可以看出，内燃机技术与发动机和动力电池技术在目前的技术水平下各有优势，也各有不足。如果将二者有效结合起来、取长补短，就可以让汽车动力总成的效率大幅提升。而混合动力就是两者结合的产物，即通过发动机和电池、电机的有效组合，将两种技术路线的优势发挥到最大化。

传统发动机在启动和低负荷等部分工况下的负荷特性差，油耗会相应升高。但是混合动力技术可以很容易地改变发动机的动态特性和负荷特性。也就是说，如果在车辆启动或堵车等工况中引入混合动力方案，即把发动机与较小的电池和电机结合起来，形成混合动力，就可以弥补这一缺点，降低车辆整体油耗水平。

混合动力方案之所以在过去一段时间受到政府和企业的重视，除了本身的技术优势之外，还在于不断加严的环保法规起到的倒逼作用。比如，我国《节能与新能源汽车产业发展规划》中提出，到 2020 年，当年生产的乘用车平均燃料消耗量降至 5.0 升 / 百公里。据业界专家推测，大部分车型可以通过改进发动机满足这一要求。但是到2020年之后，当汽车油耗目标降到百公里5升以下甚至更低的时候，仅仅依靠完善发动机技术就很难达成目标了。届时，在政策法规的倒逼作用下，混合动力技术会大行其道，依靠电动技术与发动机技术共同进步、相互结合，完成既定目标。

具体来看，目前混合动力技术方案有两个解决途径：一是使用小型强化内燃机，再加上简单的混合动力系统，就能以较低的成本达到良好的节能效果。二是主要通过把内燃机技术本身做到极致，使内燃机性能处于最佳状态，然后将高效发动机与电池、电机相结合，共同服务于混合动力发动机工作，达成最佳节油效果。

如果按照混合度来划分，混合动力车型又可以分为弱混、轻混、中混、强混、插混以及增程式混动等多个类型。所谓“混合度”就是驱动电机占驱动电机和发动机功率之和的比例。一般来说，混合度在10%左右是弱混、10%—30%是轻混、大于30%是强混，但这一划分并无绝对标准，各个厂家也有诸多版本。

从性能来看，轻混车型的电动机一般只用来控制发动机启停，不能直接驱动汽车；而中混采用的是高压电机，也就是说，当中混的车型处于加速或者大负荷工作时，电动机可以辅助驱动车轮；强混车型则可以根据不同的工况，对内燃机输出与电机输出的比率进行动态调整。

从混动技术的发展现状来看，主要存在两大挑战：一是技术水平。二是成本控制。混合动力技术的发展要建立在内燃机和电动技术两方面共同进步的基础之上。不仅如此，无论是改进发动机，还是搭载电池和电机组合成复杂的混合动力系统，更需要将应用乃至维护保养成本维持在合理水平，消费者才会买单。虽然未来随着技术进步和推广规模扩大，混动技术的应用成本会逐步降低。但是从目前来看，混动技术若想真正为大众市场所接受，还有一段路要走。

为平衡技术与成本，近年来，受到业界关注较多的一条技术路线是48V轻混动力，奔驰、奥迪等车厂以及自主品牌江淮汽车等均有相关车型推出，博世、大陆集团等一级供应商也已经发布了各自的 48V 混合动力的解决方案。48V 轻混动力也被一些业界人士视为强混时代到来之前的过渡产品。从优势来看，在电池技术和动力系统优化技术尚未登峰造极的今天，48V 混合动力由于电压不高，不需要采取额外的电压防护措施，因此更加安全、成本也更加低廉。与此同时，48V 混合动力系统可以实现滑行启停、动能回收、辅助加速等功能，有效避免了燃油不必要消耗。相比于强混车型来说，48V 混合动力系统的性价比表现相当不错。

混合动力技术不是一成不变的，随着内燃机技术不断进步，电气部分也在不断完善，未来日趋严苛的油耗法规，势必会让混合动力技术大展其用。更重要的是，混动技术方案可以充分说明：传统内燃机和新能源汽车不是对立关系，而是相辅相成、共同发展的关系。传统汽车在整车集成方面可以给新能源汽车很大支持，而新能源汽车在轻量化和智能化应用方面也能给传统汽车带来一些新启发。

不仅如此，想要实现节能减排的大目标，不仅需要对动力总成系统进行改进，也需要不断探索挖掘轻量化、降风阻等新兴技术的潜力。总体而言，未来汽车的技术演进过程仍然较为漫长，存在着诸多变数，要想实现汽车产业可持续发展的大目标，现阶段就单纯片面强调某一技术的优劣，并对其减排效果、污染处理和经济效率盖棺定论，还为时尚早。至于未来汽车动力的技术路线究竟会走向何方，市场最终将揭开答案。

（二）动力电池产业前景展望

1. 全球动力电池市场竞争加剧

在全球汽车电动化大潮下，新能源汽车市场发展驶入快车道。动力电池作为新能源汽车的核心零部件，也迎来了产业发展的快速增长期。近年来，全球主要汽车强国在新一代高比能量动力电池研发和产业化方面积极布局，相继明确了动力电池技术研发的中长期目标，并不断加大投入，为抢占全球动力电池市场份额做准备。

日本政府2009年就率先提出“2020年纯电动汽车使用的动力电池电芯能量密度达到250Wh/kg，2030年达到500Wh/kg”的目标。日本经济产业省在具体的技术路线图中细化了目标：到2020年，电池包能量密度实现250Wh/kg、成本降到20000日元/kWh以下、循环次数1000—1500次；到2030年，电池包密度达到500Wh/kg、成本降到10000日元/kWh以下、循环次数1000—1500次。

中国的动力电池技术研发目标在2015年确立。《中国制造2025》明确，2020年锂电池能量密度达到300Wh/kg，2025年能量密度达到400 Wh/kg，2030年能量密度达到500Wh/kg。

美国先进电池联合会（USABC）在2015年11月将2020年电芯能量密度目标由原来的220Wh/kg提高至350Wh/kg。随后，奥巴马政府在2016年7月发起的Battery500计划中提出，用五年、投资额5000万美元，打造能量密度500Wh/kg、循环寿命1000次的电芯。2018年，这一项目已实现能量密度350Wh/kg、循环次数150次。

欧洲则计划2030年本土生产的动力电池占全球30%。德国的具体研发目标是：到2020年，实现能量密度350Wh/kg、循环次数1000次、成本90欧元/kWh；到2030年，实现能量密度400Wh/kg、循环次数2000次、成本75欧元/kWh。而且，德国还发起了电池研发的资助计划，推动研究成果向产业应用转化，实现电池“德国制造”（Made in Germany）。法国经济和财政部长布鲁诺·勒梅尔也呼吁欧洲企业共同发展动力电池产业，以扭转欧洲在这一领域的被动局面。

同时，韩国的三星SDI、LG化学、SKI三家电池制造商联合建立基金，加速固态电池、锂金属电池和锂硫电池等技术的商业化，以期在全球动力电池市场竞争中抢占先机。

在此图景下，包括中国企业在内的全球各大电池生产商纷纷加快向国际市场拓展的步伐。其中，车企巨头集聚、政府大力支持汽车电动化发展的欧洲，是电池企业逐鹿的主战场之一。2016年以来，韩国的三星

SDI、LG 化学和 SKI 等先后在欧洲建厂，日本动力电池企业 GS 汤浅也计划在欧洲设厂。2018 年，中国的电池企业也将目光投向了欧洲市场，宁德时代、孚能科技、比亚迪相继宣布了在欧洲设厂的计划。

面对中日韩动力电池企业的“跑马圈地”态势，欧洲本土企业奋起“反击”，开始积极布局其动力电池业务。大众、奔驰、宝马等车企开始新建或扩建电池工厂。瑞典的 Northvolt 与西门子、ABB 集团和大众汽车旗下的卡车制造商斯堪尼亚共同投入 40 亿欧元建立了一座动力电池工厂，计划 2023 年前年产能达到 32GWh。德国财团法兰克福 TerraE 控股公司联合 17 家公司和研究机构组建了一个联盟，计划兴建两座代工厂，计划到 2028 年两家工厂的年产能达到 34GWh。

值得注意的是，未来中国将成为全球动力电池市场竞争的另一大战场。实际上，已连续四年成为全球新能源汽车产销第一大国的中国，一直都颇受国外电池企业巨头关注。早在 2015 年，松下就开始在中国布局，目前已在中国设立 2 个动力电池工厂。韩国的三星 SDI、SK、LG 也已在中国建厂。但此前由于补贴政策限制等因素，国外动力电池企业一直未能在中国市场取得太多成绩。

2018 年以来，随着我国新能源车补贴退坡加速及外资股比逐步放开，国外动力电池企业在华投资开始回潮。松下计划斥资数亿美元在中国电池工厂部署两条新生产线，同时可能将与特斯拉合作在中国建设一个超级电池工厂。三星 SDI 则计划在 2019 年至 2023 年间，逐步将西安市、天安市、蔚山市工厂的生产转移至无锡市，加快对 21700 新型电池的量产进度。SKI 重启与北京汽车的合作项目，将投资人民币 50 亿元在常州建年产 7.5GWh 的动力电池工厂，并计划投资 24.4 亿元在常州新建锂离子电池隔膜和陶瓷涂层隔膜生产工厂。LG 化学总投资 20 亿美元的电池项目落户南京江宁并开工，2023 年将实现全面达产，年产动力电池 32GWh，年产值将达 350 亿元。

未来，随着在汽车产业积淀颇深的欧洲本土企业强势进军动力电池市场、日韩等国外电池企业巨头加大在华投资以及中国动力电池产业实力不断增强，全球动力电池市场的竞争会日趋激烈，整个行业将迎来新一轮洗牌期。

2. 我国动力电池产业成绩与挑战并存

近年来，中国动力电池产业在新能源汽车市场蓬勃发展的催动下，进入快速发展阶段。2018 年，我国动力电池产业整体形势良好，产能继续保持高速增长态势，电池技术进一步成熟，整个产业的集中度大幅提升。

一是产能实现大幅扩充，动力电池装机量再获历史性突破。目前，我国已形成长三角、珠三角、京津冀等动力电池产业集聚群，行业总产能占全球的 50% 以上。据中国汽车动力电池产业创新联盟统计，2018 年全年，我国动力电池累计产销量分别达到 70.6GWh 和 62.3GWh。其中，三元电池产品已成为市场绝对主体，产销量分别为 39.2GWh 和 34.5GWh，占总产量和总销量的比例分别达到 55.5% 和 58.1%；磷酸铁锂电池累计产销量分别达到 28.0GWh 和 24.4GWh，占总产量和总销量的比例为 39.7% 和 39.1%。

装车量方面，2018 年我国动力电池装车量再创新高，共计 56.9GWh，同比增长 56.3%，出货量继续保持全球领先。其中，三元电池装车量为 33.1GWh，占比达 58.1%；磷酸铁锂电池装车量为 22.2GWh，占比达 39%。从配套车型方面看，乘用车型已成为我国动力电池市场配套主体，2018 年新能源乘用车和新能源商用车电池装车量分别为 33.1GWh 和 23.8GWh。

二是技术水平不断提升，提质降本仍是发展主旋律。2018 年，中国动力电池市场的主流产品是三元电池和磷酸铁锂电池，比能量持续提升，成本不断下降。其中，三元电池技术进步明显，规模应用产品的单体能量密度提升至 265Wh/kg，成本降到了 1 元 /Wh 以下，提前达到 2020 年目标。与 2012 年相比，能量密度提高了 2.2 倍，成本下降了 75%。磷酸铁锂电池技术趋于成熟，单体比能量达到 160Wh/kg，成本降至 0.7 元 /Wh。此外，电池管理系统、驱动电机和整车电控系统也取得了长足发展。

三是产业体系渐趋完善，集中度大幅提高。当前，我国已形成了结构完整的动力电池产业体系，正负极、电解液、隔膜等产品质量大幅提升，骨干企业成本控制能力增强，国内外市场占有率稳步提高。国产制造装备技术参数达到国际先进水平，自动化生产程度和智能制造能力不断提升。

同时，动力电池产业投资逐渐回归理性。2018 年，我国动力电池规划和在建项目较 2017 年明显减少，盲目扩产项目大幅减少。中国汽车动力电池产业创新联盟数据显示，2018 年，我国实现配套的动力电池企业数量为 93 家，较 2016 年的 144 家减少近一半。

此外，产业头部效应凸显，装车量排名靠前的企业集中度高。2018 年，我国动力电池装车量排名前十的动力电池企业分别为：宁德时代、比亚迪、合肥国轩、力神、孚能科技、比克、亿纬锂能、北京国能、中航锂电、卡耐新能源。其中，装车量排名前 3 的企业共计生产 38GWh，占比为 66.8%；前 5 名企业共计装车 42GWh，占比达 73.8%；排名前 10 位的企业共计装车 47.1GWh，占比高达 82.8%。

不过，在繁荣发展的背后，动力电池产业存在的产品安全、产能结构性过剩、上游材料短缺等问题也日益凸显，行业内相关企业面临的压力和挑战不断加大。

首当其冲的是安全问题。随着现在新能源汽车保有量的不断扩大，起火等事故频发问题备受关注。据统计，2018 年我国发生的新能源汽车起火事件超过 40 起，多起事故的矛头都指向了电池“热失控”问题。

二是关键技术研发水平有待提高。虽然目前中国电池企业在产能比拼中获胜，但下阶段全球竞争的胜负将主要取决于技术研发实力。可是，我国动力电池产业在能量密度、快充及制造技术等方面的成熟度还不是很高，在新兴材料、固态电池等新体系电池及原料电池研发投入方面仍显不足，核心技术专利较为缺乏，成套自动化装备水平不高，动力电池产品一致性、可靠性也有待进一步提升。

三是结构性产能过剩问题仍然存在。当前，我国动力电池行业“高端不足、低端过剩”问题依旧存在，部分动力电池新增产能同质化严重，一批低质、落后的动力电池企业无序扩张，低端产能大量闲置，而高端动力电池企业产能难以满足快速增长的市场需求，高端电池产品供不应求。

四是上游材料短缺成发展掣肘。锂电池的上游原材料主要包括镍钴锰、锂矿和石墨矿，由此构成正负极材料、电解液、电极基材、隔膜等。其中，正极材料是最关键的原材料，直接决定了电池的安全性能和电池能否大型化，同时也是锂电池成本占比最高的材料，约占电芯材料成本的 40%，它用到的最主要原料包括锂矿、钴矿、镍矿和锰矿。我国的锂、锰资源储量较为丰富，但钴、镍都是稀缺资源，尤其是探明的钴资源储量仅占全球总储量的 1.14%，对外依存度高。这直接制约着我国高比能量动力电池的发展。

五是回收利用管理体系尚待完善。我国动力电池的拆解回收和梯次利用产业才刚刚起步，大部分梯次利用项目还处于探索验证阶段，废旧动力电池快速分选重组、性能评价、残值评估等技术在行业内储备不足，且缺乏标准化支撑。同时，目前开展的示范工程投资回报周期较长，成熟可推广的商业模式尚未形成。

综合看来，如何进一步提质降本，推动产品安全性、可靠性的跃升，提高产品国际竞争力，将是我国动力电池产业下阶段发展的关键和重点。

3. 展望未来动力电池技术路线

当前，锂电池是新能源汽车动力电池研发和应用的主流，三元锂电池和磷酸铁锂电池已成为国际各大动力电池企业选择的主要电池类型。未来，新能源汽车的动力电池将朝着安全性和可靠性不断增强、能量密度和功率密度逐步提高、适应性持续增强、成本日渐降低的方向发展。就具体技术路线而言，可能将呈现出高镍三元（NCM811）、硅基负极和全固态电池等技术路线多元发展的格局。

一是高镍三元是大势所趋，NCM811 已成行业未来布局焦点。随着人们对新能源汽车动力电池能量密度、安全性等各项性能要求的不断提高，锂电池不断迭代升级，动力电池步入高镍三元时代已成为一个不争的事实。

在三元材料的各个组分中镍决定电量，钴决定充放电速度，锰决定稳定性，随着镍含量的增加，电池的放电比容量也随之增加，热稳定性和容量保持率有所降低，但随着三元电池安全性的提高与工艺演进，更高镍三元材料是大势所趋。其中，NCM811 电池已成国内动力电池产业未来布局的焦点。

所谓 NCM811 电池，实际是指三元锂电池中正极材料的镍钴锰比例为 8:1:1，其中镍的比例达到了惊人的 8 成。当前，全球主流电池企业已实现高镍三元电池中的 NCM523（镍钴锰比例为 5:2:3）或 NCM622（镍钴锰比例为 6:2:2）的生产，国内普遍使用的三元锂电池为 NCM523。NCM811 电池意味着比此前更高的能量密度、更低的钴含量（钴价昂贵且不稳定），既可增加续航里程又能大幅度降低成本，由此成为国内外主流动力电池企业追捧的对象。

2017 年下半年以来，宁德时代、国轩高科、天津力神、比克动力、鹏辉能源、亿纬锂能等诸多动力电池企业都争相加码 NCM811 电池的研发和生产。同时，包括正极、负极、隔膜、电解液等在内的整个锂电供应链都在向高镍三元发起冲锋。

不过，高镍三元技术路线也并非一马平川。高镍体系在降本提质的同时，也存在循环性能差、高温性能差、工艺控制难等技术难点，这意味着更高的化学活性和更苛刻的工艺环境。加之高镍正极必须搭配技术壁垒极高的硅碳负极、陶瓷隔膜以及高电压电解液等配套材料，才能充分发挥高能量密度的优势，这对电池企业乃至整个供应链都是一个巨大的挑战。

二是硅基负极前景广阔。在传统石墨负极能量密度潜力已充分挖掘的情况下，动力电池要进一步提高能量密度，必须为高容量的高镍正极材料配合使用比容量更高的硅基负极材料。

硅的理论比容量高达4200mAh/g，是传统石墨负极理论比容量372mAh/g的10倍以上，是最具希望的下一代锂离子负极电池材料。硅基材料结合了碳材料高电导率、稳定性及硅材料高容量的优点，发展潜力巨大。未来，随着NCM811电池成为行业主流，硅基负极的需求也将水涨船高，其市场将日益广阔。

值得注意的是，硅基材料制备工艺复杂，导致材料价格较高，现在硅碳负极材料价格一般在20万元/吨以上。当前，国外的日立化成、日本信越、吴宇化学德国等已有较成熟的硅基负极出货，国内也有多家企业涉足硅基负极领域，贝特瑞和杉杉等企业已实现量产，可批量出货。但由于我国电池企业相关技术工艺仍不够成熟，与国外差距较为明显，硅基负极材料还未得到广泛使用。

不过，可以预见的是，随着我国硅基负极材料制备工艺及电池企业对高镍体系掌握的逐步成熟，硅基负极的加工成本会逐渐下行，市场前景将十分广阔。

三是全固态电池是未来锂电池发展的必经之路。全固态电池是一种使用固体正负极和固体电解质，不含任何液态组分，所有材料都由固态材料组成的电池。在各类新型电池体系中，固态电池是距离产业化最近的下一代技术，这已成为业界与学界的共识。

与传统锂电池相比，固态电池具有能量密度高、安全性高、循环寿命长、正负极材料选择范围宽等多重优势。具体而言，主要表现在以下几方面：

安全性高，由于用不可燃的固态电解质替换了易燃、易挥发、有毒性的有机液态溶剂，不存在漏液问题，有望避免锂枝晶的产生，大幅度降低电池燃烧、爆炸的风险；

能量密度高，传统锂电池中隔膜和电解液体积占比40%，固态电解质能大幅缩减电池正负极间距离，提高体积比能量，全固态锂电池能量密度预估最大潜力值可达900Wh/kg；

系统比能量密度高，固态电池电芯内部不含液体，可实现先串并联后组装，形成高电压单体，简化电池外壳及冷却系统模块，有利于提升动力电池系统成组效率和能量密度；

循环寿命长，固态电解质有望避免液态电解质在充放电循环过程中持续形成和生长固体电解质界面膜的问题和锂枝晶刺穿隔膜的问题，将大幅提升金属锂电池的循环性和使用寿命，目前研发的预期寿命是15000—20000次；

正负极材料选择范围宽，可同时兼用金属锂负极和高电势正极材料等新技术，全固态金属锂电池是未来新型电池的研发方向；

工作温度范围宽，全固态电池如果全部采用无机固态电解质，最高操作温度可能将提高到300℃甚至更高；

电化学稳定窗口宽，全固态电池的电化学稳定窗口有可能达到5 V，更适应于高电压型电极材料；

具备薄膜化、柔性化潜力，全固态电池可经过进一步优化变成柔性电池，通过使用适当的封装材料，制成的电池能经受几百到几千次的弯曲而保证性能基本不衰减。此外，经过电池材料结构优化还可制成透明电池，或是拉伸幅度可达300%的可拉伸电池。

就具体技术路线而言，根据固态电解质材料类别，固态电池的发展主要分为3大方向：聚合物、氧化物和硫化物。国际上技术成熟度较高、技术沉淀较深的法国Bolloré、美国Sakti3和日本丰田，这三家企业也分别代表了以聚合物、氧化物和硫化物三大固态电解质的典型技术开发方向。其中，硫化物固态电解质能量密度潜力最大，技术难度也最高，目前大部分企业主要采用氧化物固态电解质。

综合看来，未来固态电池技术总体发展路径或将呈现如下趋势：受制于固/固界面稳定性问题，液态电解质的含量逐步减少，由液态→半固态→固液混合→固态→全固态电池过渡；在全固态锂金属电池发展上，受制于金属锂负极可充性问题，负极材料将从石墨→合金化负极→金属锂负极进行过渡。

从产业布局角度来看，近几年面对新能源汽车对高能量密度、高安全性的需求，市场对全固态电池的关注度不断提高。欧美、日韩等国家和地区涉及动力电池、汽车及能源方面的产业链上众多企业，均在大力布局固态电池的研发和生产。例如，2018 年 4 月，日本宣布启动新一代高效电池“全固体电池”核心技术的开发，丰田、本田、日产、松下等 23 家汽车、电池和材料企业，以及京都大学、日本理化学研究所等 15 家学术机构将共同参与研究，计划到 2022 年全面掌握全固态电池相关技术；2018 年 8 月，大众宣称将自主生产固态电池，可能从 2024 或 2025 年开始批量生产；2018 年 11 月，韩国三大蓄电池厂商 LG 化学、三星 SDI 和 SKI 提出将联手开发固态电池等。

相对而言，中国动力电池企业进入全固态电池领域的时间较晚，主要以科研机构或院校为支撑，但也有部分企业在积极推进固态电池的产业化步伐。例如，2018 年 1 月，比亚迪表示正在积极推进固态电池项目商用；赣锋锂业在 2018 年 3 月宣布正在对固态电池进行广泛试验工作，拟在 2019 年 12 月完成 3 亿元固态锂电池销售；2018 年 7 月，珈伟股份 36Ah 类固态三元软包电池通过国家强检。

总之，在技术水平持续提升与多方布局之下，未来固态电池产业将快速发展，并有望成为行业的新爆发点与关键性技术保障。

需说明的是，NCM811、硅基负极和全固态电池等技术路线成为未来动力电池的主流，并不意味着所有新能源车的电池都将选择上述技术路线。车辆的类型、用途等都会影响其对动力电池技术路线的要求和选择，用于长续驶里程的汽车和中、短续驶里程汽车的动力电池，会选择不同的技术路线。

例如，乘用车对续驶里程最为看重，其对动力电池的能量密度有很高要求，因此在技术路线上会偏向于高镍三元电池，正因如此，当前磷酸铁锂电池因大体积、大质量无法满足乘用车对续驶里程和空间方面的要求，正在逐渐退出乘用车市场；而客车对安全性极为重视，对体积和重量的要求没有乘用车那么苛刻，因而在技术路线的选择上目前仍偏向于安全性好、循环性能佳的磷酸铁锂电池。

二、创新技术打造更聪明的车与路

（一）自动驾驶共性技术与解决方案探析[1]

1. 自动驾驶汽车共性技术

自动驾驶汽车是可以自主行驶的车辆，其核心在于车辆的智能化，即不仅具备传统车辆的加减速、转型等功能，更重要的是在集成了环境感知、行为决策、路径规划、运动控制等系统功能后，能后根据自车信息和行车环境，实现类似人类驾驶的行为。

典型的自动驾驶汽车包括环境感知、行为决策、路径规划、运动控制四大部分。环境感知系统获取并处理环境信息，利用多传感器目标检测与融合等技术，获取周围环境态势，为系统其他部分提供周围环境的关键信息。行为决策系统综合环境及自车信息，使自动驾驶汽车产生安全、合理的驾驶行为，指导运动控制系统对车辆进行控制。行为决策系统还需要根据感知层输出的信息合理决策出当前车辆的行为，并根据不同的行为确定路径规划的约束条件，指导路径规划模块规划出合适的路径、车速等信息，发送给控制层。运动控制系统接收决策规划层的指令并控制车辆响应，保证控制精度，对目标车速、路径等进行跟踪。

（1）环境感知

自动驾驶汽车通过传感器实现对行驶环境的感知和理解。传感器类似于人的眼睛、耳朵等感觉器官，计算平台类似于人的大脑，通过传感

---

1 本节作者：常琳，中国科学院微电子研究所新能源汽车电子中心副主任、副研究员。

器与计算平台的配合，实现人类驾驶员对驾驶环境的判断。

A. 传感器

环境感知通过各种传感器采集周围环境基本信息，是自动驾驶的基础，目前常用的传感器主要包括激光雷达、毫米波雷达、图像传感器、超声波传感器等，每种传感器都具有各自的特点，因此目前的自动驾驶汽车上往往要集成多个传感器，来实现对行驶环境的感知。

● 激光雷达

激光雷达简称 LiDAR，其工作原理是：激光发射器发射脉冲调制光线，观察反射光线，与发射光线间的时间差来计算距离，通过扫描或多股光线同步测量来获得角度信息。速度反应快、探测距离远、精度较高，所以它是目前已知的环境测量方案中测量精度最高的传感器。

从类型上来说，激光雷达可以分为机械激光雷达和固态激光雷达，机械激光雷达带有控制激光发射角度的部件，而固态的则依靠电子部件来控制激光发射角度。相比传统机械式，固态雷达扫描范围更大、响应速度更快，成本也得到了有效控制，可能会成为未来的主流。

机械式激光雷达一般由三个组成部分：第一部分是激光发射器，用来发射激光射线；第二部分是扫描与光学部件，用来收集反射点距离和水平角度；第三部分是感光部件，主要用来检测反射光的强度。

机械式激光雷达工作原理

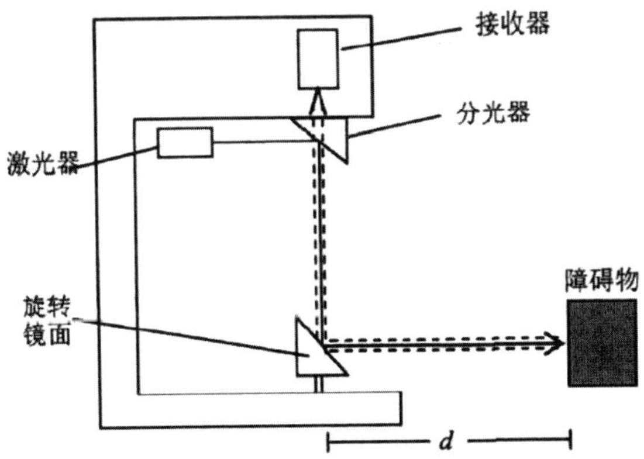

机械式激光雷达虽然测量精度高，但其复杂精密的结构在可靠性和价格上无法满足量产的需求，因此诞生了固态激光雷达。

固态激光雷达主要有三种解决方案，第一种是基于微机电系统（MEMS），整套系统只需一个很小的反射镜就能引导固定的激光束射向不同方向。MEMS 激光雷达的一大优势是传感器可以动态调整自己的扫描模式，以此来聚焦特殊物体，采集更远更小物体的细节信息并对其进行识别，这是传统机械激光雷达无法实现的。

第二种采用相控阵设计，它搭载的一排发射器可以通过调整信号的相对相位来改变激光束的发射方向。如果发射器同步发射激光，激光则会射向同一个方向。不过，如果左侧发射器相位处在右侧之后，激光则会发射向左边，向右发射同理。

第三种是 Flash LiDAR，它运行起来更像摄像头。激光束会直接向各个方向漫射，因此只要一次快闪就能照亮整个场景。随后，系统会利用微型传感器阵列采集不同方向反射回来的激光束。Flash LiDAR 的一大优势是它能快速记录整个场景，避免了扫描过程中目标或激光雷达移动带来的各种麻烦。

根据安装位置的不同，激光雷达分为两大类。一类安装在无人车的四周，另一类安装在无人车的车顶。安装在无人车四周的激光雷达，其激光线束一般小于 8，常见的有单线激光雷达和四线激光雷达。安装在无人车车顶的激光雷达，其激光线束一般不小于 16，常见的有 16/32/64 线激光雷达。激光雷达的线束越多，对物体的检测效果越好，对环境的感知也越精细。

激光雷达扫描得到的数据叫点云数据，一般处理方式是：数据预处理（坐标转换，去噪声等），聚类（根据点云距离或反射强度），提取聚类后的特征，根据特征进行分类等后处理工作。以百度 Apollo 2.5 目前已开放的功能为例，激光雷达可以完成以下工作：

第一，障碍物检测与分割。利用高精度地图限定感兴趣区域（ROI，

Region of Interest）后，基于全卷积深度神经网络学习点云特征并预测障碍物的相关属性，得到前景障碍物检测与分割。

第二，可通行空间检测。利用高精度地图限定 ROI 后，可以对 ROI 内部（比如可行驶道路和交叉口）的点云的高度及连续性信息进行判断点云处是否可通行。

第三，高精度电子地图制图与定位

利用多线激光雷达的点云信息与地图采集车载组合惯导的信息，进行高精地图制作。自动驾驶汽车利用激光点云信息与高精度地图匹配，以此实现高精度定位。

第四，障碍物轨迹预测。根据激光雷达的感知数据与障碍物所在车道的拓扑关系（道路连接关系）进行障碍物的轨迹预测，以此作为无人车规划（避障、换道、超车等）的判断依据。

● 毫米波雷达

毫米波雷达是指工作在毫米波波段的雷达，工作频率通常选在 30—300GHz 范围内，由于毫米波的波长介于厘米波和光波之间，因此毫米波兼有微波制导和光电制导的优点，其抗干扰能力也优于其他传感器。

毫米波雷达在自动驾驶中使用非常广泛，主要用于对道路车辆的检测，检测速度快、准确，不易受到天气影响，对车道线交通标志等无法检测。毫米波雷达由芯片、天线、算法共同组成，基本原理是发射一束电磁波，观察回波与入射波的差异来计算距离、速度等。成像精度的衡量指标为距离探测精度、角分辨率、速度差分辨率。毫米波频率越高，带宽越宽，成像约精细。

毫米波雷达测速和普通雷达一样，有两种方式，一个基于 dopler 原理，就是当发射的电磁波和被探测目标有相对移动时，回波的频率会和发射波的频率不同。通过检测这个频率差可以测得目标相对于雷达的移动速度。但是这种方法无法探测切向速度，第二种方法就是通过跟踪位置，进行微分得到速度。

毫米波雷达分为长距雷达（LRR）和短距雷达（SRR），由于毫米波在大气中衰减弱，所以可以探测感知到更远的距离，其中长距雷达可以实现超过 200m 的感知与探测。短距雷达 SRR 是一种超宽频的脉冲雷达，可以在一个 24GHz 的载波频率上运行。它主要安装在汽车车身的边缘区域，用来探测靠近汽车的物体，也可以用来监控汽车的后方区域。目前主要应用在停车辅助、盲点检测、并线辅助、防撞系统等。ACC 系统中的启停控制功能也会用到。长距雷达 LRR 的工作频段通常是 77GHz，探测范围是 150—200m，通常被安装在前保险杠的中间，主要用于正面防撞。有时也被安装在保险杠上，或者两个长距雷达同时安装在前保险杠上。目前主要应用于 ACC 系统。通常来说，为了满足不同距离范围的探测需求，车辆上会安装多个短距、长距毫米波雷达。

● 图像传感器

对于既能使用雷达也能使用图像传感器的应用场合，图像传感器是成本较低的传感解决方案。图像传感器通常分为单目摄像头和双目摄像头两种，通常情况下单目车载摄像头的视角为 50°—60°，可视距离为 100—200m。而双目摄像头能够通过模拟人类的视觉成像方式进行 3D 成像，比较两个摄像头获得的不同图像信号，识别物体更可靠，通过算法得出物体的距离、速度信息等。

与激光雷达相比，图像传感器能在白天使用自然光；可以识别汽车、交通灯的颜色；在光照充足的条件下，可以识别很远的物体，有更高的分辨率，而且成本较低。但是它也存在一些缺点，比如容易受到雨雪天气和光照的影响，光照的变化对其识别精度的影响较大，而且目前的摄像头技术对于静态图像中的远方物体难以识别。

摄像头由镜头、镜头模组、滤光片、CMOS/CCD、ISP、数据传输部分组成。光线经过光学镜头和滤光片后聚焦到传感器上，通过 CMOS 或 CCD 集成电路将光信号转换成电信号，再由图像处理器 ISP 转换成标准的 RAW 等格式的数字图像信号，通过数据传输接口传到计算机端。

图像传感器的安装位置有前视、侧视、后视和内置。主要用于前向碰撞预警系统、车道偏离警示系统、交通标志识别系统、停车辅助系统、盲点侦测系统。

● 超声波传感器

超声波雷达是利用声波的传播来提取环境信息的。首先发出高频声波，并且接收物体反射来的回波，最后计算从发送信号到收到回波的时间间隔，从而确定物体的距离。

超声波雷达的成本较低，重量轻，功耗低，但是探测距离很近，适合测量 0.2—4m 左右的距离，已经被广泛应用于倒车雷达中。

自动驾驶车辆感知环境的传感器繁多，不同传感器的原理、功能各不相同，在不同的使用场景里可以发挥各自优势，难以互相替代。比如，激光雷达安装在车顶，那么车辆底部是无法测量的圆形区域。未来要实现智能驾驶、无人驾驶，仅靠单一的传感器是无法实现的。一个重要的趋势是将不同的传感器融合在一起，使传感器之间可以优势互补，最终提升精确性。

自动驾驶传感器性能参数比较

性能参数 \ 测量方式	短程雷达	远程雷达	激光雷达	超声波	单目摄像头	双目摄像头	远红外摄像头
测量距离 < 2m	○	○	○	++	-	++	-
测量距离2—30m	+	++	++	-	-	○	-
测量距离30—150m	N.A.	++	+	-	○	○	-
测量角度 < 10°	+	+	++	-	++	+	++
测量角度 > 30°	○	-	++	○	++	+	++
具有角度分辨率	○	○	++	-	++	+	++
直接速度测量	++	++	-	○	-	-	-
雨天测量	++	+	○	○	○	○	○
雾雪天测量	++	++	-	+	-	-	○
探头污染后测量	++	++		++	-	-	-
夜视	N.A.	N.A.	N.A.	N.A.	-	○	++

++：非常适合　+：适合　○：可行　-：不可行　N.A.：不适用

B. 计算平台

计算平台可以称之为自动驾驶的大脑，能否提供同时满足经济性和性能要求的计算平台，是自动驾驶能否从样车转向量产车的关键因素之一。随着自动驾驶汽车的愈演愈烈，世界上主流的半导体厂商都推出了面向自动驾驶的车载处理器，为今后从 ADAS 到自动驾驶高级别应用提供了丰富的计算资源，主要的计算平台有：

● 英特尔：Mobileye + Altera + Movidius

英特尔在自动驾驶领域主要是通过并购来完成布局：2015 年 6 月 167.5 亿美元收购 FPGA 巨头 Altera；2016 年 9 月收购计算机视觉处理芯片公司 Movidius；2017 年 3 月 153 亿美元收购以色列自动驾驶汽车技术公司 Mobileye。

通过上述收购，英特尔在自动驾驶处理器上的布局已较完善，包括 Mobileye 的 EyeQ 系列芯片（ASIC）、Altera 的 FPGA 芯片、Movidius 的视觉处理单元 VPU，以及英特尔的 CPU 处理器，可以形成自动驾驶的整体硬件解决方案。

EyeQ1：Mobileye 的 EyeQ 系列芯片最初是和意法半导体公司共同开发，第一代芯片 EyeQ1 从 2004 年开始研发，2008 年上市。

EyeQ2：EyeQ2 则于 2010 年上市。最初的两代产品仅提供 L1 辅助驾驶功能，EyeQ1 的算力约 0.0044Tops，EyeQ2 则约 0.026Tops，功耗均为 2.5W。

EyeQ3：2014 年量产的 EyeQ3 基于其自主 ASIC 架构自行开发，使用了 4 颗 MIPS 核心处理器、4 颗 VMP 芯片，每秒浮点运算为 0.256 万亿次，功耗为 2.5W，可以支持 L2 高级辅助驾驶计算需求。

EyeQ4：第四代 EyeQ4 芯片在 2015 年发布，2018 年量产上市，采用 28nm 工艺。EyeQ4 使用了 5 颗核心处理器（4 颗 MIPSi-class 核心和 1 颗 MIPSm-class 核心）、6 颗 VMP 芯片、2 颗 MPC 核心和 2 颗 PMA 核心，可以同时处理 8 部摄像头产生的图像数据，每秒浮点运算可达 2.5 万亿次，功耗为 3W，最高可实现 L3 级半自动驾驶功能。

EyeQ5：Mobileye 的下一代 EyeQ5 计划于 2018 年出工程样品，2020 年实现量产，将采用 7nmFinFET 工艺。该产品对标 Nvidia 的 DriveXavier 芯片，定位于 L4/L5 全面自动驾驶计算需求。单颗芯片的浮点运算能力为 12Tops，TDP 是 5W。EyeQ5 系统采用了双路 CPU，使用了 8 颗核心处理器、18 核视觉处理器，浮点运算能力为 24Tops，TDP 是 10W。

● 英伟达

英伟达在 CES2016 推出了 Drive PX 2 车载电脑，号称自动驾驶汽车中全球首款智能超级电脑。

Drive PX 2 采用 12 核 CPU，包含两颗新一代 NVIDIA Tegra 处理器（共 8 个 A57 核心和 4 个 Denver 核心）和两颗基于 NVIDIA Pascal 架构的新一代 GPU，采用 16nm FinFET 工艺。单精度计算能力达到 8TFlops，超越 TITAN X，而深度学习的计算能力更是远超后者，官方 TDP 是 250W。

英伟达认为，正确设计的自动驾驶汽车需要强大的处理能力来管理传感器、控制器以及学着实现完全自动。PX2 计算机可以处理 12 个视频摄像头、光学遥感技术、无线电探测器以及超声波传感器。Drive PX 2 还具备深度学习功能，也就是说，在路上行驶得越多，它也会越智能、能够应付越多的路面状况。

要实现自动驾驶，除强大的硬件平台外，还需要全面的软件开发环境。为此，NVIDIA 推出了 DriveWorks，可高效管理传感器生成的数据流，从对象识别、分类、图像分割到地图定位与路径规划，为自动驾驶汽车的开发和测试提供全面快速的工具支持。

作为 Drive PX 2 的继承者，XAVIER 与 Drive PX 2 的计算平台不同，XAVIER 是一个独立完整的 SOC（Drive PX 2 Autochuaffer 上搭载了 2 个 NVIDIA Parker SOC 并单独配备了 2 个 Pascal 架构 CPU）。在配置方面，Xavier 基于一个特别定制的 8 核 CPU、一个全新的 512 核 Volta GPU、一个全新深度学习加速器、全新计算机视觉加速器、以及全新 8K

HDR 视频处理器而打造。每秒可运行 30 万亿次计算，功耗仅为 30W，能效比上一代架构高出 15 倍，可以满足 L3/L4 自动驾驶的计算需求。

Drive PX Pegasus 是英伟达针对 L5 级全自动驾驶出租车的 AI 处理器，搭载了两个 Xavier SoC 处理器。SoC 上集成的 CPU 也从 8 核变成了 16 核，同时增加了 2 块独立 GPU。计算速度达到 320Tops，相当于 PX Xavier 的 10 倍，算力能够支持 L5 完全自动驾驶系统，但其功耗也达到了 500W。预计首批样品将于 2018 年年中交付客户。

● 高通 & 恩智浦 NXP

作为移动通信领域的绝对龙头，高通一直希望通过自己的移动处理器芯片（改成车规级）切入汽车电子领域。在 2016 年初 CES 上，高通就发布了整合 LTE 数据机和机器智能的 Snapdragon 820 车用系列产品。这个系列产品包含了高通的 Zeroth 机器智能平台，旨在协助汽车制造商使用神经网络为 ADAS 和车载资讯娱乐系统创建基于深度学习的解决方案。但目前车厂设计订单还限于资讯娱乐功能；国内 ADAS 厂商纵目科技在 2017 年 CES 上推出了首个基于 820A 平台并运用深度学习的 ADAS 产品原型，12 月正式发布。据悉，目前这款产品已经进入量产前的验证阶段，预计将于 2019 年量产。

作为汽车电子龙头厂商，恩智浦在自动驾驶方向的积累相比高通则深厚很多。2016 年 5 月恩智浦发布了 BlueBox 平台，该平台集成 S32V234 汽车视觉和传感器融合处理器、S2084A 嵌入式计算处理器和 S32R27 雷达微控制器，能够为汽车制造商提供 L4 级自动驾驶计算解决方案。其中，S32V234 是 NXP 的 S32V 系列产品中 2015 年推出的 ADAS 处理芯片，在 BlueBox 平台上负责视觉数据处理、多传感器融合数据处理以及机器学习。这款芯片拥有 CPU（4 颗 ARM CortexA53 和 1 颗 M4）、3D GPU（GC3000）和视觉加速单元（2 颗 APEX-2vision accelerator），能同时支持 4 路摄像头，GPU 能实时 3D 建模，计算能力为 50GFLOPs。同时，S32V234 芯片预留了支持毫米波雷达、激光雷达、超声波的接口，可实现多传感器数据融合，最高可支持 ISO26262 ASIL-C 标准。

恩智浦还有一款专门的雷达信息处理芯片 MPC577XK。这是一款面向 ADAS 应用的 Qorivva32 位 MCU，基于 Power 架构，能够支持自适应巡航控制、智能大灯控制、车道偏离警告和盲点探测等应用。

● 瑞萨 Renesas

与恩智浦类似，瑞萨在 2017 年 4 月也发布了一个 ADAS 及自动驾驶平台 Renesas Autonomy，主打开放策略，目的在于吸引更多一级供应商以扩大生态系统。同时发布的还有 R-CarV3M SoC，该芯片配有 2 颗 ARM CortexA53、双 CortexR7 锁步内核和 1 个集成 ISP，可满足符合 ASIL-C 级别功能安全的硬件要求，能够在智能摄像头、全景环视系统和雷达等多项 ADAS 应用中进行扩展。据介绍，R-CarV3M SoC 的样品于 2017 年 12 月开始供货，计划于 2019 年 6 月开始量产。

从瑞萨的芯片系列来看，R–Car 系列是其在自动驾驶方向的主要产品线：

第一代产品（R-CarH1/M1A/E1）在 2011—2012 年期间推出，可支持初级的巡航功能；

第二代产品（R-CarH2/M2/E2）相比第一代性能基本翻倍，可支持 360° 环视等 ADAS 功能；

第三代产品（R–CarH3/M3）在 2015 年以后陆续推出，符合 ASIL-B 级安全要求；同时期推出的还有 R-CarV3M、R-CarV2H 等 ASSP 处理器，这类产品基本可支持 L2 等级的自动驾驶应用需求。

除了 R-Car 系列产品外，跟恩智浦一样，瑞萨也有针对雷达传感器的专业处理器芯片如 RH850/V1R-M 系列，该产品采用 40nm 内嵌 eFlash 技术，优化的 DSP 能快速地进行 FFT 的处理。

● 德州仪器 TI

TI 在 ADAS 处理芯片上的产品线主要是 TDAx 系列，目前有

TDA2x、TDA3x、TDA2Eco 等三款芯片。

TDA2x：TDA2x 于 2013 年 10 月发布，主要面向中到中高级市场，配置了 2 颗 ARM Cortex-A15 内核与 4 颗 Cortex-M4 内核、2 颗 TI 定浮点 C66xDSP 内核、4 颗 EVE 视觉加速器核心，以及双核 3DGPU。TDA2x 主要是前置摄像头信息处理，包括车道报警、防撞检测、自适应巡航以及自动泊车系统等，也可以出来多传感器融合数据。

TDA3x：TDA3x 于 2014 年 10 月发布，主要面向中到中低级市场。其缩减了包括双核 A15 及 SGX544GPU，保留 C66xDSP 及 EVE 视觉加速器核心。从功能上看，TDA3x 主要应用在后置摄像头、2D 或 2.5D 环视等。

TDA2Eco：TDA2Eco 是 2015 年发布的另一款面向中低级市场的 ADAS 处理器，相比于 TDA2x，TDA2Eco 去掉了 EVE 加速器，保留了一颗 Cortex-A15、4 颗 Cortex-M4、DSP、GPU 等内核。TDA2Eco 支持高清 3D 全景环视，由于 TDA3x 主要应用于 2D 或 2.5D 环视，所以 TDA2Eco 满足了中低级市场对于高清 3D 全景环视应用的需求。

● ADI

相对于以上几家芯片公司，ADI 在 ADAS 芯片上的策略主打性价比。针对高、中、低档汽车，ADI 针对性的推出一项或几项 ADAS 技术进行实现，降低成本。

在视觉 ADAS 上 ADI 的 Blackfin 系列处理器被广泛地采用，其中低端系统基于 BF592，实现 LDW 功能；中端系统基于 BF53x/ BF54x/ BF561，实现 LDW/ HBLB/ TSR 等功能；高端系统基于 BF60x，采用了流水线视觉处理器（PVP），实现了 LDW/ HBLB/ TSR/ FCW/ PD 等功能。集成的视觉预处理器能够显著减轻处理器的负担，从而降低对处理器的性能要求。

● 英飞凌 Infineon

英飞凌在 2015 年针对 ADAS 市场推出过芯片组 Real 33D，可实现司机疲劳检测等功能。而在奥迪新 A8 使用的 zFAS 自动驾驶计算单元中，也使用了英飞凌提供的 Aurix 芯片，A8 最关键的 TrafficJam Pilot，是由这块芯片最终实现的。

● 东芝（Toshiba）

2017 年 7 月东芝宣布与日本电装共同推出基于视频的主动安全系统。该系统配备了东芝最新的 Visconti 4 自动驾驶专用芯片，Visconti 4 内置 8 个多媒体处理核，能够同时执行 8 种应用，专门为自动驾驶视频应用做了优化，识别速度从 100 毫秒缩短到 50 毫秒，只用 Visconti 4 就可以构建出车道偏离警告、前后方防撞警告、前后方行人防撞警告、交通标识与信号识别等功能。电装在 2015 年就开始将 Visconti 2 应用在辅助驾驶上，除了核数翻倍，Visconti 4 在行人识别算法上也比前一代改善很多，采用增强型 CoHOG 识别算法的 Visconti4，极大提升了在阴暗场景下对行人和骑自行车者的识别能力。

● Xilinx（赛灵思）

在汽车 ADAS 上，Xilinx 最被广泛应用的产品是 Zynq®-7000 All Programmable SoC。该系统（SoC）平台可帮助系统厂商加快在环绕视觉、3D 环绕视觉、后视摄像头、动态校准、行人检测、后视车道偏离警告和盲区检测等 ADAS 应用的开发时间。Zynq 采用单一芯片即可完成 ADAS 解决方案 的开发。

Xilinx（赛灵思）也与西门子业务部 Mentor 合作，推出了 DRS360 自动驾驶平台。

● 意法半导体（ST）

意法半导体在 2017 年还推出了业界首款集成专用全隔离硬件安全模块（HSM）的车载微处理器 Telemaco3P。发展车联网的一大障碍即信息安全，对于汽车这样高速移动的庞然大物，如果被黑客入侵或干扰通信，后果可能是灾难性的。所以无论是移动影音娱乐、基于地理信息的救援服务，还是最近火爆的软件空中更新（OTA），这些功能普及的基础在于汽车能否及时有效安全地传递信息。HSM 对接收到的外部信息进行检查与安全认证，未经安全认证的信息与外部设备均不能与被保护模块通信，Telemaco3P 对外发出的信息也经 HSM 加密，采用专用硬件模块来对进行安全管理，将极大提升车载通信安全。

另外，ST 与 Mobileye 合作开发的机器视觉芯片 EyeQ5 装备了 8 枚多线程 CPU 内核，搭载 18 枚 Mobileye 的下 一代视觉处理器。

C. 高精地图

无论是 L2+ 还是 L5 级别的自动驾驶，都离不开高精度激光雷达地图。高清地图使车辆能够超越驾驶员的视野，提供前方道路的准确表示和周围环境的信息。虽然不限于在自动驾驶车辆内使用，但该技术对于具有自动化功能的车辆特别有益。因此，高清地图信息对自动驾驶的成功至关重要。

相比服务于 GPS 导航系统的传统地图而言，高精地图首先是要路面特征的高度精准，其次是路沿、隔离栅、人行道、交通标志等道路附属物的尽量全面的信息。最后是实时性，要尽可能地升级地图信息。

虽然自动驾驶车辆不仅仅依赖于高清地图，但该技术可以显著地增强自动驾驶功能及特点。没有高清地图，较低级别的自动驾驶汽车可以正常工作，但是并不安全或平稳。

对于当今市场上许多车辆通过先进的驾驶辅助系统（ADAS）提供低水平的自动化。高清地图不仅限于自动驾驶，还可以用于实现广泛的 ADAS 应用，如预测动力总成控制、高速公路领航系统和自适应巡航控制系统。

目前的自动驾驶汽车配备有多种传感器，可识别道路标志、其他车辆和道路上的意外障碍物等。如果传感器被弄脏或者受到恶劣天气的影响，地图可作为额外的传感层可以消除围绕 ADAS 的一些不确定因素。

理想情况下，高清地图应与车辆内的其他联网功能集成。各大图商目前正在利用车内各种传感器（包括摄像头）的观测结果，为了进一步改进高清地图。其目标是提高自动驾驶车辆的感知能力，并提供关于它在道路上位置的精确信息，也就是我们所说的“环境感知”。

（2）行为决策

自动驾驶汽车行为决策系统的目标是使车辆像熟练的驾驶员一样产生安全、合理的驾驶行为。其设计准则可总结为：良好的系统实时性；安全性最高优先级（车辆具备防碰撞、紧急避障、故障检测等功能）；合理的行车效率优先级；结合用户需求的决策能力（用户对全局路径变更、安全和效率优先级变更等）；乘员舒适性（车辆转向稳定性、平顺性等）。

对于适用于城市道路和高速公路工况的行为决策系统，设计准则还包括：右侧车道通行优先；保持车道优先；速度限制；交通标志及交通信号灯限制等。

自动驾驶汽车行为决策的上层是环境感知，输入的信息包括：各传感器及传感器融合信息、自车位置信息、精细地图信息。其下层是路径规划模块，为路径规划提供数据支持。

自动驾驶汽车行为决策主要有基于规则和基于学习算法两大类。

A. 基于规则的行为决策

基于规则的行为决策，即将自动驾驶车辆的行为进行划分，根据行驶规则、知识、经验、交通法规等建立行为规则库，根据不同的环境信息划分车辆状态，按照规则逻辑确定车辆行为的方法。

基于规则的行为决策方法中最具代表性的是有限状态机法，其因逻辑清晰、实用性强等特点得到广泛应用。有限状态机是一种离散输入、输出系统的数学模型。它由有限个状态组成，当前状态接收事件，并产生相应的动作，引起状态的转移。状态、事件、转移、动作是有限状态机的四大要素。

有限状态机的核心在于状态分解。根据状态分解的连接逻辑，将其分为串联式、并联式、混联式 3 种体系架构。

串联式结构的有限状态机系统，其子状态按照串联结构连接，状态转移大多为单向，不构成环路，如下图所示：

串联式行为决策系统

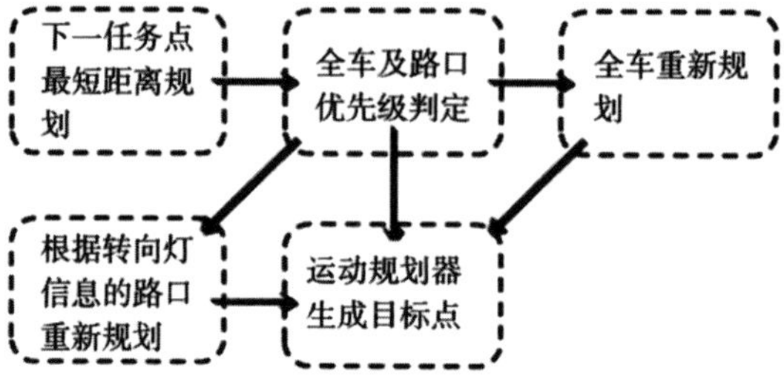

并联式结构中各子状态输入、输出呈现多节点连接结构，根据不同输入信息，可直接进入不同子状态进行处理并提供输出。如下图所示：

并联式行为决策系统

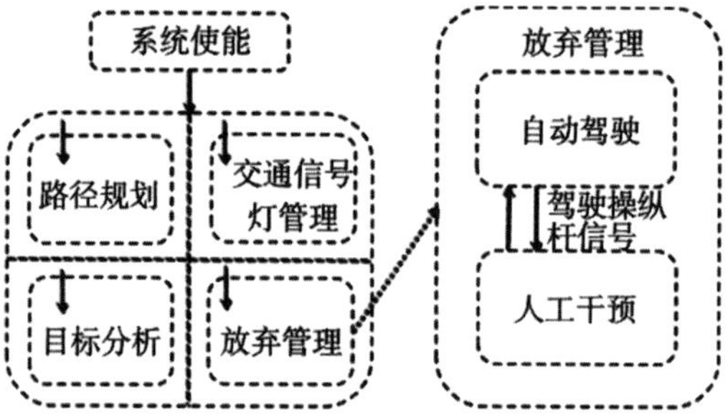

如果一个有限状态机系统下的子状态中既存在串联连接，又存在并联连接，则称这个系统具有混联结构。如下图所示：

混联式行为决策系统

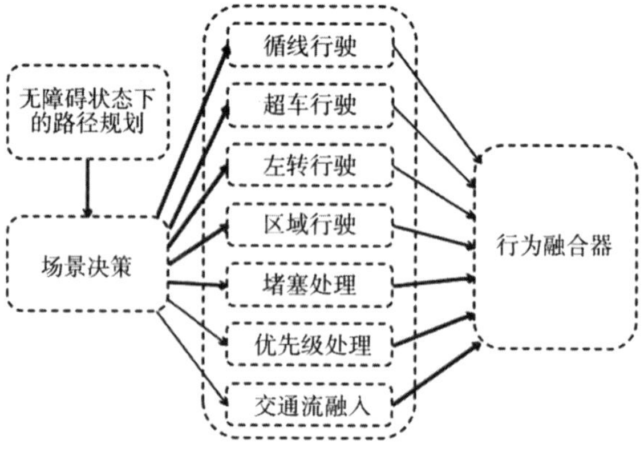

B. 基于学习的行为决策

基于学习算法的行为决策，即通过对环境样本进行自主学习，由数据驱动建立行为规则库，利用不同的学习方法与网络结构，根据不同的环境信息直接进行行为匹配，输出决策行为的方法，以深度学习的相关方法及决策树等各类机器学习方法为代表。

● 深度学习方法

深度学习方法因其在建模现实问题上极强的灵活性，近年来被许多专家、学者应用于无人车决策系统。

NVIDIA 研发的无人驾驶车辆系统架构是一种典型架构，其采用端到端卷积神经网络进行决策处理，使决策系统大幅简化。系统直接输入由相机获得的各帧图像，经由神经网络决策后直接输出车辆目标转向盘转角。

NVIDIA 无人车决策系统训练模型

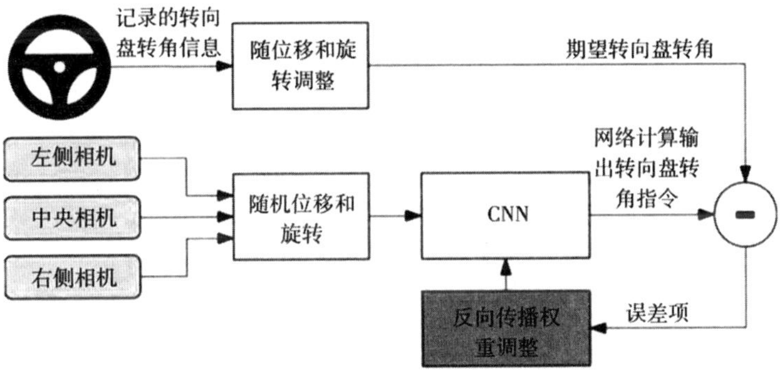

该系统使用 NVIDIA DevBox 作处理器，用 Torch 7 作为系统框架进行训练，工作时每秒处理 30 帧数据，其训练系统框架如上图所示。图像输入到卷积神经网络（Convolutional Neural Networks，CNN）计算转向控制命令，将预测的转向控制命令与理想的控制命令相比较，然后调整 CNN 模型的权值使得预测值尽可能接近理想值。权值调整由机器学习库 Torch 7 的反向传播算法完成。训练完成后，模型可以利用中心的单个摄像机数据生成转向控制命令。

深度学习系统网络结构共 9 层，包括 1 个归一化层、5 个卷积层和 3 个全连接层。输入图像被映射到 YUV 颜色空间，然后传入网络。

仿真结果表明，其神经网络能完整地学习保持车道驾驶的任务，而不需要人工将任务分解为车道检测、语义识别、路径规划和车辆控制等。CNN 模型可以从稀疏的训练信号（只有转向控制命令）中学到有意义的道路特征，100h 以内的少量训练数据就足以完成在各种条件下操控车辆的训练。

● 决策树学习方法

决策树法为机器学习理论中一种具有代表性的方法，中国科技大学的智能驾驶 Ⅱ 号将其用于决策系统。其应用的 ID3 决策树法适用于多种具体工况，如路口、U 形弯工况等，其先由顶层有限状态机决策出具体场景，再进入决策树进行相应的计算。

基于 ID3 算法的行为决策树

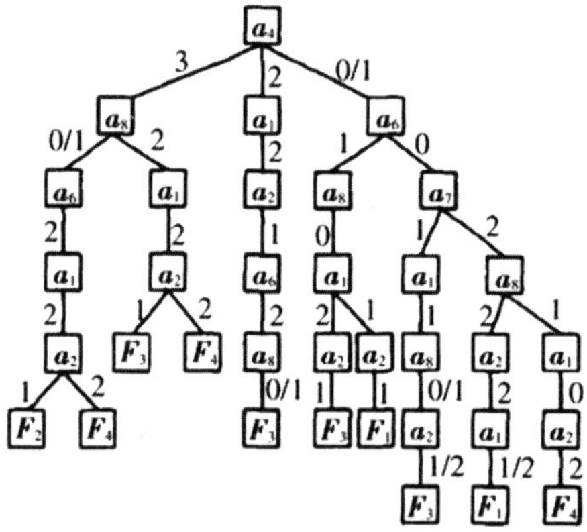

以十字路口工况为例，首先确定当前工况的条件属性（即系统输入，如自车车速、干扰车车速等）和决策属性（即系统输出，如加速直行、停车让行等）。选取若干样本数据进行基于灰关联熵的条件属性影响分析，获得如上图所示的基于 ID3 算法的行为决策树。

该行为决策树即机器通过学习后自主获得的行为规则库的一种表现形式。无人车运行时，将驾驶环境信息转化成条件属性，交由决策树进行计算，最终得出决策指令，指导自动驾驶汽车的行为操作。

ID3 决策树法具有知识自动获取、准确表达、结构清晰简明的优点，其缺点同样明显，即对于大量数据获取的难度较大，数据可靠性不足，数据离散化处理后精度不足。

实车应用是对决策系统的基本要求。现阶段，有限状态机法作为基于规则的代表方法，已经较为成熟并广泛应用于国内外诸多无人车上。基于学习算法的决策算法，如深度学习相关方法、决策树法、粗糙集理论等学习算法近年来发展迅速，亦具有很多相关应用实例并取得很好效果。

在功能复杂程度上，现阶段的有限状态机决策技术除实现简单的循线行驶、车道保持、紧急避障等功能外，也可实现较为复杂的组合功能，如路口处理、自主泊车，乃至一定工况范围内的长距离自主驾驶。状态机方法可并行遍历多个场景，且擅长在特定场景内对任务进行拆分决策。而现阶段学习算法的功能应用依赖于训练集的丰富程度，一般在指定工况与任务下效果较好，多场景与多任务协调能力仍相对较差。

在应用场景的复杂程度上，现阶段的有限状态机决策技术可以适应复杂的综合城市环境，其优势在于场景广度的遍历。Boss、Junior、Odin 等在 DARPA 无人车挑战赛中于 6 h 内完成 96 km 的路测，其场景完全还原了真实城市道路环境，需要车辆与其他车辆交互、避让，同时遵守交通规则，具有很高的环境复杂度。而学习算法更加着重于场景深度的遍历，对于同一场景下的各种细微变化更加应变自如。

在决策结果的正确性上，学习算法与规则算法各有优势，在实现较高的功能复杂度和适应较高场景复杂度的基础上，两种算法均能够保证决策系统的正确性，完成相应的行驶任务。但对于复杂工况，规则算法面临状态划分界限确定问题。学习算法需要遍历程度高的数据作为支持。

在系统复杂性上，基于学习的算法舍弃了规则算法的层级架构，更加简洁直接，大幅简化了决策系统结构。规则算法面临复杂工况，不可避免因遍历工况、完善逻辑而导致算法规模庞大冗杂。并且对于复杂工况下算法性能的提高问题，规则算法因其逻辑结构问题，难以大幅提升，存在瓶颈。

基于规则和基于学习算法的行为决策技术各自具备较为鲜明的优缺点。未来自动驾驶汽车行为决策系统将更多地采用规则算法与学习算法结合的方式。顶层采用有限状态机，根据场景进行层级遍历；底层采用学习算法，基于具体场景分模块应用，可发挥学习算法优势，简化算法结构、增强场景遍历的深度，并可减小数据依赖量，保证决策结果的鲁棒性与正确性。

（3）路径规划

路径规划是自动驾驶汽车的又一共性关键技术，可分为局部路径规划和全局路径规划。

全局路径规划的任务是根据全局地图数据库信息规划出自起始点至目标点的一条无碰撞、可通过的路径。目前正在研究的有准结构化道路环境多种约束条件下的路径规划技术，自然地形环境下的路径规划技术，以及重规划技术等。由于全局路径规划所生成的路径只能是从起始点到目标点的粗略路径，并没有考虑路径的方向、宽度、曲率、道路交叉以及路障等细节信息，加之自动驾驶汽车在行驶过程中受局部环境和自身状态的不确定性的影响，会遇到各种不可测的情况。因此，在自动驾驶汽车的行驶过程中，必须以局部环境信息和自身状态信息为基础，规划出一段无碰撞的理想局部路径，这就是局部路径规划。通常路径规划的方法有：空间搜索法、层次法、动作行为法、势场域法、栅格法、模糊逻辑法和神经网络法等。

自动驾驶汽车路径规划任务可以分为三层，如下图所示，每层执行不同任务，包括上层路径规划、中层行驶行为规划和下层轨迹规划。车辆路径规划问题中还包括路网模型、路径规划算法和交通信息的智能预测这几个关键点。

自动驾驶汽车路径规划示意图

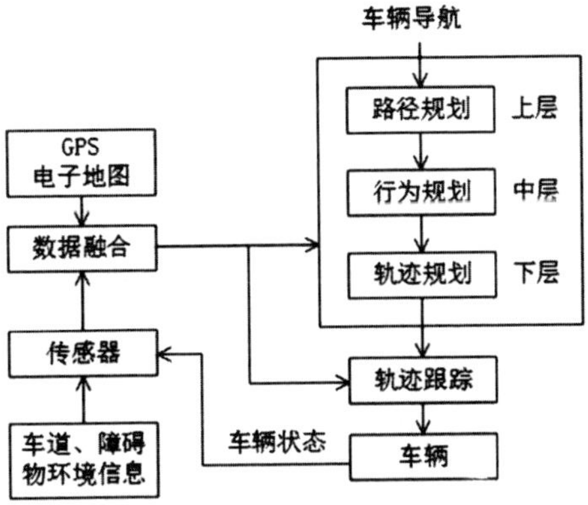

根据车辆导航系统的研究历程，路径规划算法可分为静态路径规划算法和动态路径算法。静态路径规划是以物理地理信息和交通规则等条件为约束来寻求最短路径，静态路径规划算法已日趋成熟，相对比较简单，但对于实际的交通状况来说，其应用意义不大。动态路径规划是在静态路径规划的基础上，结合实时的交通信息对预先规划好的最优行车路线进行适时的调整直至到达目的地最终得到最优路径。下面介绍几种常见的车辆路径规划算法。

● Dijkstra 算法

Dijkstra（迪杰斯特拉）算法是最短路径算法的经典算法之一，由 E.W.Dijkstra 在 1959 年提出的。该算法适于计算道路权值均为非负的最短路径问题，可以给出图中某一节点到其他所有节点的最短路径，以思路清晰，搜索准确见长。相对地，由于输入为大型稀疏矩阵，又具有耗时长，占用空间大的缺点。其算法复杂度为 O (n)，n 为节点个数。

● Lee 算法

Lee 算法最早用于印刷电路和集成电路的路径追踪，与 Dijkstra 算法相比更适合用于数据随时变化的道路路径规划，而且其运行代价要小于 Dijkstra 算法。只要最佳路径存在，该算法就能够找到最佳优化路径。Lee 算法的复杂度很难表示，而且对于多图层的路径规划则需要很大的空间。

● Floyd 算法

Floyd 算法是由 Floyd 于 1962 年提出的，是一种计算图中任意两点间的最短距离的算法。可以正确处理有向图或负权的最短路径问题，同时也被用于计算有向图的传递闭包，Floyd-Warshall 算法的时间复杂度为 O (n)，空间复杂度为 O (n)，n 为节点个数。与对每一节点作一次 Dijkstra 算法的时间复杂度相同，但是实际的运算效果比 Dijkstra 算法要好。

● 启发式搜索算法—— A* 算法

启发式搜索有很多的算法，如：局部择优搜索法、最好优先搜索法、A* 算法等。其中 A* 算法是由 Hart、Nilsson、Raphael 等人首先提出的，算法通过引入估价函数，加快了搜索速度，提高了局部择优算法搜索的精度，从而得到广泛的应用，是当前较为流行的最短路算法。A* 算法所占用的存储空间少于 Dijkstra 算法。其时间复杂度为 O (bd)，b 为节点的平均出度数，d 为从起点到终点的最短路径的搜索深度。

● 双向搜索算法

双向搜索算法由 Dantzig 提出的基本思想，Nicholson 正式提出算法。该算法在从起点开始寻找最短路径的同时也从终点开始向前进行路径搜索，最佳效果是二者在中间点汇合，这样可缩短搜索时间。但是如果终止规则不合适，该算法极有可能使搜索时间增加 1 倍，即两个方向都搜索到最后才终止。

● 蚁群算法

蚁群算法是由意大利学者 M.Dorigo 等于 1991 年提出的，它是一种随机搜索算法，是在对大自然中蚁群集体行为的研究基础上总结归纳出的一种优化算法，具有较强的鲁棒性，而且易于与其他方法相结合，蚁群算法的复杂度要优于 Dijkstra 算法。

此外，还有实时启发式搜索算法、基于分层路网的搜索算法、神经网络、遗传算法及模糊理论等，由于实际需求不同对算法的要求和侧重点也会有所不用，所以也出现了许多以上算法的各种改进算法。大多数算法应用于求解车辆路径规划问题时都会存在一定的缺陷，所以目前的研究侧重于利用多种算法融合来构造混合算法。

（4）运动控制

自动驾驶汽车运动控制技术指的是通过合适的控制策略使得车辆平台跟随行为决策层输出的目标轨迹进行运动。车辆平台的运动控制可以分解为纵向速度控制和横向控制两部分，两者之间存在着一定的耦合关系，但是可以通过解耦的方式对其分别进行控制。因为目前多数智能汽车是面向有乘客设计的，所以控制算法必须充分考虑车内乘客的舒适度。

A. 纵向控制模型及算法

自动驾驶汽车的纵向运动控制就是通过对车辆的刹车和油门进行控制进而控制车辆的行驶速度。由于刹车和油门的控制之间存在着互斥的逻辑关系，因而纵向控制算法可以分解为油门控制算法、刹车控制算法和控制切换算法。

● 油门控制算法

自动驾驶汽车在行驶的过程中会遇到多种道路状况，主要分为平坦道路和起伏式道路。相比平坦道路，在起伏式道路环境下，油门的控制会出现较大的控制误差，比如在上坡时，同样的油门开度，汽车的行驶速度会明显低于期望速度，而在下坡时，车辆的行驶速度又会超过期望速度。因而在设计车辆速度控制算法时，必须将道路的坡度信息考虑在内。

油门控制算法

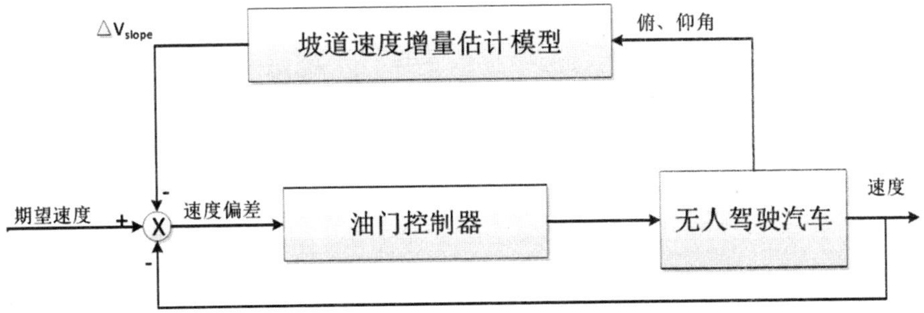

● 刹车控制算法

为了保证车内乘客的乘坐舒适度，制动控制算法应接近人工驾驶时的制动习惯。人工驾驶时，当驾驶员察觉当前车辆的行驶速度超出目标速度之后，就会将刹车踏板踩下一定的行程，并且保持一段时间，等到当前速度基本接近驾驶员期望速度时，驾驶员就会松开制动踏板。如果此时仍然没有达到期望的速度，那么驾驶员将再次踩下制动踏板。除了紧急制动之外，驾驶员踩刹车减速的过程一般是比较平稳的，制动踏板并不会频繁抖动。

如果采用传统的 PID 算法作为制动控制器的话，就会出现刹车踏板的频繁动作，导致车辆在制动过程中行驶不平稳，大大降低了乘客的乘坐舒适度。可以采用模糊分级式制动控制算法，该算法的运行效果更加接近真实驾驶员的驾驶习惯，从而提升了无人驾驶汽车行驶的平稳度。

刹车控制算法

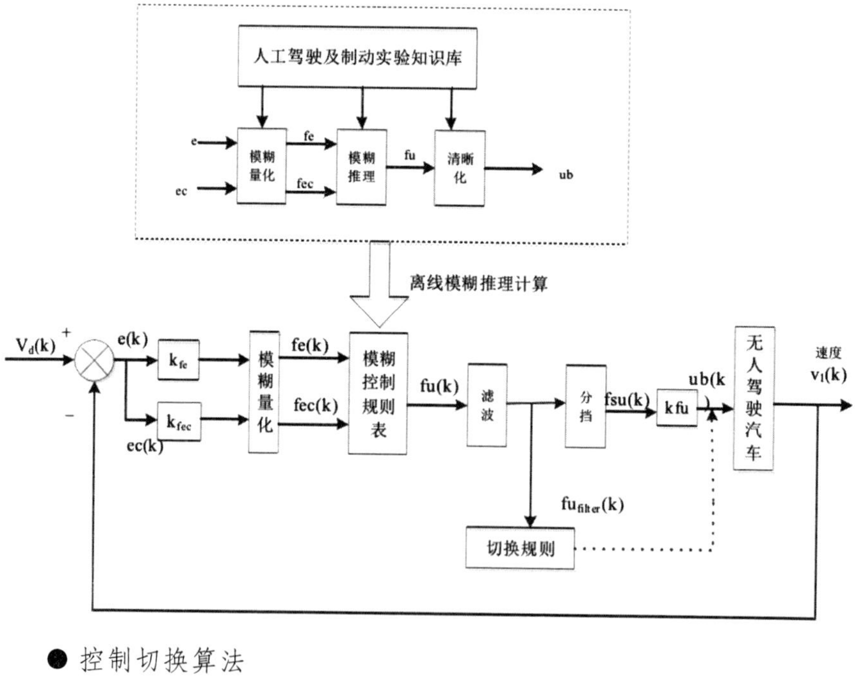

● 控制切换算法

自动驾驶汽车纵向速度控制的整体控制框图如下图所示。决策层计算出的车辆目标速度作为整个纵向控制算法的输入，然后将反馈的实际速度做减法运算，得到速度偏差，将此偏差输入到两个控制器，将会得到两个控制量。此时，切换规则将根据两个控制量的状态，选择由谁来进行控制，两者之间是互斥的逻辑，未被选中的控制器将回归到运动的“零位”。

纵向控制算法框图

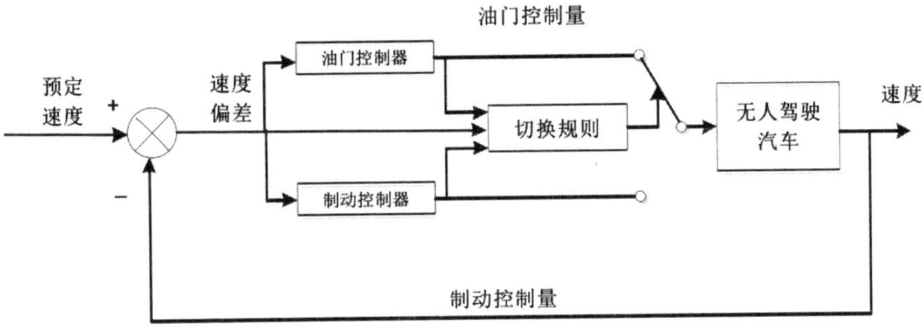

● 横向控制模型及算法

自动驾驶汽车的横向控制是指通过横向控制算法使得自动驾驶汽车跟随决策层输出的目标轨迹进行运动。为了达到更高精度的路径跟踪，就需要将车辆的纵向运行速度、道路曲率等诸多因素考虑在内，建立精准的控制模型和高效的控制算法。

横向运动控制是自动驾驶汽车运动控制的一个重要环节，在车辆行驶的过程中，由于各种原因导致的路径跟踪偏差可以分为车辆位置偏差和车辆航向偏差。由汽车的运动模型可以知道，车辆行驶中的位置偏差和航向偏差最终都只能通过调整车辆航向角度的方式来进行校正，也就是在车辆行驶的过程中不断调整车辆前轮的偏角。为了实现对车辆前轮偏角的精确控制，必须要建立相应的动力学模型来对该控制系统进行描述。

通过建立自动驾驶汽车动力学模型，可以采用航向预估算法的思路对汽车的横向运动进行控制。航向预估算法的基本原理就是通过综合当前车辆的运动状态，对下一个周期内无人驾驶汽车的航向变化进行实时的预测，将预测到的结果作为控制的偏差进行对待，通过这种算法可以将预测的航向变化作为车辆横向控制的输入因子。

航向控制整体框图

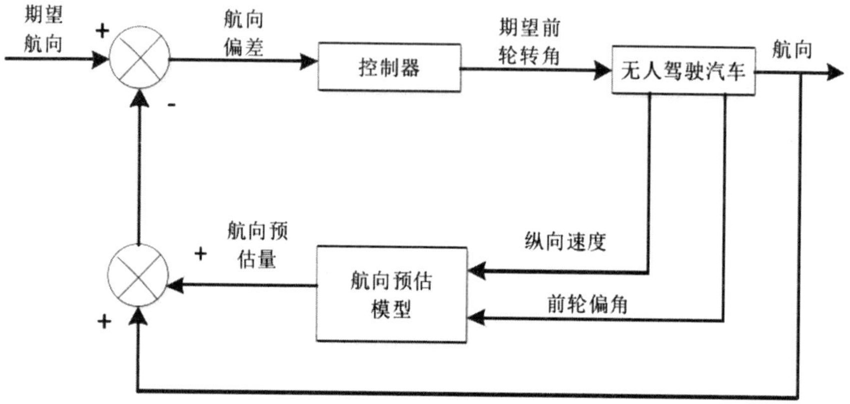

2. 自动驾驶汽车解决方案

实现自动驾驶，按照依赖自车智能还是依赖群体智能分成两大类实现方案，前者既是依赖自动驾驶汽车本身所配备的各项传感器来实现对环境的感知，从而自主决策规划到完成车辆控制。而后者既是通过 V2X 技术，实现车车通信，车路协同来完成自动驾驶目标。目前各大科技公司如谷歌等主要是在前者上面发力，而后者主要是传统车厂在研究，因其依赖于基础设施，因此成熟度欠佳。

针对自车的自动驾驶解决方案，根据各大公司对主传感器的选择不同，又可分为两类，一是以激光雷达为主的流派，如谷歌、百度等公司；一是以视觉传感器为主的流派，如特斯拉、mobileye 等公司。

（1）激光雷达为主解决方案

激光雷达为主解决方案，是指采用激光雷达为主传感器，依靠激光雷达来完成对环境的感知，通过深度学习方法来达到对目标障碍物的检测。20 世纪 60 年代起，科学家们就开始用激光进行测距。当时麻省理工学院的一个团队就用激光测出了地球与月球之间的距离。

说到车载激光雷达技术，就不得不提 Velodyne 的 David Hall。Hall

兄弟参加了美国 DARPA（国防部高级研究计划局）组织的名为 Grand Challenge 的自动驾驶汽车。在第一届比赛中，他们参赛的卡车安装了两颗摄像头。不过，这样简陋的配置没有帮助他们完成比赛。一年后的第二届比赛中，Hall 两兄弟抛弃了摄像头方案，转而用起了激光雷达。其他团队也换上了激光雷达，不过当时市场上的产品还相当原始。那时候，最受欢迎的激光雷达是 SICK LMS-291，它只是一套 2D 激光雷达系统，这套系统能帮赛车探测到类似墙和树这样竖立在地面的障碍物，不过如果遭遇到形状不规则的障碍物，如荒废的铁道，它还是会不知所措。此外，这套系统只能探测，不能识别，它不知道自己面前的是行人还是路标。

为了争取胜利，Hall 兄弟俩直接开发了新型激光雷达，他们将一台 64 线激光发射器安装在可以 360 度旋转的万向节上。这样一来，整套系统就能采集到真正的 3D 图像。虽然他们的赛车未能赢得当年的比赛，不过 Hall 兄弟俩开发的这套激光雷达却吸引了其他团队的注意力。在第三和第四届（最后一届）比赛中，Hall 成了激光雷达供应商。最后一届比赛中，6 辆完赛车辆中有 5 辆都用了 Velodyne 的激光雷达。

在那之后，Velodyne 顺理成章升级为激光雷达市场的统治者。谷歌搜罗了大量当年挑战赛的参与者创建自动驾驶部门后，就用上了 Velodyne 的激光雷达，其他参与自动驾驶开发的公司也无一例外成了 Velodyne 产品的买主。

在目前大多数自动驾驶汽车都会搭载的三类传感器中，摄像头能捕捉高清晰度的彩色照片，但它没有测距能力，同时也无法测量远距离物体的速度。毫米波雷达测距和测速能力都不错，最近几年其成本也在不断走低。“当物体离车辆较近时，雷达效果确实不错。”休斯敦大学雷达专家 Craig Glennie 解释，“不过由于它使用的是无线电波，因此在远距离情况下雷达细节不足。”激光雷达则兼顾了上述两款传感器的优势。与毫米波雷达一样，激光雷达测距能力非常强悍，有些激光雷达也有测速能力。同时，其分辨率也比雷达要高，这就意味着它能侦测到更小的物体，并且分辨出这些物体是行人、摩托车或是垃圾堆。与摄像头不同的是，激光雷达在任何光线条件下效果都不错。

当然，激光雷达也不是完美的，它最大的缺点就是昂贵的价格。这也是限制激光雷达为主的自动驾驶解决方案在市场化道路上的障碍之一。

（2）图像为主解决方案

尽管激光雷达的感知精度要高于摄像头，可以记录下比摄像头更丰富的细节，但是，反激光雷达阵营立场最鲜明的就是特斯拉 CEO Elon Musk，他对激光雷达之于自动驾驶汽车的最新评价是：昂贵、丑陋和不必要。

理论上讲，通过摄像头 + 复杂的算法实现感知是可行的，但算法部分的技术挑战很大。国内图像为主解决方案代表驭势科技认为：单纯地基于视觉来解决无人车的路况感知问题是可行的，但是还有很长的路要走，无人车的发展过程应该是一个视觉逐步替代高端激光雷达的过程。

在实际驾驶过程中，驾驶员获取的绝大部分信息均来自于视觉，比如车身四周的机动车、非机动车、行人、动物、道路标志、道路本身、车道线等，研究表明大约 90% 的环境信息均来自于视觉。但算法也极具挑战性，摄像头需要识别和估算的目标繁多，导致基于目标监测与识别的学习算法变得十分复杂。

所幸计算机视觉领域开始出现一些可喜的突破。2015 年的国际计算机视觉大会（ICCV）上，美国普林斯顿大学计算机视觉和机器人实验室团队公布了他们研究的深度学习算法，根据其论文《Deep Driving: Learning Affordance for Direct Perception in Autonomous Driving》中出现的算法架构，该团队通过深度卷积神经网络直接感知驾驶操控（driving affordance），在大幅简化算法复杂度的同时，大大提升了自动驾驶算法的鲁棒性，被视为自动驾驶技术上的一个重大突破。

这项研究的负责人，也是 Auto X 创始人肖建雄博士是普林斯顿大学助理教授、计算机视觉和机器人实验室创始人。近三年，肖建雄发起或参与了几乎所有关于三维深度学习的研究——参与发布目前最大的公共三维数据集（三维数据里的 ImageNet）ModelNet 和 ShapeNet；创建了研究三维深度学习的基础网络框架 Marvin，为后来者做了铺垫；推出 3D 卷积网络 Deep Sliding Shapes，在 RGD-D 图像中研究三维物体的特征等。

Uber 也在积极探索图像为主解决方案，其纯视觉技术路线负责人 Raquel Urtasun 通过研究发现，在某些情况下，车辆可以通过普通摄像头获得激光雷达数据的三维路况信息。Urtasun 不看好激光雷达路线的另一个原因在于高精度地图，激光雷达决定的时间和成本从根本上阻碍了自动驾驶汽车的普及，所以基于视觉方案的“可扩展性”高精度地图绘制也是她的研究课题之一。

同时，英特尔和 Mobileye 也是图像为主解决方案的坚定支持者。英特尔收购 Mobileye 后，两者联合推出的“Intel Go 自动驾驶平台解决方案”，这套平台以“视觉优先”作为设计理念，包含了两个 Mobileye EyeQ5 芯片（一个用来进行视觉处理，另外一个用于融合 / 规划）以及一个英特尔的 8 核凌动芯片。

主打激光雷达为主解决方案的自动驾驶汽车的公司喜欢借助复杂的人工智能技术来实现传感器融合，使用的是来自激光雷达、雷达和其他传感器搜集的感知数据，然后生成 360 度环境模型。这个模型进而被转译为高精度地图，帮助车辆实现定位，精度能控制在 3 厘米以内。

英特尔 / Mobileye 选择的是低级别的传感器融合，使用自己的“路书（Roadbook）”技术来完成定位。英特尔自动驾驶解决方案首席架构师 Jack Weast 表示，使用这种定位方式，让英特尔无人驾驶汽车的定位精度在 10 厘米以内。

Mobileye 的 CEO 兼 CTO Amnon Shashua 在过去几年内打造了 Mobileye 独有的自动驾驶战略，包括众包高清地图绘制、基于语义语言的驾驶政策、以及高度负责的安全性系统（RSS）。他相信，无人驾驶汽车将能够在真实世界中安全行驶，其原因不仅是无人车有着性能强劲的硬件，还因为自动驾驶策略和高精度地图都可以不断改进，同时常规的算法能够确保无人驾驶汽车负责任地在路上行驶。

2018 年夏天，英特尔并购了 Mobileye 后，英特尔完全接受了他的计划，保持了视觉优先的自动驾驶汽车发展策略。

（3）V2X 解决方案

V2X，顾名思义就是 vehicle-to-everything，其希望实现车辆与一切可能影响车辆的实体实现信息交互，目的是减少事故发生，减缓交通拥堵，降低环境污染以及提供其他信息服务。

V2X 主要包含 vehicle-to-vehicle (V2V)， vehicle-to-infrastructure (V2I)， vehicle-to-network (V2N) 以及 vehicle-to-pedestrian (V2P)。

按照中国汽车工业协会对搭载 V2X 功能汽车的定义来看，它是搭载先进的车载传感器、控制器、执行器等装置，并融合现代通信与网络技术，实现车与 X（人、车、路、后台等）智能信息的交换共享，具备复杂的环境感知、智能决策、协同控制和执行等功能，可实现安全、舒适、节能、高效行驶，并最终可替代人来操作的新一代汽车。

与自动驾驶技术中常用的摄像头或激光雷达相比，V2X 拥有更广的使用范围，它具有突破视觉死角和跨越遮挡物的信息获取能力，同时可以和其他车辆及设施共享实时驾驶状态信息，还可以通过研判算法产生预测信息。另外，V2X 是唯一不受天气状况影响的车用传感技术，无论雨、雾或强光照射都不会影响其正常工作。

此外，在传统智能汽车信息交换共享和环境感知的功能之外，V2X 还强调了“智能决策”“协同控制和执行”功能，以强大的后台数据分析、决策、调度服务系统为基础。而且要实现自动驾驶，车辆必须具备有感知系统，像人一样能够观察周围的环境，所以除了传感器，V2X 技术也属于自动驾驶的一个感知手段。

V2X 通信技术目前有 DSRC 与 LTE V2X 两大路线。DSRC 发展较早，目前已经非常成熟，不过随着 LTE 技术的应用推广，未来在汽车联网领域也将有广阔的市场空间。

在中国，V2X 的发展受到了政府的高度重视，2018 年 11 月 6 日至 8 日，中国智能网联汽车创新联盟、IMT-2020（5G）推进组 C-V2X 工作组、上海国际汽车城（集团）有限公司共同举办基于中国标准的 LTE-V2X“三跨”互联互通展示，实现世界首例跨通信模组（芯片）、跨终端提供商、跨整车厂商的互联互通展示。

此次展示将依据国标标准《合作式智能运输系统 专用短程通信 第 3 部分：网络层和应用层规范》和团体标准《合作式智能运输系统 车用通信系统 应用层及应用数据交互标准》进行，将有助于验证中国 LTE-V2X 全协议栈标准的有效性，促进 LTE-V2X 产业各环节协同研发，为推动国内 LTE-V2X 大规模应用部署和产业生态体系构建提供关键的示范验证基础。

（二）构建基于车路协同的智慧交通系统体系[1]

1. 基于车路协同的智慧交通系统概述

智能车路协同系统（Intelligent Vehicle-Infrastructure Cooperation Systems，简称 i-VICS）采用先进的无线通信和新一代互联网等技术，全方位实施车车、车路动态实时信息交互，并在全时空动态交通信息采集与融合的基础上开展车辆主动安全控制和道路协同管理，充分实现人车路的有效协同，保证交通安全，提高通行效率，从而形成安全、高效和环保的道路交通系统。

智能交通系统是在较完善的交通基础设施（包括道路、港口、机场和轨道等）之上，将先进的检测技术、数据通信技术、自动控制技术以及智能信息处理与决策技术等有效地集成并运用于交通运输和管理，从而建立起来的一种在大范围内、全方位发挥作用的实时、准确、高效的

1 本节作者：姚丹亚，清华大学自动化系教授；郭宇晴，清华大学自动化系博士研究生；路畅，清华大学自动化系硕士研究生。

综合交通运输系统。进入 21 世纪后，新技术如下一代互联网、无线传感器网络和移动通信技术等的出现，更为 ITS 的快速发展与广泛应用带来了新的活力，使得原本难以在大范围内采集、传输和处理的交通信息得以实现，为更深入地研究和推广 ITS 及其技术创造了有利条件。

基于车路协同的智慧交通系统，改变了交通信息基础，通过对道路信息的实时监控，大范围的采集交通数据，实现了对交通状况的整体把控、预警、疏导，有效地提高了交通效率，改善了日益严重的交通安全和交通拥堵问题。同时，车路协同驾驶技术，改变了无人驾驶汽车的信息来源途径，突破了单车智能无人驾驶仅依靠自身传感器实现对车辆周围环境的感知、认知、决策的瓶颈。车路协同系统动态实时地实现车与车、车与路、车与行人之间的信息交互，改变了原有交通的被动控制方式，通过在整个系统中实时共享的交通信息开展协同的车辆主动安全控制和道路通行的协同管理，充分实现所有交通参与者与交通环境的有效协同，保障交通系统的安全性和高效性，构建更加安全高效和环保的交通环境。

2. 基于车路协同的智慧交通系统特点分析

（1）交通要素的实时化和信息化

智能车路协同系统中的运输工具、交通基础设施和交通环境不再被只看成是一个简单的对象，人、车、路和环境所对应的交通要素通过传感器的采集和融合过程，成为具有自主身份且可具备信息交互功能的智能物体，在交通系统实时数据的基础上，借助信息融合、无线通信和云计算等技术，实现复杂交通系统的实时信息再现，进而能够掌握交通参与者（行人、驾驶员、乘客）、交通工具（汽车、火车、飞机等）、交通对象（旅客、货物）、交通基础设施（道路、铁路、港口、机场 、航线等）和交通环境（天气、温度、湿度等）的实际运行状态。

（2）海量信息的简明化和精确化

智能车路协同系统中交通参与者与车辆之间、车辆与车辆之间、车辆与基础设施之间、车辆与交通服务中心之间等可通过多种通信模式实现各类信息双向传输，系统可获得时间和空间上的高分辨度数据，同时将会产生表征复杂交通系统各类特性的海量信息，构成实现智能车路协同系统各种功能的基础信息，即目前所谓的交通大数据。在分布式云计算技术的支持下，通过基础设施或交通服务中心对信息的处理、过滤和优化，海量信息变得更加简明和精确，并具有智能和自适应性，从而保证系统用户能够接收到更精确和更简明的相关信息。

（3）用户参与的主动化和协同化

智能车路协同系统不再简单地以基于功能的信息采集模式构建整个交通体系，而是通过协作方式将整个交通系统看作是交通参与者、交通工具、交通基础设施和交通环境所构成的有机整体，用户不仅能够在原先单一功能性的服务基础上获得更具综合性的服务功能，从而实现不同程度的协同服务；而且更能主动地参与对交通对象的感知、优化和调整的所有过程，包括如车辆行驶过程中的主动安全控制等，同时还可以根据自己的具体需求或偏好设置适合自身特殊需求的个性化服务，包括出行模式和诱导的偏好设置等。

（4）服务组织的柔性化、绿色化

智能车路协同系统改变了传统智能交通系统从信息到功能服务的简单应用模式，有效地建立了以系统海量信息的采集、交互和应用为主线，全面实现交通参与者、交通工具、交通基础设施和交通环境的协同功能，从而构成了更加突出不同层次的内容，为交通参与者提供更为丰富多样的服务平台，提供针对不同交通出行需求的系统级和自定义的解决方案；同时，也通过引入智能化的信息技术手段，改变传统的交通管理和运行模式，实现整个交通系统的智能化管理服务和最优化运行，并使其变得更加安全、高效和环保。

3. 国内外车路协同技术发展

（1）美国车路协同发展现状与趋势

美国于2004年启动了车路集成系统VII（Vehicle-Infrastructure

Integration）研究计划，并为该计划制定了具体的发展目标。随后于2008 年智能交通系统世界大会（World Congress on ITS）期间，在纽约大街上举行了车路集成系统的综合演示，许多发达国家的主要汽车厂商都参加了演示。该演示将不同品牌的车辆混合在一起进行，给我们展示了一幅未来实现车路 / 车车数据实时交互、安全让行与避碰以及自动驾驶应用的蓝图。在对车路集成系统 VII 开发和测试进行总结的基础上，于 2009 年 12 月推出了《美国 ITS 战略计划（2010—2014）》即 IntelliDrive 计划，其主要内容包括继续推进已有的车路 / 车车通信研究与实用化测试，开发和试验车载安全辅助系统，并更好地获取交通系统运行参数以及管理和应用数据等。

在 2011 年 10 月的智能交通系统世界大会上，美国交通部（United States Department of Transportation, USDOT）再次组织了大规模的实车演示。演示地点选择在试验场，演示重点是车辆高速运行过程中超车、并线和紧急制动时车车信息交互系统的安全效能，以及出现视线阻挡、可能追尾和注意力不集中等状况下安全辅助驾驶系统的功能作用。这次演示表明车路协同系统的技术开发已逐渐走向成熟，单项技术在商品车上已经得到应用要求，但多种技术的综合应用以及与路侧系统的集成应用仍然还有较长的路要走。因此，美国政府决定从 2011 年开始，在密歇根州实施规模达到 2800 余辆车的运行测试实验。

2012 年 8 月，美国交通部发布了《智能交通系统战略计划（2010—2014）：2012 年进展》，对其 2010 年版的智能交通系统战略五年计划进行了调整。在新的计划中不再使用 IntelliDrive 名称，而采用 Connected Vehicle 作为车路协同相关研究的总称。目前，美国发布了《ITS 战略计划 2015—2019》，在战略计划中，以实现联网车辆实施和推进自动化作为发展优先级。除了推进网联化和自动化，战略计划中还提出了“新兴能力”“企业数据”“互操作性”等以便为研究、开发和采用 ITS 技术提供必要的结构。

（2）日本车路协同发展现状与趋势

20 世纪 90 年代末期，日本对智能交通系统的研究发生了战略性变化，将研究重点从原来的传统性内容转移到提高道路交通的安全性、畅通性以及减轻对环境的影响上来，所开展的研究更加注重系统集成、技术推广应用以及人性化的交通服务，这是车路协同技术与系统在日本的最初发展，个性化的行车安全与导航是其主要的技术特点。为此，日本政府采取了多种措施，有力推动了在智能化车辆安全技术、车路协调技术和辅助安全驾驶技术等方面的研发，促进了围绕车路协同系统的技术实现。目前，日本开展的与车路协同技术与系统相关的开发计划包括先进安全车辆（ASV）项目、驾驶安全支持系统（DSSS）项目和智能公路（Smartway）项目等。日本国土交通省是主导车路协同技术发展的重要部门，提供了开展车路协同系统研发的主要资金。

基于相关车路协同系统的发展，日本政府和 23 家知名企业于 2006 年共同启动了下一代“Smartway 计划”。该计划是日本车路协同系统发展的基础，它设计了系统的体系框架和开放的平台结构，而其他项目提供的功能均是在此基础上发展而成，并成为整个车路协同系统中的子系统。Smartway 启动之后，很快即被作为日本国家计划予以实施，其目的就是要通过该项目的实施，整合日本 ITS 的各种功能，建立全国性的车载集成平台，借助以 DSRC 为主的多模式车路通信将道路与车辆连接成一个整体，从而形成车路协同的整体感知环境。2007 年，Smartway 完成了东京场区公路的实验，2009 年 3 月完成了大规模测试，之后项目即开始在 3 个都市区得以推广应用。

日本由此而推进的其他项目如 ASV、DSSS、ETC 以及 VICS（Vehicle Information and Communication System）等都在 Smartway 所构建的车路协同平台的基础上得到了进一步开发，所提供的各功能均基于相同的车载集成单元以及统一的车路通信环境展开，唯一不同的仅是各项目在功能与服务层面有所差别。在 2017 年 9 月，日本推出了全国暴雨区 VICS

安全服务功能。截至 2018 年 6 月，日本配备 VICS 车载设备的车辆已达 6000 万辆以上。

（3）欧洲车路协同发展现状与趋势

欧洲的智能交通系统 ITS 的相关研究和应用与美国和日本同期起步，其研究和开发主要由官方（欧盟）和民间（企业）并行进行，而其车路协同技术的发展则是 2000 年之后才开始提出的。

由于欧洲国家国土面积较小，跨国交通出行十分常见，因此欧洲国家的车路协同技术发展主要从大欧洲及洲际的角度出发，在欧盟诸国的共同参与下得以推进；其次，在制定车路协同系统信息交互框架时，欧盟的思路是尽可能兼容已有的通信制式，从而为车路协同技术与系统在欧洲的推广和发展建立了基础环境；此外，在发展车路协同技术的过程中欧盟非常注重协议和标准的制定，因此欧洲 ITS 组织 ERTICO（European Road Transport Telematics Implementation Coordination）的主要工作就是集成、协调和制定相关标准，以保证欧洲的车路协同系统能够最大限度地支持各种车载通信设备，具体应用系统的设计和实现则主要由汽车厂商推进。

2003 年 9 月 ERTICO 提出了 eSafety（electronic safety）的概念，标志着欧洲车路协同系统的研究正式启动。eSafety 的主要目标是充分利用先进的信息和通信技术（Information and communication technology, ICT），加快交通安全系统的研发与集成应用，为道路交通安全提供全面的解决方案。该计划除了开发自主式的车载安全装置外，还强调车路协同的合作方式，即通过车车以及车路协同合作方式，基于车车 / 车路通信技术获取道路环境信息，从而更有效地评估潜在危险并优化车载安全系统的功能。2017 年，ERTICO 和欧盟委员会主办了第一次欧洲联网和自动驾驶会议。

欧盟在智能交通系统 ITS 的研究与美国和日本类似，其发展战略也转移到了交通安全上，重点研究道路交通安全的体系框架和标准、交通通信标准化和综合运输协同技术等，以着力推动综合交通运输系统和安全技术的实用化。在不同的合作框架下和不同合作者之间，欧洲关于面向安全和效率的车路协同系统启动了8个重要计划，希望通过这些计划的实施，扩展车载设备的功能和车路协同技术，以最终提升交通效率、缓解交通拥堵、改善交通安全、提高交通控制和管理水平。这8个计划包括：

1）CVIS计划（Cooperative Vehicle-Infrastructure Systems）

2）SafeSpot计划（Cooperative Vehicles and Road Infrastructure for Road Safety）

3）Coopers计划（Co-operative Systems for Intelligent Road Safety）

4）COMeSafety计划（Communication for eSafety）

5）SEVECOM计划（Security Vehicular Communication）

6）Drive C2X计划（Connecting Vehicles for Safe，Comfortable and Green Driving on European Roads）

7）PRE-DRIVE C2X计划（Preparation for DRIVE C2X）

8）CAR2CAR计划（Communication Consortium）

CVIS计划是基于车车通信和车路通信的车路协同系统，可为驾驶员和交通管理者提供高质量和丰富的车辆自身信息和路况信息，增强驾驶员感知周边环境的时空范围，以从整体上提高路网通行效率、缓解交通拥堵状况，并改善交通安全；SafeSpot计划主要侧重面向交通安全的动态车路协同，通过将车辆和路侧设备作为信息的发送和接收者，利用所构建的通信平台实现交通安全信息的共享；Coopers计划则聚焦在研发面向智能道路安全的车路协同系统，其核心技术包括基于安全的交通管理和信息服务、路测设备接口的集成和扩展、车路双向通信链路、交通控制中心应用等；COMeSafety计划主要完成基于主动安全技术的车路协同系统的实现和推广，重点研究车路协同系统的实施和部署标准化问题；Drive C2X计划和PRE-Drive C2X计划主要研究面向效率、安全、环保和舒适的车路协同系统，它们主要是在以上几大计划的基础上，侧重对研究成果的大规模实地测试；CAR2CAR 计划则是专注于车车通信系统的实证测试，并就欧洲车路协同系统开放式标准的研发开展相关工作。

欧洲在发展车路协同的过程中非常注重协议和标准的制定，并且与美国交通部门合作，正在制定全球范围内统一的智能车路协同系统通信协议。为此，美国和欧洲成立了美欧标准协调工作项目组（EU-US ITS Task Force Standards Harmonization Working Group），在完成美欧通信标准的异同分析、通信标准的协同性测试、车路协同信息的标准发布等的基础上，专门负责全球车路协同通信协议标准化的制定。

ERTICO 关于网联和自动驾驶（Connected & Automated Driving，CAD）的技术发展已建立以重要里程碑为标志的 2030 路线图。截至 2018 年，关于 CAD 的基本框架已经建立，在 2019 年通过云计算、IoT、大数据和混合 V2X 来推进 CAD。通过运行创新平台和项目，ERTIO 正在努力支持这些里程碑的实现，以及实现人与货物的联网自动移动的愿景。

（4）中国车路协同发展现状与趋势

与国外相比，中国的车路协同技术研究起步较晚，最早可以追溯到 2000 年国家 ITS 中心在车辆协同领域开展的相关研究。“十五”和“十一五”期间，在国家“以道路基础设施智能化为核心，以公路智能与车载智能的协调合作为基础，重视人的因素应用研究，促进人、车、路三位一体协调发展”的智能公路系统发展思路的指导下，部分研究机构及高校展开了与车路协同相关的基础性研究工作，如车辆安全辅助驾驶、车载导航、驾驶员状态识别、车辆运行状态监控等。

清华大学从“十五”期间就对相关技术开始了攻关工作，建立了车辆安全测试平台，2007 年起通过承担的“863”计划《交通对象协同式安全控制技术》、自主科研计划《基于车路协同的智能交通系统》等项目对车路协同技术初步进行了较为系统的研究，在车路协同通信、主动安全等关键技术上取得了一些突破性进展，并进行了部分实测场景的功能验证。同济大学建立了基于 WAVE 的车路协同实验系统平台，并承担了国家自然科学基金项目《基于车路协同环境的下一代道路交叉口交通控制技术探索研究》。华南理工大学智能交通系统与物流技术研究所团队，在广州南沙区环市大道西连续流滤波协调控制设计中，引入车路协同理念和环境实现了干道交通协同控制。长春市与瑞萨科技合作，在长春市人民大街 306 路公交线路上建立了基于 WAVE 无线通信技术的 ITS 应用试验系统并测试成功。

通过一系列研究和开发，车路协同系统的体系框架设计从零散的特例试验转变为应用场景和通信协议的标准制定；多模式车车 / 车路通信的实现从单一的通信模式转变为多模式互补与融合；车载终端的一体化研发从单目标控制转变为多目标控制；上述成果在典型场景中的应用带动了我国车路协同关键技术的发展。通过上述相关技术及项目的研究与探索，部分研究机构及高校已经初步掌握了车辆运行状态辨识、高精度导航及地图匹配、高可靠信息采集与交互等相关技术，形成了包括智能公路磁诱导系统、车辆自动保持及车道控制、安全辅助驾驶等技术在内的具有自主知识产权的成套技术成果。在基础交通信息采集、交通图像处理、GPS 定位、交通诱导、不停车收费系统、基于 DSRC 技术的车路 / 车车通信等方面也获得了长足的进展，为车路协同的研究打下了坚实的基础。

2008 年 5 月，科技部、公安部和交通部三部门启动了《国家道路交通安全科技行动计划》，其目的是组织国内相关行业和部门，开展道路交通安全保障关键技术的研究与示范应用，形成一批技术水平高、实践效果好、应用前景广、具有自主知识产权的科研成果。该计划在实施过程中，不同程度地引入了车路协同的理念和方法，包括交通参与者行为干预技术、交通管制与诱导技术、恶劣气候条件下道路运行状态监控与预警以及营运车辆运行安全监控技术与装备等，为科技部最终确立专题系统的发展奠定了良好的技术基础。

为全面促进我国车路协同技术的发展，尽快赶上其他国家在该领域的研究，科技部于2011年9月，正式在国家高技术研究发展计划（“863”计划）现代交通技术领域中，率先设立了我国第一个与车路协同系统相关的主题项目《智能车路协同关键技术研究》。该主题项目的设立，标志着国家启动了直接面向智能车路协同技术与系统的攻关工作。随后，与车路协同技术相关的物联网及其在交通系统中应用的车联网，均列入《国家“十二五”科学和技术发展规划》，并作为重大专项得以推进；由科技部、公安部和交通部三部门筹划的《国家道路交通安全科技行动计划（二期）》将结合物联网技术的发展和应用，进一步推进智能车路协同技术在我国的发展。

我国在开展智能车路协同技术研究的同时，也非常重视基础理论和方法的研究。在我国首个智能交通领域的“973”计划项目《大城市交通拥堵瓶颈的基础科学问题研究》于2010年10月结束后，第2个“973”计划项目《大城市综合交通系统的基础理论与实证研究》又于2012年1月正式启动。该项目重点围绕我国超大城市、大城市多层次、多方式交通出行过程中的交通管理与协同控制开展相关研究，其中基于大范围的信息融合与集成的交通协同控制与一体化多式诱导，是智能车路协同技术的具体体现，成为我国智能车路协同技术的基础理论和方法。

作为对智能车路协同技术的配套或辅助支撑技术，科技部又先后启动了多个“十二五”规划、“863”项目，包括《交通状态感知与交互处理关键技术》《车联网技术》和《中等城市道路交通智能联网联控技术集成及示范》等。这些项目的启动将为我国智能车路协同技术与系统的应用和推广提供支持和应用平台。2013年，在教育部组建相关领域协同创新中心工作的指导下，由东南大学牵头，联合北京航空航天大学、同济大学、清华大学和公安部公安交通管理科学研究所（无锡）等单位，成立了江苏省现代城市交通技术协同创新中心；由北京工业大学牵头，联合北京交通大学、清华大学和北京市交通委等单位成立了首都世界城市顺畅交通协同创新中心。

目前，我国紧跟国际技术发展趋势，出台了相应的产业政策，大力推动智能互联及车路协同技术加速发展。《中国制造 2025》《推进“互联网 +”便捷交通促进智能交通发展的实施方案》《中国车联网产业指导意见》等文件中将智能网联汽车列为重点发展方向之一，其中一些文件明确指出：“2020 年，面向车联网产业的智能交通基础设施实施部署，重点区域基于 LTE 的车联网无线通信技术（LTE-V2X）及车联网无线通信技术（C-V2X）无线通信网络及路侧通信设施部署完成。”

目前，北京、上海、杭州、长春、武汉等地都已建立了基于车路协同的应用示范区，并开展了一系列的实际测试与应用，充分验证了车路协同技术可有效提高交通效率，减小事故发生率。

4. 车路协同系统关键技术

智能车路协同系统研究和应用涉及的关键技术较多。这里重点讨论目前应用较为广泛的多模通信技术、状态感知技术、异构数据融合和协同处理技术以及信息安全技术等。

（1）多模通信技术

高速、可靠、双向和由多种通信平台集成而成的综合通信网络是智能车路协同系统的基础平台，通过该平台可以将先进的传感技术、信息融合技术、智能控制方法以及决策支持系统整合成一个有机的整体，以实现高效、安全和环境友好的智能交通协同管理。用于智能车路协同系统的网络平台应该能够支持全景状态感知、信息交互与融合、协同控制与管理以及定制化的服务等功能，并根据不同层次的需求提供相应的通信保障。该通信平台的终端网络是传感器网络 SN（Sensor Network），以无线组网为主，支持各类交通状态的感知；支持交通系统底层信息互通互联的是车联网（Internet of Vehicles）和物联网（Internet of Things）等功能性通信网络，属有线无线混合组网，但多为无线组网；互联网（Internet 或 Intranet）实现海量交通数据的传输和信息融合，属有线无线混合组网，但以有线组网为主；支持系统功能和服务集成的是高速互联网如下一代互联网（Internet II 或 IPv6），以有线组网为主。

由此可见，在智能车路协同系统中采用多模通信技术是实现以上各种通信网络互联互通的技术基础和必需。目前可以支持智能车路协同系统工作的各种通信模式主要可分为移动通信模式、无线通信模式、专用通信模式和其他通信模式。根据目前的应用情况，这些通信模式的支撑系统及使用范围如下表所示。

无线通信模式特性及应用范围比较

名　称	通信模式	支撑系统	建议使用范围
移动通信模式	基于移动设备通信	GSM/CDMA/3G/…	车 / 车通信
无线通信模式	基于无线网络通信	WIFI(AD hoc/…)	车 / 车 / 路通信
专用通信模式	基于专用网络通信	RFID/DSRC/…	专用通信
其他通信模式	基于其他方式通信	蓝牙 / 红外 /…	出行者 / 路通信

目前国内外主要针对不同的车路协同系统应用场景，对通信技术进行了深入和全面的研究工作。下面分别从车内通信、车车通信、车路通信和异构网络融合技术等方面具体说明相关技术的研究和应用进展。

● 车内通信

近年来，随着汽车工业的快速发展，大量传感器和电子装置在新型汽车上得到广泛应用，这些变化使得车内通信技术成为现代汽车行业不可或缺的关键技术之一，其传输速率和可靠性都得到了大幅提升。

车内通信网络主要基于各种高速 CAN（Controller Area Network）展开，可实现汽车发动机管理系统、变速箱控制器、仪表装备和电子主干系统等关键系统和部件间的有线组网。随着对汽车安全和舒适性的需求不断提高，要求配置的相关功能越来越多，支持这些功能的传感器、传输装置、电子控制单元 ECU（Electronic Control Unit）的数量也在持续上升。因此原有车载CAN总线必须进行改进和提升，要求新的车内通信协议不仅能够为各类功能提供高速且可靠的数据传输，而且还需支持具有容错保证的分布式网络系统。

同时，车内通信网络还可以支持部分无线通信组网，以保证在特定检测环境下稳定可靠地获得车辆速度、重量、温度、湿度和胎压等关键物理量。车载自我诊断系统OBD（On Board Diagnostics）通过与胎压检测装置、车道偏离警示系统（LDW）、后方碰撞预警系统、驾驶人状况监测装置整合，即可为驾乘者提供更舒适的驾驶体验、更安全的驾驶保障、更绿色和环保的出行。

● 车车通信

专用短程通信DSRC（Dedicated Short Range Communication）可以完成车与车间的点对点通信，但是只采用专用短程通信技术将车与车之间构成一个无缝的、连通的网络仍存在挑战。随着专用短程通信技术的提升，包括数据传输速度的提升、通信带宽的扩大和安全机制的完善，目前已形成了基于专用短程通信技术的车车自组织网络的协议与技术标准，解决了短程通信环境下车载通信单元数据量突发与带宽受限的矛盾，可提供专用短程通信自组织网络中的身份认证及隐私保护技术框架。

近年来，移动通信和无线通信技术的发展及其在交通领域中应用的拓展，为车车通信带来了新的发展空间，尤其是下一代互联网IPv6技术的引进，使多模式通信环境下的车车通信环境的构建得以实现，成为技术智能车路协同系统中车车通信技术的一个发展方向。

随着汽车的智能化水平越来越高，车载通信网络技术的成熟，车车通信将给人类出行带来一场全新的革命，对车辆安全领域、交通效率领域和个人娱乐服务领域的应用将产生深远的影响。目前，国外车车通信已经进入实质推行阶段，制定了短、中、长期目标，形成了行业与行业之间，国家与国家之间的联盟。

● 车路通信

车路通信网络是建立在车载单元和路侧单元之间的无线通信网络，以高效的广播数据传输、端到端数据流存储、低延迟动态多跳路由协议、高速运动节点网络自组织传输控制、基于优先级的流量公平性控制和安全认证与信息加密为主要特征。基于该通信网络，由于其高效、标准、开放、安全和可自动维护与升级的特性，可在车载单元和路侧单元间进行高速和双向的数据传输，支持基于图像辨识的交通事件识别、交通信息查询、交通出行引导和电子收费等多种服务。

在智能车路协同系统环境下，车辆的相关信息包括工作状态、运行参数和报警信息等，可以通过车路通信通道传送到路侧设备，并可根据不同需求经融合处理后再集中传送到交通管控中心，同样地，道路及基础设施的相关信息包括静态信息、运行参数和管控指令等都需要实时地发送给道路上行使的车辆和交通管控中心；而另一方面，交通管理中心的相关信息包括交通环境状态、交通管控指令和在途诱导信息等则需要及时地通过车路通信通道传送给在途车辆。

专用短程通信 DSRC 可支持车路之间的点对点通信，同时移动通信和无线通信也可以支持车路之间的点对点通信。除专用短程通信 DSRC 外，目前有多种公共网络可用于车路通信，比如各种制式的 2G/3G/4G（GSM、CDMA、TD-SCDMA、CDMA2000、WCDMA、LTE TDD/FDD）、宽带无线接入网（WLAN）、基于 MESH 和 RFID 的车载无线自组网（VANET）以及无线广播网（FM/DMB-T/CMMB）等。

● 异构网络融合技术

纵观国内外智能交通系统的发展过程可以看到，为全面发挥车路协同技术的优势，使未来交通系统实现安全、高效和环保的目的，必须将车车通信和车路通信集成起来形成一个有机的整体，即新开发的车载装置应该能够同时支持车车通信和车路通信，从而实现真正意义上的智能车路协同。

为使智能车路协同系统能够在不同的工作条件下，构建形成具有实时性和可靠性保证的通信环境，应尽量支持已经在日常生活中得到广泛应用的各种通信网络。目前，主流的无线通信异构网络有移动通信网络（2G、3G、4G）、卫星网络、GPRS、WLAN、移动自组织网络（MANET）、Wi-Fi 和无线传感器网络（WSN）等。因此如何实现这些网络在智能交通环境下的无缝连接，是智能车路协同系统发展的必然要求。

事实上，以上异构无线网络的出现是面向不同应用场景和目标用户的，但其在车路协同环境下的融合必须采用通用且开放的技术，其融合包括接入网融合、核心网融合、终端融合、业务融合和运维融合等。这些异构无线网络技术融合的研究内容主要包括面向高速多媒体应用的 QoS（Quality of Service，服务质量）和 QoE（Quality of Experience，服务体验）保障技术、异构网络中的多无线电协作技术、异构无线网络互联安全问题、车路协同系统中的认知无线网络、面向海量数据的混合网络编码技术、车路协同系统中面向海量数据传输的绿色通信技术等。

（2）状态感知技术

随着传感器网络技术、无线通信技术和技术的快速发展，自动感知和泛在感知技术的出现，极大地改变了传统观念上的交通系统检测方法和手段，宽覆盖、长寿命、高精度、网络化和移动性的多维状态感知已成为智能车路协同系统的重要且基础的内容。

现代交通状态的感知内容，包含实时对道路环境如干线公路和城市路网等不同交通环境的感知，也包含交通实体如路侧系统和车载系统等不同载体的感知，还包含对交通方式如步行、骑行、公共交通、地铁和私家车等不同出行模式的感知。因此，智能车路协同系统借助这些新型的综合交通状态智能感知新技术和新装备，可提供面向交通控制与管理的综合交通状态感知系统化体系和方法。

现代交通状态技术与传统状态感知技术的最大区别，就是近年来引入的传感器网络、车联网、物联网和下一代互联网等技术，由此催生了宽覆盖、长寿命、高精度、网络化和移动性等新特性。这些新技术的最新发展，有效拓展了交通状态和信息获取的途径和手段；以服务交通出行为目的，交通状态感知模块还可实现基于出行者视角的多模式交通状态感知、基于视觉感知的交通状态识别和基于移动式设备的交通状态感知，为兼顾效率和环保的多模式绿色出行诱导策略提供支撑。

根据交通信息的获取过程和发展阶段，交通状态的感知可分为直接感知、间接感知和泛在感知。下面分别从直接感知、间接感知和泛在感知三个阶段分析常见的交通状态感知手段和方法。

● 直接感知

纵观智能交通系统的发展过程，传统的交通信息采集手段和方法即是我们所说的交通状态直接感知。传统的交通信息采集大多依靠分布在各个道路断面上的交通参数检测器实现，如：线圈、超声波、红外和微波等，但这些手段一方面只能获取道路交通断面信息，另一方面传统手段获取的信息种类有限，大多仅以车辆检测为主。

基于视频的交通状态感知也是一种直接感知手段，对其他传统感知手段的提升，大大扩展了能够感知的范围和种类。它利用视频信息的丰富性，可以实现包括基于车辆模型的运动估计、基于行人微观行为的轨迹识别等。以这些研究成果为基础形成了一些视频检测系统，在美国华盛顿州Lynwood、意大利Brescia和Verona之间的高速公路等地都有配备，在我国北京、上海、广州等城市也已得到广泛应用。

此外，新的交通状态感知手段还包括采用传感器网络和移动自组织网 Ad Hoc，采用车载传感器采集交通信息并通过网络传输与融合得到较为全面和准确的网络交通状态等。国外 UC. Berkeley 和 UCLA 在传感器网络建模、路由管理、能量优化、系统复杂行为分析等方面都开展了比较多的工作。

● 间接感知

浮动车 FCD（Floating Car Detection）技术的应用是实现交通状态

间接感知的一种有效手段。通过采集交通系统中具有特定用途的车辆如出租车和公共汽车等的运行信息，可以推算出所对应的实际交通系统的运行状态，包括畅通、拥堵和交通事件等。这种方法和由此而构成的系统已在以色列、德国、美国和中国等国得到了充分应用，并取得了良好效果。

随着传感器网络技术和多种无线通信技术的出现和快速发展，原本与交通系统并无关联的系统和技术如移动通信和蓝牙（Bluetooth）技术成为了交通状态感知的有效途径。由于世界范围内智能移动终端的大量普及，手机和具备蓝牙通信功能的个人终端已成为人们日常生活的重要内容，从这些智能移动终端在通信网络中的移动和变迁，即可有效地感知不同人群的迁移过程和迁移特性，结合交通出行特征即可有效地感知交通系统的状态和变化过程。

交通状态感知的最新成果表明，在新型的车路协同系统框架下，基于海量交通信息融合、大数据管理和云计算技术，交通信息扩展了其范畴，不仅仅包含道路交通数据，还纳入了天气信息、道路环境信息、行人非机动车信息、公共交通运行信息、车辆微观行驶状态信息等等，使得系统能够通过间接方式充分地实现对路网交通状态、区域驾驶环境状态、混合流分布状态、各交通模式负载状态等各类交通状态的分析和感知，如关注描述全路网交通状态的网络层次交通状态的获取和感知，以及针对个人信息服务等应用目的的交通出行感知、个体交通行为感知，还有随着绿色交通的热度持续提升而出现的对交通车辆尾气排放感知等。

● 泛在感知

交通状态的泛在感知是在直接感知和间接感知的基础上，基于传感网、大数据、云计算、云存储等主动感知和泛在感知技术得以实现的。它可完成对交通基础设施、交通工具运行状态、行人出行需求和货物运输需求进行实时感知，为构建全景环境下的道路交通运输协同系统提供完整全面的信息保障。

智能车路协同系统将交通参与者、运载工具、基础设施与环境紧密地联系起来，通过“泛在、可视、可信”的智能体系，使得交通的管理方式和服务方式得到提升，其核心是对交通要素的实时感知，通过传感器网络的协作将各个传感器模块作为节点，实现全域环境信息的协同和无缝感知，为车路协同系统提供完整的交通状态感知，全面感知车辆的运行状态（车辆当前的车速、侧向加速度、车辆在车道中的相对位置、车辆行驶的轨迹与方向）、车辆的控制状态（油门开度、方向盘变化、是否打转向灯等）、周边道路交通环境状态（一定范围内周边车辆与本车的相对距离、方位及速度或相对速度，行人及前方车辆位置，障碍物的距离与方位，道路标志标线相关信息等）。

基于智能车路协同系统的交通状态泛在感知，即在获取全景交通系统信息的条件下，通过分析交通环境的内在特征，实现全景信息环境下的交通环境重构及特性再现，这是未来智能车路协同系统的基础，也是重要的研究内容。

（3）数据融合与协同处理技术

随着交通状态感知手段和信息交互技术的不断更新，可获得的交通信息呈现出丰富、海量和异构等特点，如何对这些数据进行协同处理和综合分析并最终形成决策信息，对于智能车路协同系统具有非常重要的意义。

在智能车路协同系统中，数据融合和协同处理是整个系统的基础，其绝大部分功能的实现都需要建立在完备的交通信息之上。由于智能车路协同系统的服务都是基于各类异构、动态、海量数据的处理为核心的应用集合，即都是基于对所谓的交通大数据实施的协同处理的应用集合；且由于这些海量数据存在异构性、规模性与复杂关联特征，其处理需要具有高度灵活的协同机制，需要综合有效地利用复杂环境下的多源异构数据，融合相互互补的数据并消除数据冗余，即需要目前所谓的基于云计算的信息融合方法，从而在数据级、特征级和决策级三个层面实现交通数据的多层融合与协同处理。

在现阶段智能车路协同系统的研究和发展过程中，以出行者的视角来重新定位、设计和评估交通系统，将具有新的社会意义和应用前景。发展基于出行者视角的交通数据融合与协同处理技术，实现基于出行者视角的，包括出行者、运载工具和交通环境等在内的多维交通数据融合与协同处理，研究包括安全状态、道路状态、混合交通和尾气排放等在内的交通数据融合与协同处理新技术与方法，并实现面向效率与环保的多模式绿色出行诱导，将是我国未来智能车路协同系统发展的重要内容之一。

综上所述，交通数据的融合与协同处理主要包括数据级、特征级和决策级三个层次的工作。

- 数据级

数据级信息融合与协同处理主要实现基础交通数据的融合与处理，包括交通系统的异常数据筛选、海量数据存储、缺失数据修复、多传感器融合以及数据格式配准与统一等。

- 特征级

特征级信息融合与协同处理主要实现断面交通数据即各类交通状态的融合与处理，包括单路段交通信息的特征提取、状态感知、模式复现、交通监管以及事件检测等。

- 决策级

决策级信息融合与协同处理主要实现针对交通状态预测以及决策支持的如何与处理，主要包括路段或路网的短时交通流预测、旅行时间预测、交通时间预测以及 OD 预测等。

（4）信息安全技术

由智能车路协同系统的构成和未来的服务可知，该系统涉及多种通信网络、使用用户众多、访问途径多样、终端千差万别，繁杂的数据既涉及交通系统运营和管理，也涉及交通参与者的个人信息，更涉及关系到政府管理的一些敏感信息，随着系统的不断扩大和发展，不恰当的数据处理与操作都有可能给使用者乃至系统造成不必要的麻烦，抑或给政府或社会带来安全事件。因此，信息安全将成为智能车路协同系统发展和应用过程中不可忽视的首要问题。只有很好地解决了智能车路协同系统的信息安全问题，系统才能最终得到应用和推广。

可以说，信息安全问题其实也是智能车路协同系统规模化应用后将要带来的衍生问题，在系统不断拓展和终端智能化程度不断提高的同时，其安全性问题不容忽视。信息安全涉及的内容主要包括用户安全、数据安全、网络安全和系统安全。信息安全涉及的技术主要包括认证技术、编码技术、容错技术和防灾技术。

具体来说，信息安全的以上相关主要内容和技术均涉及感知层、网络层和应用层三个层次。

● 感知层

智能车路协同系统感知层涉及的对象包括使用该系统的用户和被感知的交通实体。由于系统终端节点数量巨大，终端设备形态千差万别，每个系统用户可以拥有多个不同类型的终端节点，且终端节点或感知节点常处于无人值守的环境，因而系统用户和终端节点认证的关系将更加复杂，密钥管理的必要性和难度将增加，密钥更新时间也会有不同的要求；同理，系统涉及的被感知对象的真实性认证也是信息安全的重要内容之一。

● 网络层

智能车路协同系统涵盖了现有的各种网络平台，包括传感器网、车联网、物联网、移动通信网、互联网、卫星网络和集群通信网等。这些网络原有的安全问题都会引入到系统的运行和管理中来，同时由于智能车路协同系统的特殊性，原有的网络安全问题可能会被放大，甚至会加剧。

● 应用层

智能车路协同系统的应用与服务种类繁多，系统应用层的安全管理模式会更加多元化，不同应用对移动性和可靠性的要求可能也有很大的区别。是否需要为不同的应用研究不同的应用层安全架构和机制，或是为不同的应用研究统一的应用层安全架构和机制，还有待进一步的研究。

（5）人工智能技术

人工智能是涵盖范围非常广的综合前沿科学技术，是研究、开发用于模拟、延伸和扩展人的智能的理论、方法、技术及应用系统的一门新的技术科学，通过构造具有一定智能的人工智能系统，研究如何让计算机去完成人类才能胜任的工作。人工智能能够进行人脑无法承担的大规模计算，使得信息的处理变得更快、更准确。在复杂的交通系统中，每时每刻产生的信息都是巨大的，依靠人脑无法完成对海量交通信息的整体感知和把控。人工智能由智能感知、精确性计算、智能反馈三个环节构成，目的是体现感知、思考、行动三个层层递进的特征。在车路协同系统中，通过车与车、车与路、车与行人之间的信息交互全方位地感知道路交通信息，后台大数据、云计算平台对交通信息进行实时的处理并反馈给道路使用者、道路监管者、道路运营者，从而对交通环境进行感知、决策、控制。人工智能极大地推动了交通系统的发展，推动了无人驾驶的发展，改变了人、车、路的监管方式。

人工智能直接影响了交通管理模式，机器监管将逐步取代人力监管的交通管理方式。通过对公路上车辆通信情况、交通违法情况、道路隐患进行实时的监控、处理、反馈、修正，进一步提升了交通管理力度。人工智能还影响着交通控制模式。传统信号灯控制采用固定路口信号灯配时的方式，但车流量的动态变化、交通需求的不断改变，使得固定信号灯配时的方式对提高交通效率产生了阻碍，虽然信号灯配时会每几年更新一次，但仍无法跟得上瞬息万变的交通流量。而人工智能驱动的信号灯控制，在传统交通信号灯的基础上，加入了雷达传感器和摄像头监控交通流量状况，通过人工智能强大的数据采集能力和数据处理能力，实时获得最优的信号灯配时，极大地提高了交通效率。

（6）现代交通流理论

交通流指路面上通信着的机动车流、行人 / 非机动车流，传统交通流研究理论体系成型于 20 世纪 60 年代至 90 年代，主要是基于数理统计和流体力学微积分等数学和物理方法为基础对交通流建立数理模型。进入 21 世纪，在采用传统方式研究交通流的同时，人工智能、模式识别、数据挖掘、信息处理等技术也逐渐进入交通流理论的研究中，将现代控制理论和系统优化理论紧密结合，在交通网络环境下研究交通流。

基于车路协同的智能交通系统的信息处理离不开现代交通流理论。现代交通流理论研究包括大规模数据采集、数据处理和信息提取（采用信息技术）、实时在线应用，充分考虑交通系统所具有的开放性、非线性、随机性、强耦合性、复杂性等特点。

（7）协同驾驶技术

协同驾驶技术是利用无线通信、传感探测等技术进行机动车与道路的信息获取，通过车 – 车、车 – 路信息交互和共享，实现车辆和基础设施之间智能协同与配合，达到优化利用系统资源、提高道路交通安全、缓解交通拥堵的目的。同时具有相同或相关行驶路段的车辆，应用协同驾驶技术，使得周围车辆彼此了解行驶参数后，通过相应的算法优化个体和群体驾驶行为。

协同驾驶系统包括车端和云端两部分智能子系统，为实施精准的行车环境感知、智慧通信决策与优化的行车动作可控制、云端与车端需要进行大量的信息交互与协同工作。云端系统负责存储海量的传感器实时采集数据及历史采集数据，借助云计算完成海量数据的存储、传输、分析、处理为车辆决策提供可靠、高效的协同控制方案。

车路驾驶技术加强了车（驾驶者）、道路环境、交通控制系统三者之间的联系，改变了单车智能的传统智慧交通系统发展模式，化被动交通控制为主动交通控制。

5. 体系框架设计

（1）智能车路协同系统结构

根据我国智能车路协同系统发展的需要，以及系统研究和开发过程中确定的层次结构，系统可由以信息为核心的、提供不同层次功能的五层平台和一个支撑体系组成。智能车路协同系统五个层次的功能平台，从下至上依次为信息平台、交互平台、协同平台、保障平台和服务平台，它们分别完成不同层次下以信息为中心的层次化功能，即信息采集融合、信息交互共享、信息协同处理、信息安全保障和信息功能服务等；同时，智能车路协同系统通过制定的统一的系统标准与管理支撑体系对接外部系统。下面分别介绍各部分的主要内容和功能：

● 信息平台

信息平台是智能车路协同系统的基础平台，负责完成所有交通数据的采集与信息融合。它通过综合应用多类传感技术，获取交通参与者（行人、驾驶员、乘客）、交通工具（汽车、火车、飞机等）、交通对象（旅客、货物）、交通基础设施（道路、铁路、港口、机场 、航线等）、交通环境（天气、温度、湿度等）、事件（事故、管制等）等交通要素的基础数据、身份信息和运行状态等。

● 交互平台

交互平台是智能车路协同系统的通信平台，负责完成所有交通要素间交通数据的实时交互和共享。它依托多模式无线通信手段，包括无线通信、无线网络和专程通信等，实现车路协同环境下的车内通讯、车车通讯、车路通讯和人车通讯等，完成所有交通要素间的实时、动态联网，从而构建起有效的信息交互平台，支持人、车、道路和环境的实时状态和信息的有效交互。

● 协同平台

协同平台是实现交通信息协同处理的重要环节，负责实现系统级的各类交通信息的协同处理，以提供系统运行所必需的基础性功能。它将整个交通系统看作交通参与者、交通工具、交通对象、交通基础设施、交通环境所构成的整体，通过数据清理、数据融合、数据预测、数据补偿和数据挖掘等方法，对交互平台提供的交通信息实施协同处理，为系统相关功能服务的开发奠定数据基础。

我国智能车路协同系统总体结构示意图

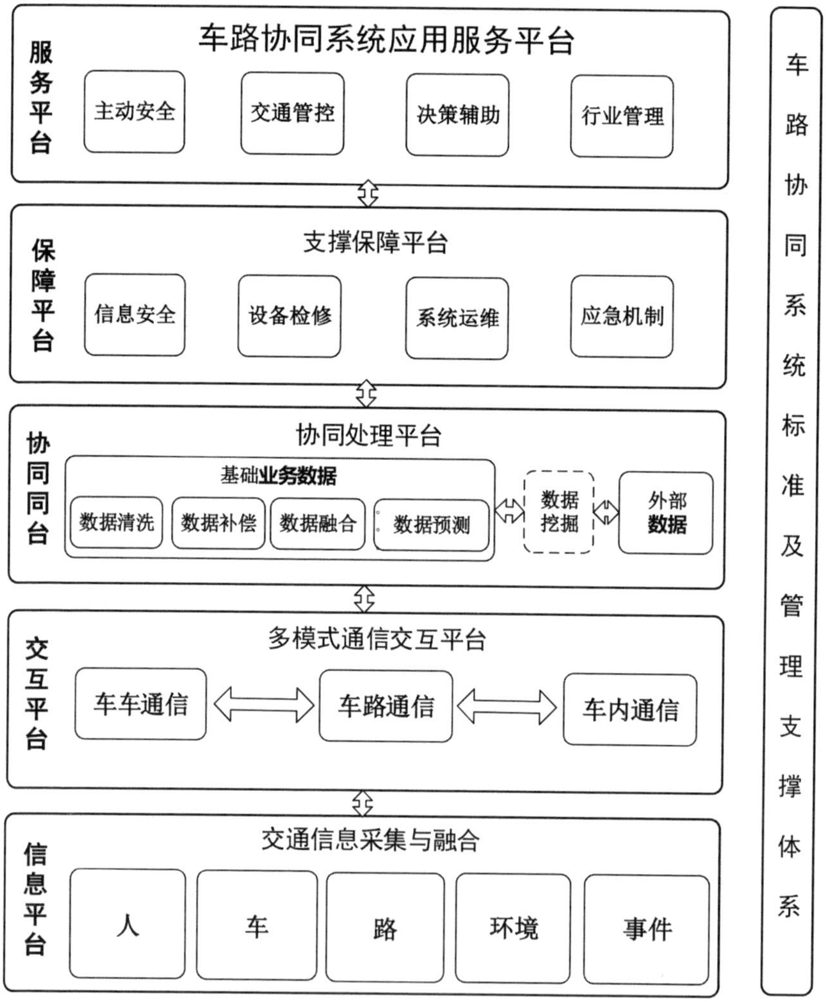

● 保障平台

保障平台虽是智能车路协同系统的辅助性平台，但却是不可或缺的重要环节，负责完成系统感知层、网络层和应用层的信息安全管理。它采用相关的认证技术、编码技术、容错技术和防灾技术，保证用户安全、数据安全、网络安全和系统安全，通过提供信息安全、设备检修、系统运维、应急响应等功能，为车路协同系统的正常工作提供必需的安全和服务支撑保障。

● 服务平台

服务平台是智能车路协同系统得以应用的重要平台，负责支持系统所有功能的开发和实现，并在此基础上提供必需的车路协同功能和服务。它在信息平台、交互平台、协同平台和保障平台的基础上，采用统一的系统标准和管理协议，支持基于跨平台的服务功能开发，面向个人、企业和行业管理开放各类服务，并提供包括主动安全、交通管控、检测辅助和行业管理等在内的相关服务。

● 系统标准与管理支撑体系

系统标准与管理支撑体系是智能车路协同系统联系其他已有交通系统的重要纽带，它通过一系列的标准和协议，保证不同交通系统间的互通互联、信息交互、功能协同和服务集成。

（2）体系框架设计原则

众所周知，智能交通系统ITS的体系框架，就是对智能交通各子系统、各子系统之间的相互作用、信息交换和协同工作的定义和描述，也是智能交通的功能和信息模型。而作为智能交通的信息和功能模型，其体系框架在智能交通的技术研究、产品开发、系统集成以及应用实施等方面发挥着重要的指导作用。因此，与已有的智能交通系统体系框架相同，智能车路协同系统的体系框架也在其技术研究、产品开发、系统集成以及应用实施过程中，同样扮演着重要角色。

智能车路协同系统的出现标志着智能交通系统发展进入了一个新阶段，即体现协同管控和服务集成的第三阶段。在此发展阶段，整个交通系统被看作是交通参与者、交通工具、交通对象、交通基础设施和交通环境所构成的有机整体，各交通要素间存在的功能交互构成了整个交通系统的功能域，其信息获取的广度、交互协同的深度和应用开发的丰富度均获得极大扩展，这种层次化和循序渐进的发展过程，使智能车路协同系统在很大程度上仍保留了传统智能交通系统的实质内容，并在智能交通系统的内涵和外延上得到进一步丰富和拓展。

为阐明这种发展延续关系，我们在原有智能交通体系框架的基础上，就我国智能车路协同系统的体系框架进行深入全面的分析和研究，并通过设计提出我国智能车路协同系统体系框架，指导在同一地方不同时间开发的智能车路协同子系统能在体系框架的统筹下有机结合在一起，提供低级子系统向高级子系统的顺序升级，也是为了在同一时间不同地方开发的子系统实现无缝连接，整合形成更加丰富完善的系统。

综上所述，我国智能车路协同系统体系框架的设计，必须遵守和满足如下的设计原则：

● 系统性

智能车路协同系统包括交通参与者、交通对象、交通基础设施、交通环境、交通事件等，涉及交通系统的数据采集、信息交互、协同处理、安全保障和服务集成的所有层次，应用领域包括交通管理、城市物流、公共安全、社会管理、金融支付等，因此智能车路协同系统体系框架的设计需要从大系统的角度出发，根据系统的组成要素和服务内容进行综合统筹。

● 自主性

智能车路协同系统的应用和推广，涉及国家基础设施建设、公共信息安全和社会经济生活，同时关系到国家交通基础行业的发展，因此有必要首先从发展我国自有自主知识产权的技术和产品出发，例如在我国北斗导航系统陆续投入应用后即将其作为该系统的首选定位手段，结合中国社会和经济发展的实际情况，以保证技术、产品、系统和标准的可行性和实用性。

● 兼容性

世界范围内智能车路协同系统的全面实施和推广，必将形成由多种应用、多种服务和多种子系统组成的大系统，也必是不同企业和厂家的产品和系统的集成，还可能需要与国外交通系统的融合和互联，因此我国智能车路协同系统的发展必须既可能与国内系统和标准的兼容，还必须考虑与相关国际标准的兼容，即保证智能车路协同系统的兼容性。

● 开放性

传感器网络、无线通信、新一代互联网等技术是智能车路协同系统产生和得以快速发展的基础，这些新技术的快速发展和更新，已催生了智能车路协同系统的相关技术，相信在未来的发展过程中，大数据、云计算和信息安全等技术的出现，又将进一步提升智能车路协同技术的新发展。因此，保持系统的开放性，将有利于吸收相关科学技术的最新进步，为新技术、新产品的发展留出必要的扩展空间。

（3）基于车路协同的智能交通系统体系框架逻辑结构

我国基于车路协同的智能交通系统体系逻辑结构与 6 个服务领域相对应，分别为车辆安全与控制、行人与非机动车安全、信息服务、交通管理、运营管理和应急救援。

考虑到智能车路协同系统是智能交通系统发展到第三个阶段的主要标志，且车路协同平台是所有功能实现的基础性平台，能够为此阶段所有交通服务功能提供获取交通对象数据的信息采集平台，基于多模式无线通信的信息交互平台，实现基础数据间融合处理的协同处理平台，提供信息安全和系统维护的支撑保障平台，以及保证交通系统各类服务功能实现的综合平台，因此需要在 6 类功能域外，特别增加作为基础平台的车路协同平台。

根据以上设计思路，我国智能车路协同系统体系框架的逻辑结构应包括 7 个功能域，它们分别是：

我国智能车路协同系统体系框架逻辑结构顶层关系示意图

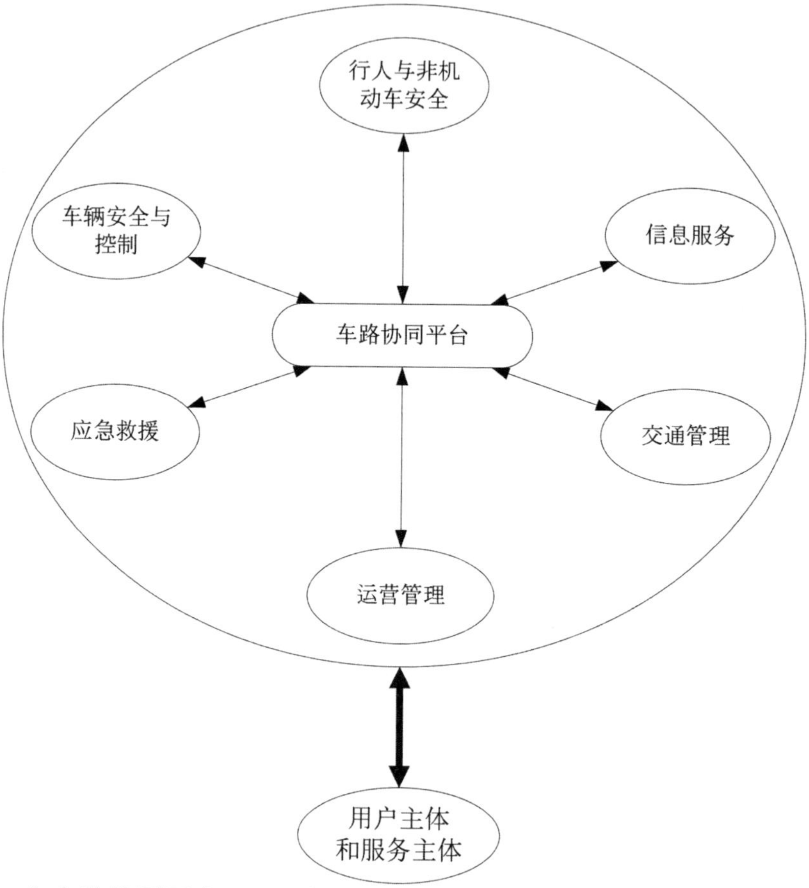

1）车路协同平台 CVIS（Cooperative Vehicle Infrastructure System）

2）车辆安全与控制 VSC（Vehicle Safety and Control）

3）行人与非机动车安全 PNMS（Pedestrians and Non-Motorized Safety）

4）信息服务 IS（Information Service）

5）交通管理 TM（Traffic Management）

6）运营管理 OM（Operations Management）

7）应急救援 ERR（Emergency Response and Rescue）

（4）基于车路协同的智能交通系统体系框架物理结构

随着无线通信、新一代互联网和无线传感器等技术的快速发展，信息获取与交互在车路协同系统环境下已成为可能，且在大数据和云计算技术的支持下，还将有效提升我国智能车路协同系统体系框架下信息获取的广泛性、信息交互的协同性和信息服务的集成性。因此，我国智能车路协同系统体系框架的物理结构应有效体现信息在未来交通系统中的作用。下图为我国基于车路协同系统的智慧交通系统框架物理结构顶层关系示意图。

我国智能车路协同系统体系框架物理结构顶层关系示意图

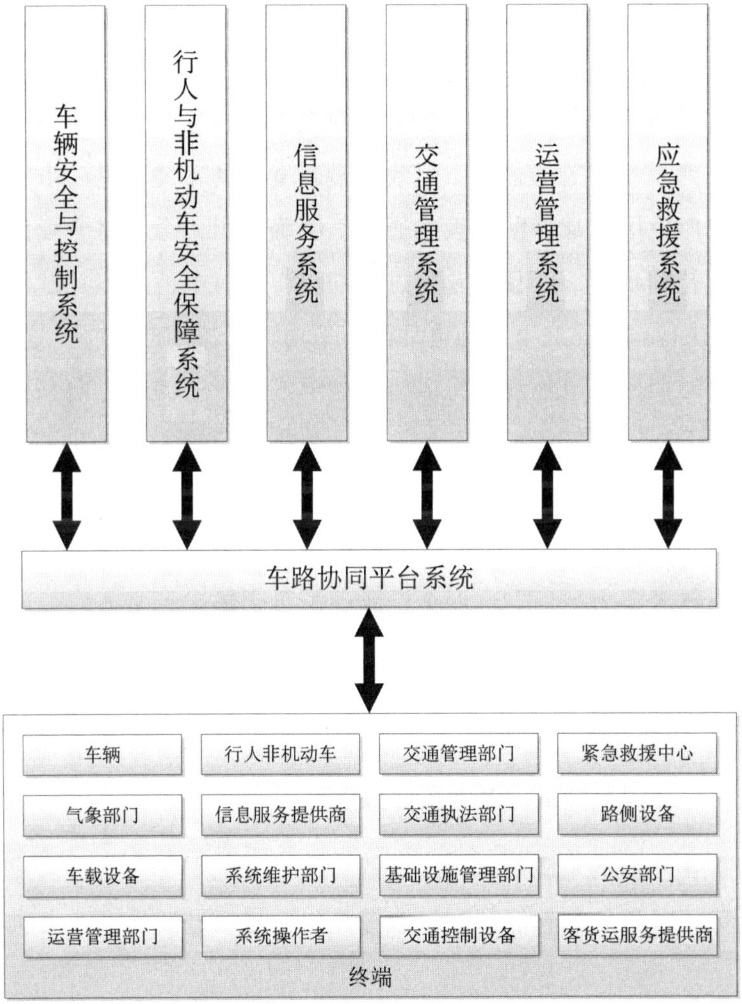

三、构建氢燃料电池汽车全产业链条 [1]

氢能是当前全球能源革命的重要方向，也是各国能源战略的重要组成。近几年，随着相关技术加快成熟，日美德法澳等国相继发布国家氢能路线图或行动计划，韩国甚至将氢能产业定为三大战略投资领域之一，其《氢能经济路线图》也在 2019 年 1 月由总统文在寅亲自发布，可见氢能经济开始全面进入产业化导入期，成为全球经济新的重要增长点。

自 2017 年以来，我国氢能与燃料电池汽车发展也明显提速，中央和各地对该产业的重视和关注空前。截至 2019 年 3 月，已有超过 10 个省市政府发布了燃料电池汽车产业发展规划，3 月召开的两会中，氢能源首次被列入政府工作报告。财政部最新发布的《关于进一步完善新能源汽车推广应用财政补贴政策的通知》明确提出，今年将专项制定燃料电池汽车补贴政策，并且在政策过渡期内，燃料电池汽车补贴将按上年的 0.8 倍执行。相比之下，纯电动汽车平均降幅却接近 50%。这意味着，今后一个时期燃料电池汽车将成为新能源汽车产业的新方向和重点。在这一背景下，结合能源禀赋和产业基础分析，预计未来 8—10 年我国将打造形成规模近万亿的氢能和燃料电池汽车产业。

随着国内燃料电池产业化的快速推进，“氢气从哪里来”和“我国燃料电池技术实力如何”这两个话题逐渐得到越来越多人的关注，本节将重点围绕这两个话题进行解析，深入探讨我国氢源供应潜力和燃料电池关键技术能力。

（一）我国氢源供应潜力及资源禀赋

1. 我国主要的氢源制取方式

全球正经历从化石能源向氢能等非化石能源过渡的第三次能源体系

1 本节作者：陈靖，中国动力电池创新联盟燃料电池分会重大转换期，现阶段我国能源体系存在不安全、不平衡、不可持续的问题，主要体现在能源安全、煤炭大国但利用不够清洁、可再生能源发展遇瓶颈、碳排放压力大和电力系统灵活性不足五方面。

氢作为二次能源，具有来源多样、清洁低碳、灵活高效、应用场景丰富等特点。氢是宇宙中最为丰富的元素。它存在于淡水、海水之中，也存在于碳氢化合物和一切生命物质中。地球表层75%的面积，都由水覆盖着、主宰着，而其中的三分之二都由氢构成。此外，作为能源，氢有两个极具竞争力的特征：高能量密度，单位质量的热值约是煤炭的4倍，汽油的3.1倍，天然气的2.6倍；可存储且无碳，相比电力可以实现跨时间及地域的灵活运用。因此，在全球能源转型过程中，氢是最佳的碳中和能源载体。因此，氢能若能加以开发利用，对于我们人类而言，是取之不尽用之不竭的能源。

按照氢气制取工艺，可以分为化石能源热化学法制氢、工业副产气提纯制氢、水电解制氢、太阳能光催化分解水制氢和生物质制氢等。根据近期制氢技术成熟度和我国燃料电池汽车产业发展情况，中短期内我国车用氢源的现实来源主要可以分成三类：化石燃料制氢、工业副产气提纯制氢和可再生能源电解水制氢。

从制取的绿色低碳角度看，可以将化石燃料制取的氢源归为深灰氢源，因为化石燃料制氢会产生大量的直接温室气体排放和间接温室气体排放；将工业副产气提纯制取的氢源归为浅绿氢源，因为工业副产气提纯只需要消耗些许电力，存在一些电力生产过程中的间接温室气体排放；将可再生能源电解水制取的氢源归为深绿氢源，因为其制备过程接近零排放，是整个行业深度脱碳的一大途径。

● 氢源一：化石燃料制氢

化石燃料制氢主要通过热化学法制取，具体是指通过对煤炭、天然气等化石原料气化、裂解或者部分氧化等热化学反应，再经过净化、CO变换、提纯等生产过程获得一定纯度的氢气。

现阶段我国主要采用的化石燃料制氢方式有3种：煤制氢、天然气制氢和甲醇裂解制氢，这也是目前我国氢燃料电池汽车发展可以采用的现实氢源供应方式。

1）煤制氢：主要生产工艺有两种，煤焦化和煤气化。其中煤气化是目前煤制氢的主要方法。煤气化制氢是先将煤或煤焦气化得到以 H_2 和 CO 为主要组分的煤气，再经过煤气净化、CO 变换以及 H_2 提纯等生产过程获得一定纯度的氢气，主要制氢反应式如下：

$$C + H_2O \rightarrow CO + H_2$$

$$CO + H_2O \rightarrow CO_2 + H_2$$

2）天然气制氢：主要工艺包括天然气蒸汽重整制氢、天然气部分氧化制氢、天然气自热重整制氢、天然气催化裂解制氢，其中天然气蒸汽重整制氢技术发展成熟，是常用的制氢方法之一。天然气蒸汽重整制氢的工艺过程是将天然气（主要是甲烷等烃类）与水蒸气反应生成 H_2 和 CO_2。主要化学反应式如下：

重整反应：

$$CH_4 + H_2O \rightarrow CO + 3H_2$$

$$CH_4 + 2H_2O \rightarrow CO_2 + 4H_2$$

变换反应：

$$CO + H_2O \rightarrow CO_2 + H_2$$

3）甲醇制氢：甲醇制氢方法包括甲醇重整制氢、甲醇部分氧化制氢和甲醇裂解制氢等，其中甲醇重整制氢技术发展最为成熟。甲醇重整制氢是将甲醇和脱盐水在一定温度和压力条件下反应生成 H_2 和 CO 的过程，主要化学反应式如下：

$$CH_3OH + H_2O \rightarrow CO + 3H_2$$

● 氢源二：工业副产气提纯制氢

我国具有强大和广泛的化工行业制氢基础，国内工业副产气资源丰富且来源多样，现阶段主要有5类工业副产气可以利用：丙烷脱氢副产气、炼焦副产气、氯碱副产气、合成氨副产气、合成甲醇副产气。

工业副产气提纯制氢是指利用含氢工业尾气为原料制氢的生产方式，一般采取变压吸附法（PSA）、低温分离法、膜分离法等方法对含氢工业尾气进行提纯制氢。主要工艺路线如下：

工业副产气提纯制氢的典型流程（以焦炉煤气为例）

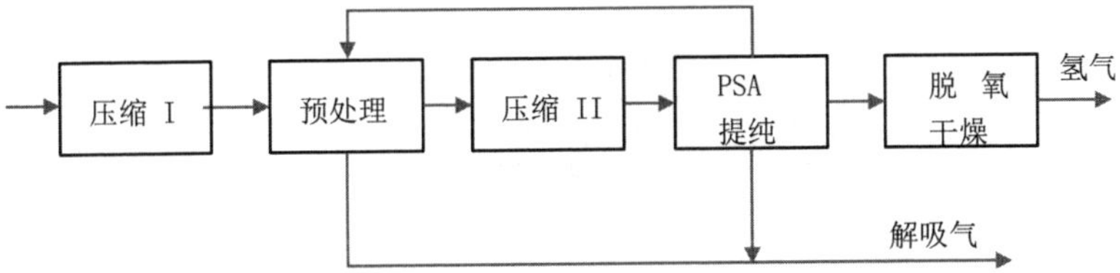

● 氢源三：可再生能源电解水制氢

可再生能源电解水制氢是一种近零碳排放的制氢方式，同时也是一种有效的储能方式，能够提高可再生能源利用率。近年来，我国水电、风电、光伏发电等可再生能源发电规模逐渐增加，开发利用规模不断加大。根据可再生能源的不同，可以分成 3 种氢源：水电电解水制氢、光电电解水制氢、风电电解水制氢。

在电解水制氢多种工艺技术路线中，碱性水电解技术是目前发展最为成熟的工艺，其方法是两个电极分别通上直流电，并且浸入水中时，在直流电的作用下，水分子分解为氢离子（H^+）和氢氧根离子（OH^-），在阳极 OH- 失去电子产生氧气，在阴极 H+ 得到电子产生氢气。化学反应式如下：

阳极反应：$4OH^- \rightarrow 2H_2O+O_2+4e^-$

阴极反应：$4e^-+4H_2O \rightarrow 4OH^-+2H_2$

总反应：$2H_2O \rightarrow 2H_2+O_2$

2. 我国三大类氢源的供应潜力及资源禀赋

● 化石燃料制氢

我国化石燃料制氢潜力很大，若将煤炭、天然气和甲醇年产量的 1% 用来制氢，每年将有 480 万吨氢气可供燃料电池汽车运营使用。如下图所示，煤制氢潜力最大，在整个化石燃料制氢潜力结构中占比 92%。以装载重塑科技燃料电池系统的 7.5 吨东风物流车为基准（已在上海实际运营，百公里耗氢 2.5kg，假设每日运行 200km，每年运行 350 天），则我国化石燃料制氢每年可满足全国 275 万台燃料电池物流车用氢需求。

我国化石燃料制氢潜力和结构分布（2018）

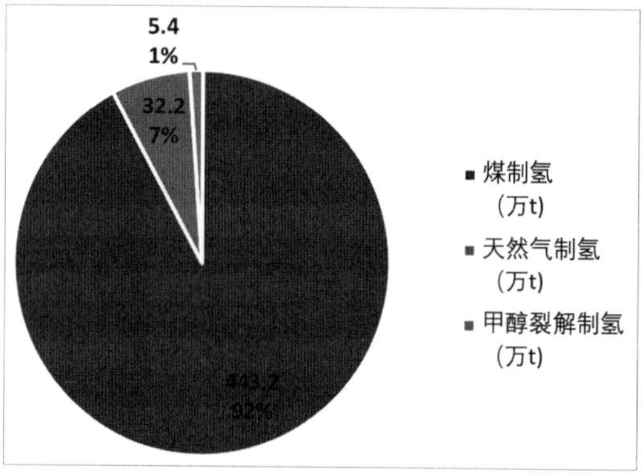

1）煤制氢：根据 2014 年煤田地质调查报告，我国煤炭资源保有量 1.95 万亿吨，煤炭资源非常丰富。以 2018 年的实际产量（2018 年我国原煤产量 35.5 亿吨）为测算基础，假设将原煤产量的 1% 用作制氢，按照制氢耗量 8kg 煤 /kgH_2，则氢气年产量有 443 万吨，完全可以支撑我国百万台燃料电池汽车每年运营的用氢需求。

我国各省份煤制氢潜力和累计占比（2018）

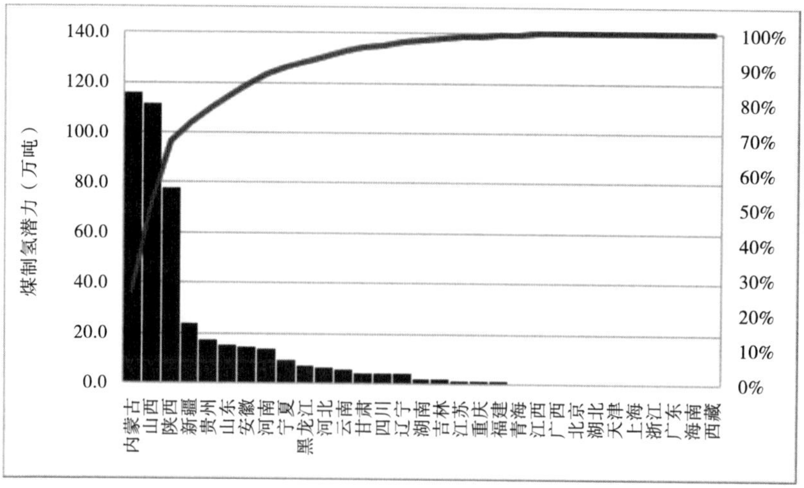

就区域资源禀赋而言，我国煤炭资源主要集中在内蒙古，山西，陕西等地。目前我国铁路煤运量占煤运总量的 60% 以上，公路煤炭运输作为铁路和水路煤炭运输的重要补充，煤炭的跨区域使用不存在太大的问题，即煤制氢的资源禀赋不太受煤炭资源禀赋的束缚，理论上可以在全国范围推广。

2）天然气制氢：我国天然气资源较为丰富，不过由于勘探开发程度较低导致国内供不应求，如 2017 年国内受天然气存量需求快速增长、“煤改气”迅猛发展、进口气供应不稳定等因素影响，局部地区个别时段出现用气紧张状况。随着未来非常规天然气资源潜力不断释放，国内的天然气生产供应能力将持续提高。以 2018 年的实际产量（2018 年我国天然气产量 1610 亿立方米）为测算基础，假设将天然气产量的 1% 用作制氢，按照制氢耗量 5Nm^3 天然气 /kgH_2，则氢气年产量有 32 万吨。

我国各省份天然气制氢潜力和累计占比（2018）

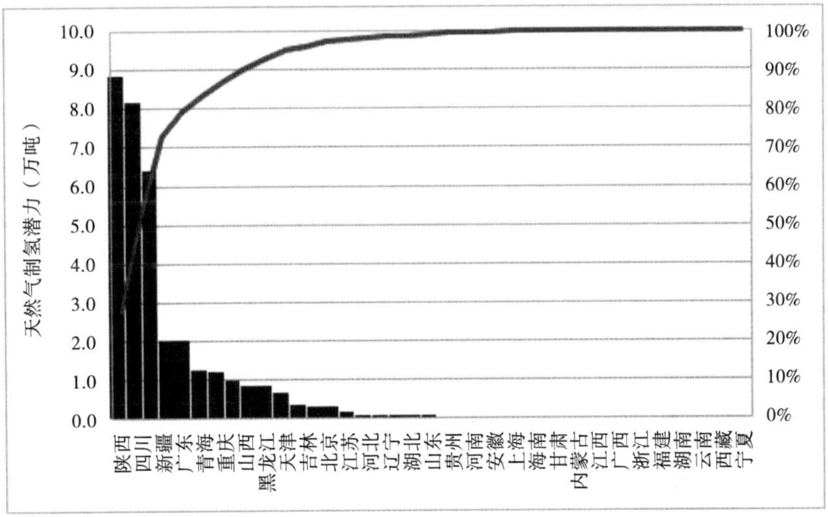

就区域资源禀赋而言，陕西、四川、新疆三大西部省份的天然气储量最为丰富，产量也最高。运输方式主要包括管道运输（PNG）、液化天然气运输（LNG）、压缩天然气运输（CNG）等。目前，我国天然气长输管道蓬勃发展，全国性管网逐步形成；同时，用 LNG 与 CNG 公路罐车运输天然气已经遍及全国管道供气尚未覆盖的城镇，因此天然气制氢理论上也可以在全国范围推广。

3）甲醇制氢：2017 年我国精甲醇产量 4528 万吨，长期有效产能大约 7644 万吨，整体产能利用率为 59.23%。就整体产能来看，行业处于供过于求的状态。随着落后产能的逐渐淘汰，整体供需最终将呈现平衡状态。以 2018 年的实际产量（2018 年 1—10 月我国精甲醇产量 3907 万吨）为测算基础，假设将甲醇产量的 1% 用作制氢，按照制氢耗量 7.2kg 甲醇 /kgH_2，则氢气年产量有 5.4 万吨。

就区域资源禀赋而言，由于我国甲醇有 50% 左右源自于煤炭制备，因此煤炭资源禀赋区域与甲醇资源禀赋具有较大的相关性，内蒙古、山东、宁夏、陕西等地是甲醇生产主要区域。甲醇的铁路运输运力有限（生产企业难以掌控运输时间和运输量），管道运输的投资又很高昂，因此国内甲醇运输主要以汽运为主，但自 2014 年初山西特大甲醇车爆炸事故开始，各地便相继出台了一系列关于危化品限制运输的条例，使得甲醇公路运输更加困难，即甲醇制氢禀赋的区域特性较强。

我国各省份甲醇裂解制氢潜力和累计占比（2018 年 1—10 月）

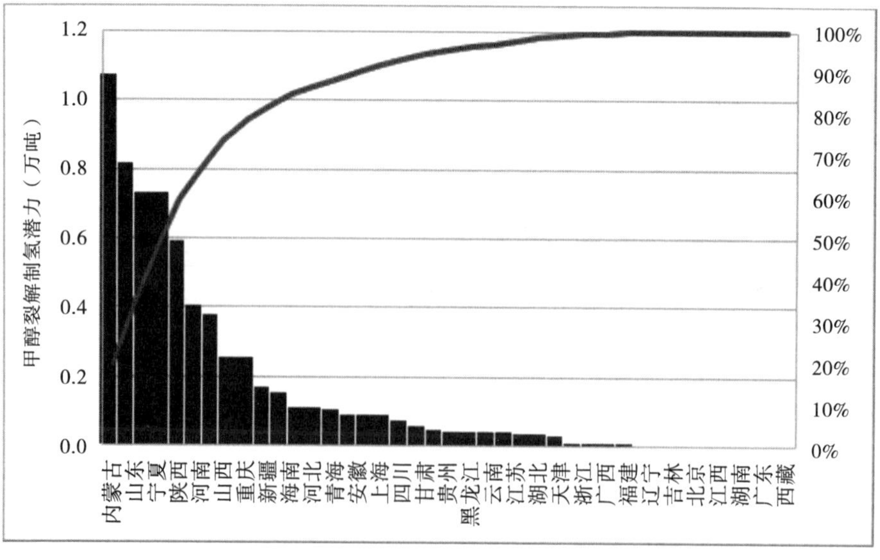

● 工业副产气提纯制氢

我国工业副产气主要有 5 种：丙烷脱氢副产，氯碱副产，炼焦副产，合成甲醇副产，合成氨副产。由于副产气可以用于回炉助燃，以及制作其他化工副产品，因此 50%—70% 的副产气都有下游利用方向，故我们保守假设实际放空率为 30%。并且由于供气稳定性、氢气质量、厂商合作意愿等等原因，并非所有副产气都适合用来提纯制氢，因此我们保守假设副产气的实际可商用化率为 30%。

根据 5 种化工原料产量和假设前提，可测算出 2018 年我国可供燃料电池汽车使用的副产氢有 91 万吨，如下图所示，炼焦副产氢占比 67%，是工业副产氢的主要组成部分。以装载重塑科技燃料电池系统的 7.5 吨东风物流车为基准（已在上海实际运营，百公里耗氢 2.5kg，假设每日运行 200km，每年运行 350 天），则我国副产气提纯制氢每年可满足全国 52 万台燃料电池物流车用氢需求。

我国副产气提纯制氢潜力和结构分布（2018）

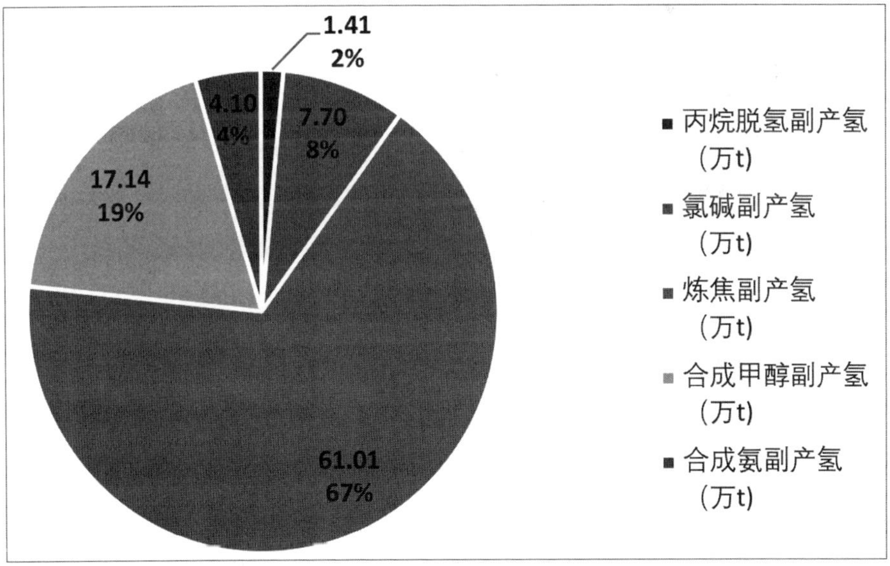

1）丙烷脱氢副产氢：丙烷脱氢是指以丙烷为单一原料，利用脱氢技术来生产丙烯的技术。近年来全球丙烯需求增长迅速，但传统工艺生

产的丙烯难以跟上需求快速增长的步伐，为了确保丙烯供应，必须实行替代生产工艺。在少数几个以丙烯生产为重点的生产工艺中，丙烷脱氢（PDH）已被证明是最有效的生产工艺，因此 PDH 项目在全球受到热捧。

2013 年以来，丙烷脱氢产业在我国迅速发展，产能扩张速度惊人，逐渐成为丙烯重要来源之一。丙烷脱氢项目的每吨产品丙烯对应的氢气产量比例为 4%，通过 PSA 氢气回收率在 85% 左右。目前，全球投入运营的 PDH 装置已经有 26 套，产能已经超过 1200 万吨 / 年，其中中国的 PDH 产能占全球逾一半。截至 2018 年，我国共有 8 个丙烷脱氢项目投产，这些项目高度集中在浙江、山东、天津、江苏等东部沿海省市。

我国主要省份丙烷脱氢副产气提纯制氢潜力和累计占比（2018）

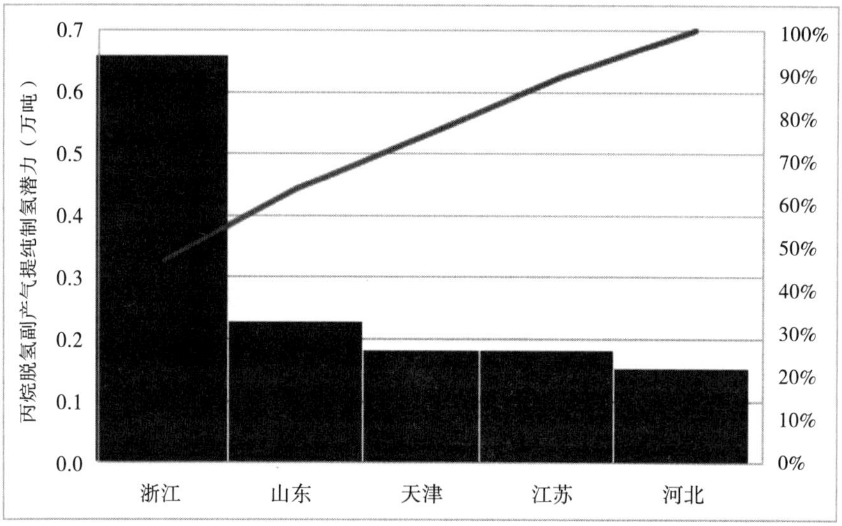

2）炼焦副产氢：焦炭作为一种固体燃料，主要用于钢铁冶炼。焦炉气是焦炭生产过程中的副产品，通常生产 1 吨焦炭可副产 420Nm^3 焦炉气。焦炉煤气中含氢比例为 55%，氢气转化率为 75%。焦炭副产氢主要集中在山西、河北、山东、陕西等中部地区省份，其中山西的炼焦副产氢禀赋最高。利用提纯氢技术制取高纯氢气或者工业用氢，可以消除大量的煤气放散现象，极大改善和保护环境。

我国各省份炼焦副产气提纯制氢潜力和累计占比（2018）

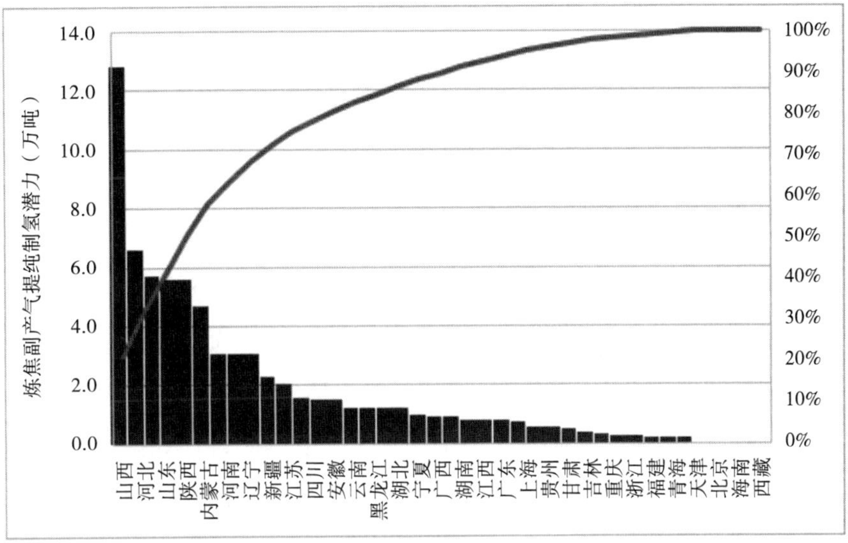

我国各省份氯碱副产气提纯制氢潜力和累计占比（2018）

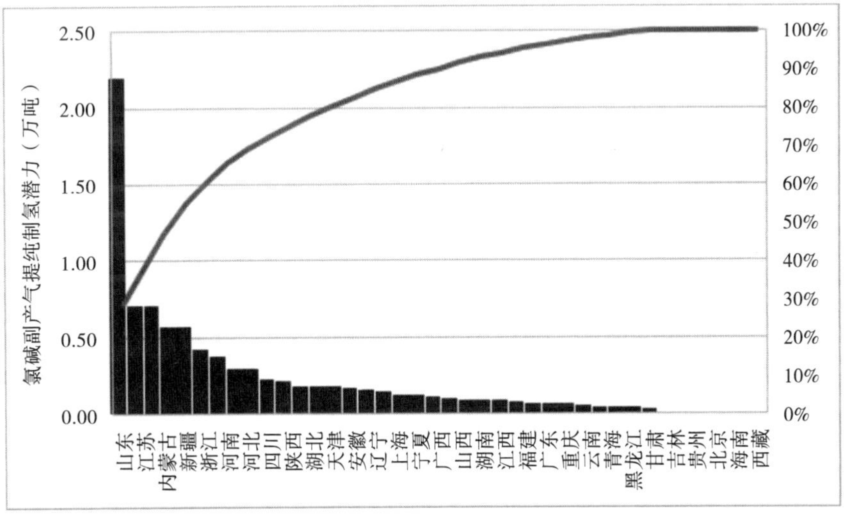

3）氯碱副产氢：烧碱作为重要的基础化工产品，广泛应用于化工、造纸、纺织、冶金等领域。烧碱是通过电解食盐水得到的，生产过程中产生一定数量的氢气。对于具有大中型烧碱装置的企业，这部分副产氢气量也非常可观。制取 1 吨烧碱可副产氢气 280Nm^3，并且现在氯碱的电解装置大多采用离子膜工艺，其副产氢的纯度一般在 99% 以上，基本上达到工业氢质量技术指标要求。在我国氯碱行业的生产中，积极推进存量氢气的回收利用和电解技术研发，就能使行业从耗能转向造能，这是一个极为重要的角色转变。就区域禀赋而言，我国氯碱副产氢主要集中在山东、江苏、内蒙古等省份，其中山东的氯碱副产氢禀赋最高。

4）合成甲醇副产氢：甲醇作为重要的基础化工原料，传统下游应用包括塑料、合成纤维、合成橡胶、胶粘剂、染料、涂料、香料、医药和农药等，随着社会需求不断增加，对甲醇的整体需求也在稳定上涨。在合成甲醇过程中会有许多富氢气体产生，通常制取 1 吨甲醇有 780Nm^3 驰放气，驰放气中氢气比重为 70%。就区域禀赋而言，我国合成甲醇副产氢主要集中在内蒙古、山东、宁夏、陕西等省份，其中内蒙古的合成甲醇副产氢禀赋最高。

我国各省份合成甲醇副产气提纯制氢潜力和累计占比（2018 年 1—10 月）

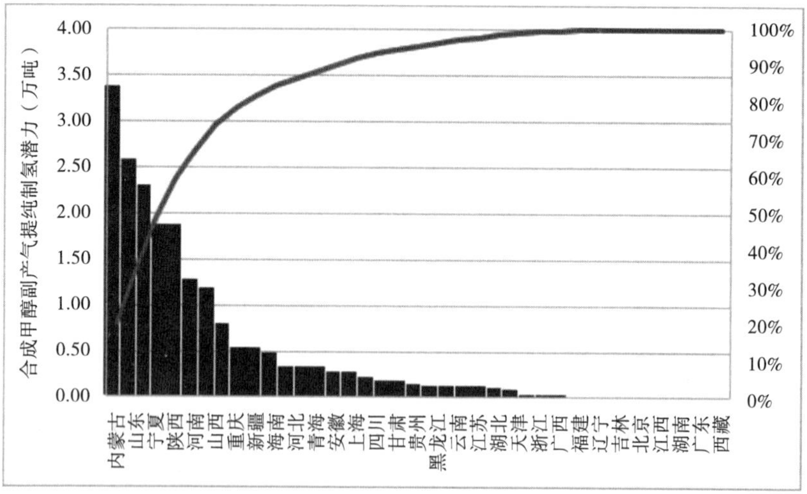

5）合成氨副产氢：合成氨下游产业主要是尿素、磷铵以及氮肥，近年来随着化肥侧改革的进行，氮肥用氨稳中有降，这导致合成氨消费也逐步萎靡，从而影响合成氨产量呈下降趋势。但化工用氨、环保用氨和其他氨加工产品对氨的需求还将保持增长。合成每吨液氨会产生驰放气 200Nm³，驰放气中氢气占比 60%。就区域禀赋而言，我国合成甲醇副产氢主要集中在山东、河南、山西等省份，其中山东的合成氨副产氢禀赋最高。

我国各省份合成氨副产气提纯制氢潜力和累计占比（2018 年 1—11 月）

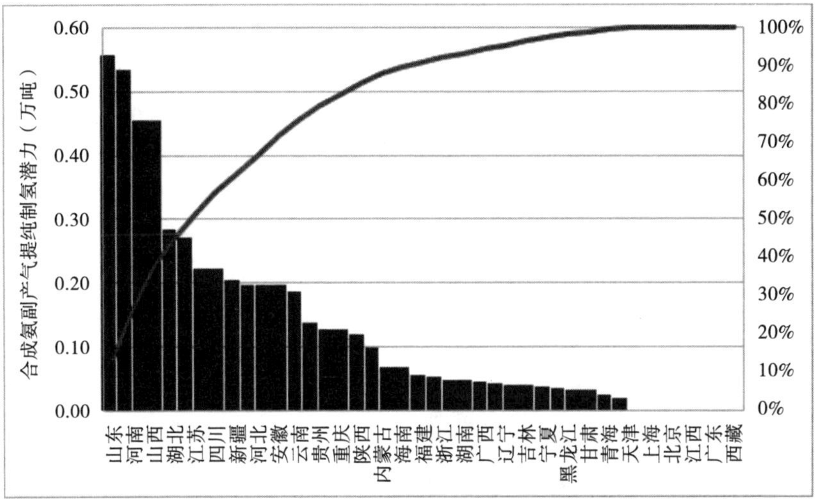

● 可再生能源电解水制氢

2018 年，我国可再生能源发电量达 1.87 万亿千瓦时，同比增长约 1700 亿千瓦时；可再生能源发电量占全部发电量比重为 26.7%，同比上升 0.2%。其中，水电 1.2 万亿千瓦时，同比增长 3.2%；风电 3660 亿千瓦时，同比增长 20%；光伏发电 1775 亿千瓦时，同比增长 50%；生物质发电 906 亿千瓦时，同比增长 14%。

由于可再生能源具有间歇性、不稳定性和不可调控等属性，加上装机布局相对集中的“三北”地区本地消纳能力不足，且外送通道建设滞后、跨省区输送能力有限，使得我国弃电现象较为突出。2018 年，我国弃水电量约 691 亿千瓦时，在来水好于 2017 年的情况下，全国平均水能利用率达到 95% 左右；弃风电量 277 亿千瓦时，全国平均弃风率 7%，同比下降 5 个百分点；弃光电量 54.9 亿千瓦时，全国平均弃光率 3%，同比下降 2.8 个百分点。

就经济性而言，弃电售价可低至 0.1 元 /kWh，因此可再生能源弃电制氢既可以消纳多余电力，也可以为燃料电池汽车产业发展初期提供绿色廉价的氢源。基于弃电的 3 大来源（弃水电，弃风电，弃光电），假设其中 80% 都用于生产氢气，制 $1Nm^3$ 氢气耗电量 5kWh，可测算出我国 2018 年可供燃料电池汽车使用的弃电氢有 146 万吨，如下图所示，弃水电制氢潜力最大，占比 68%。以装载重塑科技燃料电池系统的 7.5 吨东风物流车为基准（已在上海实际运营，百公里耗氢 2.5kg，假设每日运行 200km，每年运行 350 天），则我国弃电氢每年可满足全国 83 万台燃料电池物流车用氢需求。

我国弃电电解水制氢潜力和结构分布（2018）

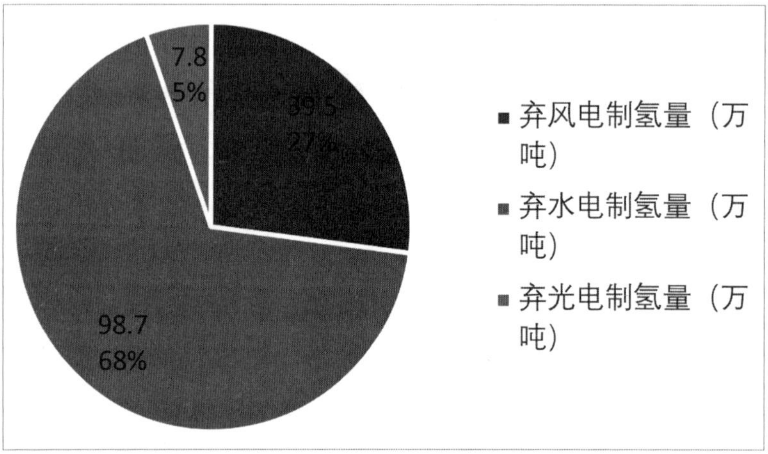

1）弃风电制氢：2018 年，全国弃风电量 277 亿千瓦时，同比减少 142 亿千瓦时，全国平均弃风率为 7%，同比下降 5 个百分点，继续实现弃风电量和弃风率“双降”。我国弃风主要集中在新疆、内蒙古和甘肃，这三个省份的弃风电量占比全国弃风电总量的 84%，弃风电制氢潜力如下图所示。

2）弃光电制氢：2018 年，全国光伏发电弃光电量同比减少 18 亿千瓦时，弃光率同比下降 2.8 个百分点，实现弃光电量和弃光率“双降”。我国弃光主要集中在西北地区，西北地区的弃光电量为 47.14 亿千瓦时，占全国弃光总量的 86%。其中新疆和甘肃的弃光问题最为严重，这两个省份的弃光量占西北地区弃光总量的 69%。

我国各省市弃风电制氢潜力和累计占比（2018）

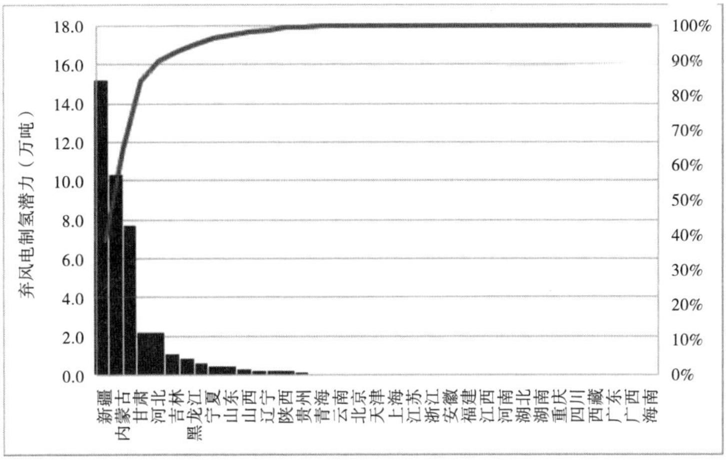

我国西北地区各省区弃光情况（2018）

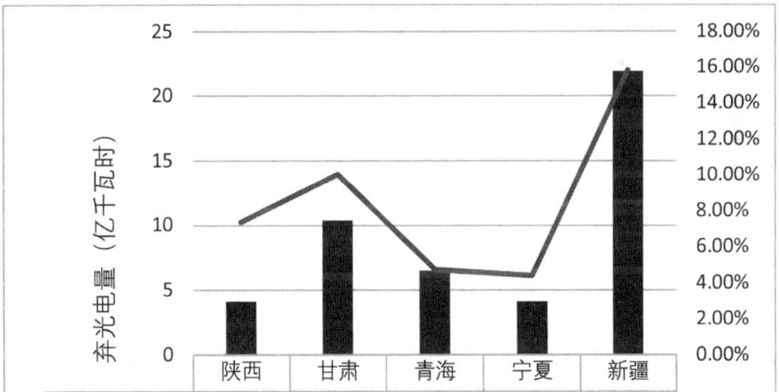

	陕西	甘肃	青海	宁夏	新疆
弃光电量	4.16	10.4	6.51	4.15	21.92
弃光率	7.39%	10.06%	4.76%	4.41%	15.84%

3）弃水电制氢：水电比火电具有环保优势，比光伏、风电等清洁能源具有价格及电力稳定性的优势，因此水电在国家能源战略中将会占据越来越重要的地位。我国水能资源丰富，2018 年，全国水电新增装机约 854 万 kW，累计装机 3.52 亿 kW，水电开发量位居世界第一。新增装机较多的省份是云南（392 万千瓦）、四川（155 万千瓦）和广东（90

万千瓦），占全部新增装机的 74.6%。但水力资源分布不平衡，呈现“西部多东部少”的特点，弃水问题主要出现在西南地区的云南、四川两省，2017 年我国弃水电量 515 亿千瓦时，其中四川和云南两省的弃水电量占全国总量的 87%。而且，实际情况比统计数据还要严重。如 2017 年，四川公布省调水电调峰弃水损失电量 156 亿千瓦时，事实上，这些弃水量仅仅是从电网调度的角度统计的调峰弃水，而对于水电企业来说，更能反映弃水实际的是装机弃水。据中国水力发电工程学会统计，仅我国四川一个省 2017 年的装机弃水损失就超过了 550 亿元，比调峰弃水量足足高出 400 多亿元。

我国四川和云南弃水情况（2013—2017）

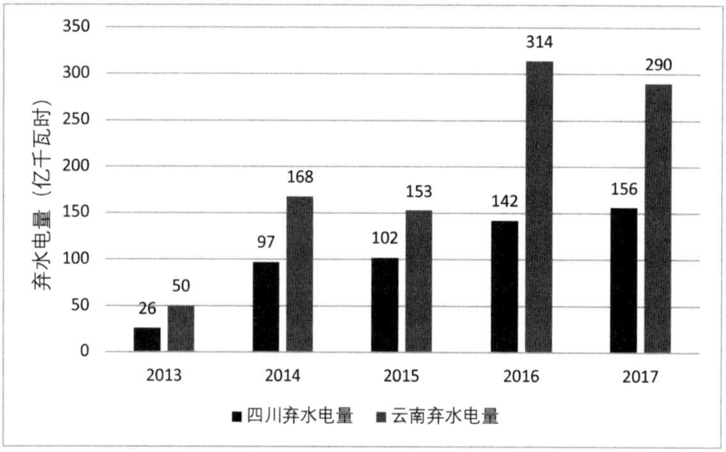

3. 适合我国燃料电池产业发展的氢源选取路径

结合我国制氢技术发展情况、燃料电池汽车产业发展阶段和氢源禀赋分布的国情，我国氢源应采取“因时制宜、因地制宜、多元搭配”的综合选择方式。

在中短期（2030 年前），燃料电池产业还处于发展初期，尚没有大量的用氢需求，并且煤制氢等化石燃料制氢的污染问题较为突出，碳捕集与封存技术（CCS）不成熟，因此在这个阶段，选择廉价低碳的氢源就具有十分重要的意义。对于我国而言，庞大的化工产业基础和快速发展的可再生能源发电行业（水电、风电、光伏发电等）为此奠定了良好的前提。工业副产气提纯制氢和可再生能源弃电制氢是我国难得的氢源禀赋，既能提高资源综合利用效率和经济效益，变废为宝，又能降低大气污染改善环境，是一举多得的制氢途径。因此在副产氢源或弃电氢源禀赋高的地区，宜优先选择这两类氢源。氢源禀赋较低的地区，可以采用化石能源制氢富余产能、谷电电解水制氢和副产气提纯制氢等互补方式来综合保障氢源供应。

在中长期（2030 年后），届时燃料电池汽车已达到百万规模，燃料电池也在其他领域（船舶、工业等）得到应用。用氢需求稳定且规模较大，专门建设制氢工厂的经济性具备，化石能源清洁制氢技术和可再生能源电解水制氢也较为成熟，且新兴制氢技术（生物质制氢、光解水制氢、热解水制氢）基本开始商业化，届时可以在副产氢利用的基础上，结合区域禀赋，建设“以化石能源清洁制氢技术为主或可再生能源电解水制氢为主，新兴制氢技术为辅”的氢源供应体系。

（二）燃料电池系统关键材料及核心部件解析

以氢气作为燃料的质子交换膜燃料电池由于具有功率密度高、操作温度低、启动速度快等特点，在汽车领域得到了较为广泛的应用。目前国外车用燃料电池系统技术成熟，特别是日本丰田、本田，以及德国奔驰等企业率先实现了产业化，美国通用和尼古拉也规划于 2020 年之后实现量产。我国燃料电池系统已走过由科研院所主导基础研发的起步期，开始由企业界为主导、以市场为导向、发力产业化发展的导入期。尤其是 2017 年以来，随着国内燃料电池汽车产业化的快速推进，燃料电池系统上游产业链逐步建立起来，如空压机、膜电极，催化剂，DC/DC 等部件已经有许多企业开始布局研发。

但总体而言，相比国外先进技术，我国燃料电池系统技术依然有 5—10 年的差距，在系统输出功率、功率密度、最低启动温度等方面与国外相比差距较大，核心部件电堆、空压机、DC/DC 等工程化水平较低，高端产品基本依靠进口，汽车技术开发不充分，产品实现能力不足，缺乏批量生产供应能力等问题。

在全球发展不断提速的形势下，如不尽快补上这些短板，推出更大功率、更高性能产品，我国燃料电池汽车产业将再度陷入“缺心”困境。因此必须加快大功率燃料电池系统和核心部件的研发及产业化进程，逐步缩小整体技术差距，抢占竞争高端的前沿装备，掌握未来氢能源利用的主动权，这也是我国燃料电池产业可持续健康发展的必然要求。

1. 车用燃料电池系统

车用燃料电池系统就是为汽车提供动力来源的装置，其输出的能量就是电流，类似于纯电动汽车中的锂电池，但其与锂电池有着根本的区别：燃料电池不是储能装置，而是开放的发电装置，更类似传统燃油车的内燃机。

从产业化状态来看，目前我国商用车用燃料电池系统已经实现国产化，性能基本满足商用车需求。根据中汽协数据，2018 年我国车用燃料电池系统产销 1572 台，产业化推广规模全球领先，其中以重塑科技为主的产业化力量，已完成 32kW、46kW 燃料电池系统研发并投产，同时支持整车企业完成了 23 款车型的开发，包括宇通、一汽解放、东风、潍柴、中通等车厂，累计 1727 套，销量居全国首位，燃料电池系统可靠性超过了 31 万公里。重塑科技还建立了燃料电池汽车售后大数据监控平台，积累了超过 500 万公里的燃料电池系统实车运营数据。市场上其他开始产业化的系统集成商代表企业还包括亿华通、捷氢科技、新源动力，氢途科技，雄韬氢雄、武汉众宇等，潍柴动力、玉柴股份等柴油发动机制造企业也在大力布局研发燃料电池系统。

在技术性能层面上，国内指标与国际领先水平相比还存在一定的差距，具体如下表所示。在输出功率方面，目前国内平均功率等级集中在 30kW，国外自 2014 年就基本达到了 60kW 及以上。国内搭载较小功率燃料电池系统的部分原因还包括应用场景（如运用于有速度限制的公交车，配备小功率燃料电池可以满足其运行需求）和成本控制（小功率燃料电池可以降低整车成本，尽早产业化）；在系统寿命方面，国内领先水平因为采用石墨板电堆技术路线，系统寿命可以接近国外商用车燃料电池系统水平，超过国外乘用车燃料电池系统水平；在比功率和低温启动性能方面，与国外差距较大，这也是下一步研发工作重点。

燃料电池系统关键技术指标对比

关键指标	单位	国内平均水平	国内领先水平	国际领先水平
额定功率	kW	30	46	80
体积比功率	W/L	190	273	641
质量比功率	W/kg	200	287	600
低温启动	℃	-15	-15	-30
操作压力	bar	1.85	1.85	1.8
系统寿命	h	4000	12000	≥ 5000

2. 车用燃料电池电堆

电堆是燃料电池系统的核心部件，因一节单电池工作电压仅为 0.65V 左右，在实际应用时为了满足一定的功率需求，通常由数百节单电池组成燃料电池电堆或模块。

自 2001 年以来，国内企业就开始自主研发车用燃料电池电堆，经过多年的发展，产品性能已经得到较大的提高，功率密度、低温启动等性能上与国外先进水平差距也逐渐缩小，甚至在实验室环境下，自主产品的性能已经接近国外先进水平。目前国内电堆厂商有 20—30 家左右，主要包括广东国鸿氢能、新源动力、北京氢璞、江苏清能、爱德曼氢能、东方电气、明天氢能、韵量科技等。

由于国内产品工艺、生产设备及生产经验还不太完备，因此成品性能与国外先进水平还有一定距离，电堆耐久性与可靠性有待提高，具体如下表所示。解决国产电堆功率密度小、寿命低、冷启动性能差等短板问题，需要通过核心部件的水管理结构优化设计、电堆流体分配的一致性，提高电堆不同状态下的自适应能力，保证电堆在高电流密度下稳定的性能输出，这是下一步研发工作重点。

车用电堆关键技术指标对比

关键指标	单位	国内领先水平	国际领先水平
功率	kW	42	114
体积比功率	W/L	1800	3100
质量比功率	W/kg	1500	2000
低温启动	℃	-10	-30
操作温度	℃	60	90

3. 车用电堆上游材料部件

● 膜电极

膜电极（MEA）相当于燃料电池的“CPU”，是产业链的核心上游组件。膜电极包括三个主要材料：催化剂、质子交换膜和气体扩散层。根据美国能源部的测算，在大规模生产（50 万台 / 年）的情况下，MEA 占燃料电池成本的 60%，可见膜电极组件直接影响燃料电池的成本。

从产业化状态来看，国内已经批量面向市场的燃料电池电堆基本都采用进口膜电极，国产膜电极基本处于研发及小规模试制阶段，大部分采用手工式生产，产能很少有过万平方米企业。但自 2018 年以来，已有越来越多企业开始布局研发膜电极以及建立膜电极批量生产线，如苏州擎动科技开始建设国内首套“卷对卷直接涂布法”膜电极生产线，该条产线全面达成后可年产膜电极 100 万片；鸿基创能和广州黄埔区政府、广州开发区管委会签署战略合作框架协议，计划投资 8 亿元建设膜电极产业化项目，2019 年实现年产 10 万平方米膜电极的规模；广东道氏技术与重塑科技及自然人马东先生拟共同出资设立广东道氏云杉氢能源科技有限公司，从事氢燃料电池膜电极（MEA）等材料的研制和销售等等。这些项目落地都将大大提升国内膜电极产品性能和生产制造水平，加速膜电极国产化进程。

在技术性能层面上，国内外膜电极技术还存在一些差距，具体如下表所示。就电极功率密度而言，我国目前平均技术水平为 0.6—0.8 W/cm^2，国际水平在 1—1.5 W/cm^2。国内电流密度水平为 0.8—1.2 A/cm^2，而国际水平在 1.5—2.5 A/cm^2，就 Pt 用量而言，我国目前平均水平在 0.4—0.6 mg/cm^2，国际水平在 0.2—0.3 mg/cm^2；就寿命而言，国内乘用车用膜电极在 3000 小时左右，国外乘用车膜电极寿命至少达到 5000 小时。

膜电极关键技术指标对比

关键指标	单位	国内平均水平	国际领先水平
额定功率	W/cm^2	0.6—0.8	1—1.5
额定电流	A/cm^2	0.8—1.2	1.5—2.5
铂族金属载量	mg/cm^2	0.4—0.6	0.2—0.3
使用寿命（乘用车况）	hr	3000	>5000
操作温度	℃	60—75	85—90
操作湿度	/	阳极不增湿，阴极少量增湿	阴阳极均不增湿
抗反极特性	/	无	有
冷启动温度	℃	0	-30

● 质子交换膜

质子交换膜作为膜电极的核心组件，主要功能是充当质子通道实现质子快速传导，同时还起阻隔阳极燃料和阴极氧化物的作用，防止燃料（氢气、甲醇等）和氧化物（氧气）在两个电极间发生互串，此外还对催化剂层起到支撑作用。质子交换膜性能好坏直接决定着燃料电池的性能和使用寿命。

良好的质子交换膜应具有以下性质：（1）电导率高（高选择性地离子导电而非电子导电）；（2）化学稳定性好（耐酸碱和抗氧化还原的能

力）；（3）热稳定性好；（4）良好的机械性能（如强度和柔韧性）；（5）反应气体的透气率低；（6）水的电渗系数小；（7）作为反应介质要有利于电极反应。

全氟化聚合物材料合成的质子交换膜具有稳定性好及长寿命的特点，同时具有良好的阻气性能，因此是目前最常用的商业化质子交换膜，但其开发和生产难度较高，技术壁垒非常高。现阶段技术主要掌握在美国戈尔、美国杜邦、日本旭化成、日本旭硝子等外国企业手中，国内基本处于研发阶段（山东东岳取得一些产业化成绩），技术差距较大，具体如下表所示。

质子交换膜关键技术指标对比

关键指标	单位	国内领先水平	国际领先水平
质子电导率	S/cm	0.05	0.1
机械强度	MPa	35	45
渗氢电流	mA/cm^2	2.5	1.5
机械稳定性（20000 次干湿循环，渗氢电流）	mA/cm^2	>10	<10
化学稳定性（1000hr 开路，渗氢电流）	mA/cm^2	>10	<10

不过东岳公司经过多年的持续研发，目前已有研发成型产品，其中试车间基本可以实现小批量生产质子交换膜，且产品质量取得了加拿大AFCC的技术鉴定，寿命可以达到6000小时（与美国戈尔产品寿命持平），但由于缺乏精密的质子交换膜生产设备，因此产品供应的批次稳定性存在一些问题，暂无法大规模供货，现阶段国内膜电极生产企业基本上都是采购国外的质子交换膜（主要进口美国戈尔的产品）。

● 气体扩散层

气体扩散层是支撑催化剂层、收集电流、为化学反应提供电子通道、气体通道及排水通道的隔层，由碳布 / 碳纸、导电碳黑和憎水剂组成，其材料和制备技术影响着燃料电池性能的优劣，也是决定燃料电池成本的关键零部件之一。

选择性能优良的气体扩散层基材能直接改善燃料电池的工作性能。性能优异的扩散层基材应满足以下要求：（1）低电阻率；（2）高孔隙度和一定范围内的孔径分布；（3）一定的机械强度；（4）良好的化学稳定性和导热性能。

气体扩散层的技术壁垒比较高，碳纸制造、裁剪工艺、憎水化处理和微孔层配方制作涂抹等方面都是主要技术难点。目前碳纸技术主要掌握在日本东丽、德国 SGL、德国 Freudenburg、加拿大 AVCARB、台湾碳能等企业的手里。日本东丽目前占据较大的市场份额，且拥有的碳纸相关的专利较多，生产的碳纸具有高导电性、高强度、高气体通过率、表面平滑等优点，但东丽碳纸由于其脆性大难以连续生产的特点导致其难以实现规模化生产，极大地限制了供应量的增长。国内目前还处于研发阶段，国内正在研究单位主要为中南大学、武汉理工大学以及北京化工大学等高校，国内江苏天鸟等企业有生产碳纸，但由于研发经验和生产工艺不足，因此生产出来的碳纸均一性不同，尚不能满足产业化要求，技术差距较大，具体如下表所示。

气体扩散层关键技术指标对比

关键指标		单位	国内领先水平	国际领先水平
电阻率		mΩ·cm	80（垂直）	
/6.0（平行）		50（垂直）		
/3.0（平行）				
透气率		mL·mm/cm^2·h·mmH$_2$O	1500	2500
抗拉强度		N/cm	≥ 30	≥ 60
耐蚀性（24h、80 ℃、1.4V，0.5mol/LH_2SO_4+5Í10-6HF）	电阻率增量	mΩ·cm	≤ 1.5	≤ 0.8
	润湿角增晕	。	≤ 50	≤ 20

● 电催化剂

电催化剂是燃料电池的关键材料之一，其作用是降低反应的活化能，促进氢、氧在电极上的氧化还原过程、提高反应速率。因为氧化还原反应（ORR）交换电流密度低，是燃料电池总反应的控制步骤。目前，燃料电池中常用的商用催化剂是Pt/C，由Pt的纳米颗粒分散到碳粉（如XC-72）载体上的担载型催化剂。

使用Pt催化剂受资源与成本的限制，目前Pt用量已从10年前0.8—1.0gPt·kW_{-1}降至现在的0.3—0.5gPt·kW_{-1}，长远目标是进一步降低，使其催化剂用量达到传统内燃机尾气净化器贵金属用量水平（<0.05gPt·kW_{-1}），近期目标是2020年燃料电池电堆的Pt用量降至0.1gPt·kW_{-1}左右。Pt催化剂除了受成本与资源制约外，也存在稳定性问题，通过燃料电池衰减机理分析可知，燃料电池在车辆运行工况下，催化剂会发生衰减，如在动电位作用下会发生Pt纳米颗粒的团聚、迁移、流失，在开路、怠速及启停过程产生氢空界面引起的高电位导致催化剂碳载体的腐蚀，从而引起催化剂流失。因此，针对商用催化剂存在的成本与耐久性问题，研究新型高稳定、高活性的低Pt或非Pt催化剂是目前的热点。

电催化剂关键技术指标对比

关键指标	单位	国内领先水平	国际领先水平
质量比活性（Pt，0.9V）	mA/mg	≥ 300	≥ 480
活性比表面积（Pt）	m^2/g	≥ 65	≥ 80
动电位扫描活性衰减率（%）（0.6—1.0V，Vs.RHE，50mV/s）	—	20（3000次）	≤ 40（30000次）
1.2V恒电位运行后活性衰减率（%）	—	20（100h）	≤ 40（400h）

现阶段应用于质子交换膜燃料电池的铂催化剂生产企业主要有英

国的 Johnson Matthery、德国的巴斯夫股份公司（BASF）、比利时的 Umicore、日本的田中贵金属、美国的 E-TEK 等。国内膜电极企业大多采用的是英国 Johnson Matthery 和日本田中贵金属的产品。国内贵研铂业、上海唐锋、擎动科技、大连化物所等都在研发燃料电池专用催化剂，产品尚未成熟且与国际先进水平还有较大差距。

● 双极板

常温下实际的单节燃料电池输出电压仅为 0.6—0.8V，因此需要将数节单电池串联起来组成电堆，双极板的出现使得串联变得简单可行，它收集电流并将其从一节电池的阴极传导到下一节电池的阳极，同时确保气体在燃料电池的有效工作面上均匀分布。

双极板主要有石墨板和金属板两种技术路线，从功率密度和寿命的角度上，石墨板适合于商用车，金属板适合于乘用车。石墨双极板具有良好的导电性、导热性和耐腐蚀性，但石墨的脆性造成加工困难，以及限制厚度的减小。从全球来看，石墨双极板的主流生产商有美国 SHF 公司、美国 Graftech 以及日本的藤仓 gomu 工业株式会社、日本九州耐火炼瓦株式会社，英国的 Bac2 以及加拿大巴拉德等。国际上公认的加拿大 Ballard 的柔性石墨板技术最为先进，广东国鸿氢能在 2015 年通过技术引进，掌握了该项技术，基本实现了国产化。

金属双极板具有电导率高、价格低廉、工艺制法多样、高机械强度等优点，兼顾耐蚀和防腐性能的涂层是核心技术。目前，丰田、本田和现代等乘用车公司采用的是金属双极板的技术路线，其中丰田是在钛板上镀碳层，而本田与现代均为不锈钢镀金。从产业化状态来看，国内已有企业取得了较好的成绩，常州翊迈已实现金属板涂层技术的突破，解决了耐蚀和导电难以兼顾的问题；上海治臻具备了较强的金属板冲压成型能力，深圳众为解决了金属板激光焊接的设备设计与工艺开发问题。其中作为国内金属双极板最大的供应商，上海治臻已累计开发了六代金属双极板，建成了金属双极板研发与制造基地，在国内实现由板型设计到全工艺链加工能力。不过总体来看，国内外技术在性能指标上基本持平，具体如下表所示。在产业化工艺上，焊接和涂层工艺技术基本持平，冲压和密封工艺技术方面还需要继续提高。

双极板关键技术指标对比

材质	关键指标	单位	国内领先水平	国际领先水平
金属板	厚度	mm	1.5	1
	腐蚀电流	$\mu A/cm^2$	5	<1
石墨板	厚度	mm	2	1.5
	电阻率	μΩ · m	16	<15
	机械强度	MPa	50	65
	孔隙率	–	≤ 0.12%	≤ 0.1%

4. 车用电堆辅助系统上游材料部件

● 空压机

空压机是车用燃料电池阴极供气系统的重要部件，其作用是通过对空气进行压缩，保证一定流量的空气进入电堆，与氢气进行反应，但空压机的寄生功耗很大，约占电堆辅助系统功耗的 80%，其性能直接影响燃料电池系统的效率、紧凑性和水平衡特性。另外，空压机的成本约占燃料电池系统的 15%—20%，仅次于电堆。因此，各国燃料电池项目对空压机的研究都非常重视。

适用于燃料电池的空压机需满足以下要求：1）无油：润滑油会使电堆发生中毒，因此空压机需要采用水润滑轴承或空气轴承；2）高效：空压机的寄生功率巨大，其效率直接影响燃料电池系统的性能；3）小型化和低成本：燃料电池受其功率密度和成本的限制，小型化和低成本有助于燃料电池汽车的产业化；4）低噪声：空压机是燃料电池系统最大的噪声源之一，空压机的噪声必须被控制；5）喘振线在小流量区：可以实现燃料电池在小流量高压比工况下高效地运行；6）良好的动态响应能力：当需求功率发生变化时，空气流量和压力需进行及时动态调整以跟踪输出功率的变化。

目前主要的空压机技术路线是容积型空压机和速度型空压机，涡旋式和螺杆式空压机属于容积型，它们的优点是压力 / 流量可以灵活调整，因此能够在小容量下提供较大的空气流量，缺点是相对于离心式空压机质量较大。离心式空压机是一种速度式空压机，质量和体积功率密度高，是一种紧凑型结构，能够达到很高的效率，是未来的主流技术路线。

从产业化状态来看，相比国外成熟的供应商资源，国内稳定成熟的供应商资源较少，但 2018 年以来开始逐渐增多，目前研发空压机的企业有重塑科技、嘉兴德燃动力、雪人股份、江苏金通灵、广顺新能源等等。在技术路线方面，目前国内螺杆式空压机已处在产业化导入阶段，离心仍处于研发设计阶段。领先企业基本解决双螺杆空压机卡死，漏油和温升等工程难题，开始小批量生产，但依然存在噪音大、升压比低及可靠性差等短板问题。而国外的螺杆式空压机处于批量中试阶段，离心式空压机已处于产业化导入阶段，国内外空压机技术差距较大，具体技术对比如下表所示。

下一步主要工作是解决空压机噪音大、升压比低及可靠性差等短板问题，使用高速 / 超高速车用电机和轴承技术，实现低噪声和无润滑；优化叶轮、泵腔和泵体密封设计，实现空压机宽流量稳定工作及快速响应。达到噪音低于 68dB，升压比达到 3.0，实现离心式空压机的产业化。

空压机关键技术指标对比

关键指标	单位	国内平均水平	国内领先水平	国际领先水平
压比	bar	2	2.3	4.2
转速	rpm	0.7 万	0.9 万	10 万
噪音	dB	≤ 96	≤ 96	≤ 68

● DC/DC 转换器

DC/DC（直流 / 直流转换器）的作用是调整燃料电池输出电压。其性能高低将直接影响燃料电池的使用寿命和功率密度，因此是燃料电池汽车的关键零部件。由于燃料电池的输出特性偏软，只有具备高精度、高升压比、大电流和电磁兼容四个特点的 DC/DC 才能满足燃料电池汽车的要求，而传统 DC/DC 不能满足燃料电池汽车的使用。

在 2015 年之前，燃料电池产业还没发展起来，国内专门生产燃料电池专用 DC/DC 的企业很少，一部分企业选择定向开发 DC/DC，许多企业选择直接进口。2017 年后，随着燃料电池汽车行业的升温，开始有企业布局燃料电池专用 DC/DC 技术，截至 2018 年年底，国内从事车用燃料电池 DC/DC 的厂商在 10 家左右，包括磐动电气、北京动力源、福瑞电气、欣锐科技、核达中远通等公司，其中磐动电气生产的燃料电池 DC/DC 在 2017 年已批量应用于上海运营的 500 台燃料电池物流车中，2018 年市场份额排名第一，产品性能已经得到市场化验证。

相比国外先进产品，国内燃料电池 DC/DC 产品还有较大的改进空间，如技术工艺、输出功率及功率密度、一致性、可靠性等方面存在差距，具体技术对比如下表所示。下一步主要工作是通过运用高速、低损的 SiC 功率器件，合理匹配电气参数，开发功率密度高、体积小、可靠性高的大功率 DC/DC 产品，同时实现 SiC 技术在车上的批量运用。

DC/DC 关键技术指标对比

关键指标	单位	国内平均水平	国内领先水平	国际领先水平
输出功率	kW	36	90	114
输入电压	V	90—180	220—460	240—370
最大输出电压	V	420	750	650
输入电流	A	330	330	470
体积比功率	kW/L	1.6	3.3	8.7
质量比功率	kW/kg	1.03	2	4

● 氢气循环泵

燃料电池反应剩余氢气一般不会直接排入大气，而是通过使用一个氢气循环泵，将氢气回路上未反应的氢气从燃料电池出口直接再泵回燃料电池入口，与入口处新鲜注入的反应气汇合后再次进入燃料电池参加反应。氢气循环泵的使用不仅可以提高系统氢气利用率，同时由于反应气体流道内氢气流速的提高，可以有效防止因液态水的积聚而引起的催化剂腐蚀，对燃料电池的性能和寿命起到至关重要的作用，因此氢气循环泵是燃料电池系统的一项关键技术。

从产业化状态来看，国外处于研发中试阶段，可支持批量供货。国内尚无成熟的产品，一些企业开展了基础研究，但总体处于产品验证阶段，因此国内系统集成商基本还是购买国外品牌的产品。此外，氢气循环泵未来不一定会存在于车用燃料电池系统中，可能最终会被引射器替代，因此技术路线的不确定性也使得国内企业研发燃料电池专用氢气循环泵的动力不太足，目前主要是系统集成商在寻求国内外供应商一起联合开发。

氢气循环泵关键技术指标对比

关键指标	单位	国内平均水平	国际领先水平
最大压力	barg	无成熟产品，批量主要依靠国外技术产品	0.4
最大流量	m^3/h	/	18
额定功率	kW	/	0.5
平均输入 / 输出噪声	dB	/	68/73

● 空气增湿器

燃料电池中的质子交换膜只有在一定的润湿状态下才具有传导质子的能力。膜内水含量如果控制不当导致膜过干，质子传导率将大幅下降，从而使燃料电池内阻增加，降低功率输出。现有空气增湿器主要采用管壳式膜增湿器技术，将燃料电池反应生成水的尾气（湿气）与进口的反应干空气进行湿热交换，实现对进入燃料电池参加反应的干空气进行加湿。

国内增湿器行业的发展历史也有近 20 年，但专门研发燃料电池增湿器的企业却屈指可数。原因在于两者的加湿原理不同，传统行业加湿器所用到的加湿方式是液体对气体的加湿；燃料电池的加湿是通过气体对气体的加湿方式，故传统增湿部件不可直接应用于燃料电池系统。另一方面，传统加湿器中的膜是可复制的，产品本身并不存在垄断。而燃料电池增湿器中的关键材料——膜存在较大的技术壁垒，因为燃料电池增湿器中的膜密封要求较高，只能透水不能透气，需要对其进行表面处理使之成为透水膜。

鉴于以上原因，现阶段国内在燃料电池增湿器领域，尚无成熟的产品，只有部分高校利用计算机模拟技术对增湿器性能和结构优化有所研究。批量供货主要依靠国外技术产品。但由于产业应用场景局限，国际上能批量生产燃料电池空气增湿器的企业也不多，美国博纯、韩国科隆等企业是目前主流的厂商。

空气增湿器关键技术指标对比

关键指标	单位	国内平均水平	国际领先水平
额定空气流速	slpm	无成熟产品，批量主要依靠国外技术产品	500—2500
最大工作压力	MPa	/	不详
寿命	hr	/	20000
工作温度	℃	/	90

第四章

展望强国路：把脉汽车变革机遇

过去一段时间，全球汽车产业正在发生重大变革。在全球范围内，一方面，全球主要汽车市场渐趋成熟，在增量空间变小等不同因素的影响下，均呈现出一定的下行趋势。另一方面，电动化、智能化、网联化、共享化大潮正在席卷稳固多年的传统汽车产业格局，倒逼车企做出回应，也给未来人类出行模式提供的崭新的想象空间。

“全球汽车产业迈入新赛道”一节主要评述在刚刚过去的 2018 年，中国、美国和欧洲作为全球最重要的三大汽车区域市场表现及其原因，特别是传统车企面临变革、突破瓶颈的战略举措，包括拥抱电动化、携手结盟推进自动驾驶技术发展等等，可以说，在经历了百年发展后，以传统整车企业为中心、大规模生产和大规模销售模式为主导的传统汽车产业格局，正在发生改变。

“未来中国汽车市场群雄入局”聚焦国内的汽车产业格局。在市场逐步开放、新技术不断涌现的背景下，新势力造车、新建纯电动车企、外资品牌“群雄入局”，与传统汽车的自主品牌、合资品牌展开竞争、未来一段时间内，三类主体凭借各自的优势特点，还将收获不同的市场机遇，并经历时代考验。

“智能汽车前路何方”以自动驾驶和车路协同技术的发展趋势为切入点，论述了汽车产业变革与整个交通系统发生的一些化学反应。可以说，站在全球汽车产业变革的风口，在互联网、人工智能和移动通信等前沿技术的催动下，人类出行模式即将发生巨变。

一、全球汽车产业迈入新赛道

（一）全球车市迈入寒冬，春天会远吗？

对于全球车市来说，刚刚过去的 2018 年是较为困难的一年。从最重要的三大汽车区域市场的表现来看，中国、美国和欧洲车市在不同因素的影响下，均呈现出类似的“寒冬”景象。

在中国，2018 年的汽车产销量比上年同期分别下降 4.2% 和 2.8%。这意味着，在快车道上狂奔十余年的中国汽车销量开始放缓脚步。业界普遍认为，中国汽车市场发展已进入新常态发展阶段。未来一段时间，在产业结构调整、消费需求放缓以及诸多外部环境变化的作用下，低增速将成为我国车市的新特征。

尽管如此，我国汽车产销量已经连续第十年排名全球第一，三、四线城市和农村地区的新车市场潜力尚待发掘，一、二线城市的二手车置换市场尚未培育完善，未来中国汽车市场的发展前景仍被看好。

而放眼全球，早已步入成熟汽车社会的美国和欧洲地区，在 2018 年面临着不同的痛点：美国轿车市场持续走低，未来或存在产能过剩的极大风险；欧洲排放新规加速了汽车企业的电动化转型，但也打乱了既有的产销节奏。与此同时，全球三大市场的电动汽车表现却一致交出了亮眼的成绩单，为凄风苦雨中的全球车市注入了新活力和新希望。

1. 美国：轿车市场走低或致产能过剩

据美国《汽车新闻》等业内媒体报道，2018 年全美轻型车销量（包括轻型卡车和轿车）同比上升了 0.6%，达到 1733 万辆左右。其中，轻型卡车销量同比上升 7.7%，达到 1197 万辆，为百年来的最高水平。由此，2018 年也成为美国历史上轻型车销量第四高的年份。

虽然销售总量数据还较为乐观，但很大程度上是在强劲的轻型卡车销量带动下完成的。反观美国的轿车市场，表现却依然十分惨淡：2018 年美国轿车总销量同比下降 13%，只有区区 536 万辆，仅为轻型车销量的 31%，创历史新低。而这已经是美国轿车销量连续第五年出现下滑。这与美国消费者的购车习惯密切相关：相比于经典的家用轿车，空间更大、在燃油经济性方面表现优异的交叉型 SUV 和轻卡更具竞争力。

从美系汽车巨头在本土市场的表现来看，除了菲亚特克莱斯勒汽车公司，凭借着 Jeep 和道奇等品牌的强劲增长势头，实现了 9% 的销量增幅之外，通用和福特在美国本土市场的销量情况都不容乐观。

通用汽车 2018 年在美累销为 295 万辆，同比降幅为 1.6%。其中，通用旗下的别克品牌则达到 5.6% 的全年跌幅。轿车方面，通用汽车公司 2018 年在美国的轿车销量下跌幅度甚至达到了 21%。此外，福特汽车公司 2018 年在美累销也出现了 3.5% 的同比跌幅。

究其原因，导致美国轿车消费市场乏力的原因有多种。第一，美国作为老牌汽车强国，早已步入成熟汽车社会，千人汽车保有量高达 700 辆左右，是中国的三倍。由此可知，美国国内汽车市场——特别是轿车市场在几近饱和的过程中，增量空间已经十分有限，整个私人轿车消费市场维持在低速增长水平线上、偶尔出现上下波动属于较为正常的现象。实际上，在 2017 年，美国轻型汽车的销量就下降了 1.8% 至 1725 万辆，结束了连续七年的上涨势头。

第二，2018 年对于美国车市而言，可谓是一个较为特殊的年份。美国加征进口汽车产品关税的做法，不仅推高了在美销售汽车的价格，限制了消费者的多元选择，抬高了车市整体销售价格，而这在某种程度上也会间接拉低美国国内汽车的总体销量。

对此，美国两大汽车制造商协会——即全球汽车制造商协会和汽车制造商联盟曾做过这样一组测算：按照美国 2017 年的汽车消费情况计算，美国如若加征进口汽车关税，将导致美国平均每台进口车的价格上涨 5800 美元。届时，美国车市整体销售价格都会上涨，消费者在购车方面的总支出将增加 450 亿美元，而这无疑将影响美国消费者的购车意愿。实际上，上述测算在现实中也得到了一定程度的印证。据全球汽车信息平台 MarkLines 统计，2018 年 9 月，美国的新车销量下跌 6%，乘用车销量更是同比下降了 20.7%。

值得关注的是，同中国一样，2018 年美国电动汽车市场表现却十分亮眼：全年累计销量超过 35.86 万辆，相比 2017 年激增了 80%，可谓是给平淡的汽车市场成绩单上增添了一抹亮丽的色彩。

具体而言，美国电动汽车市场的火爆场面离不开特斯拉交付量的大幅提升。数据显示，2018 年，仅特斯拉的 Model 3 车型在美国市场累计销量就达到 13.95 万辆，占据了 39% 的电动汽车市场份额，再加上 Model X 和 Model S 的不俗表现，让特斯拉成为美国电动汽车市场当之无愧的“销冠”，所占份额高达 53%。

从美国车市的未来整体走向来看，长期主导美国车市的轿车销量持续走低，在某种程度上意味着美国汽车市场的衰退期已经到来。而这不仅会让轿车产品渐渐滑向边缘地带，还会导致部分车企出现严重的产能过剩。

据英国一家提供汽车市场预测服务的调查公司——LMC Automotive 的预测显示：到 2025 年，美国轿车销量占比将下降至 21.5%，车企产能过剩导致的供过于求的数量达 300 万辆。与此同时，过剩产能还很有可能会掀起新一轮关厂裁员潮，殃及约 10 家工厂和至少 2 万个工作岗位，并波及上下游供应商和服务商的千余工作岗位。

但是仅仅将美国汽车工厂产能过剩归结于需求不足并不完整。在过去的三十多年时间里，不仅是美国本土汽车厂商，许多外国汽车制造商也纷纷选择在美国本土兴建工厂。据统计，截止到 2018 年年底，外国汽车制造商们在美共经营着 19 家汽车组装厂，而这一数字还有继续增长的趋势。

曾几何时，这些外国汽车厂商曾是美国车市翻番的重要助推力。但同时，外国厂商大举建厂也在一定程度上快速抢占了美国本土汽车制造商的市场份额，并导致了如今的产能过剩现象。比如，1988 年，当丰田汽车在美国肯塔基州开设工厂时，美系三巨头——通用、福特和菲亚特克莱斯勒汽车公司控制了美国汽车市场 74% 的份额。而如今，这三家汽车制造商在美国汽车市场的份额仅为 44%。

与市场份额下行相伴随的，就是产能过剩的趋势愈演愈烈。据悉，通用汽车在北美的产能利用率约为 70%，美国汽车研究中心工业、劳动

和经济副总裁克莉丝汀·德齐泽克称，目前美国每年可产约320万辆汽车，其中通用汽车占约100万辆，产能远超实际需求量，

2. 欧洲：排放新规加速电动化转型

欧洲作为全球三大汽车区域市场之一，2018年的车市表现同样不容乐观。与中美两国不同的是，欧洲地区车市入冬除了受消费大环境的影响外，主要是由于2018年9月1日正式执行的全新排放测试规则，在一定程度上扰乱了车企在欧洲地区的正常产销节奏，在某种程度上冲击了汽车消费市场走势。

根据欧洲汽车制造协会发布的数据显示，2018年欧洲的新车注册量与2017年大体持平，全年销量同比微跌0.04%至1562万辆，为近五年来的最低值。其中，英国、德国和意大利等多个主要市场销量均出现了不同程度的下滑。

比如，据英国汽车工业协会发布的数据显示，2018年12月英国乘用车新车注册量14.4万辆，同比下降5.5%，1—12月，英国乘用车新车累计注册量236.7万辆，同比下降6.8%。德国交通部数据显示，2018年12月德国乘用车新车注册量23.7万辆，同比下降6.7%；1—12月，德国乘用车累计销量343.6万辆，同比下降0.2%。

从月度销量数据则可以看出，以2018年9月为分界点，欧洲地区的汽车消费需求在前八个月大量释放，8月份的新车注册量同比增幅甚至高达31.2%；而后四个月的新车市场需求则一路下跌，月度同比增长分别为–23.5%、–7.3%、–8.0%和–8.4%。

具体来说，此次欧盟地区执行的排放新规包括全球轻型车测试规程（WLTP）和真实驾驶排放（Real Driving Emissions）测试两个部分，以此替代了此前备受诟病的欧洲行驶循环（NEDC）标准。2015年，大众排放作弊丑闻让欧洲政府、业界和消费者开始质疑和反思NEDC标准对汽车排放水平的要求过低，以致让部分车企“钻了空子”。

更重要的是，2018年10月，欧洲联盟成员国环境部长同意在2030

年之前把汽车废气排放量减少 35%，即车企须在 2021 年的基准上将平均二氧化碳排放量削减 35%。为了达成这一目标，欧盟正在采取一系列措施引导车企扩大零排放或低碳排放的汽车的产量占比。

此次欧盟排放新规相比之前的标准而言更加严苛。为了适应新标准，许多在售车型都需要增加诸如微粒过滤器等新的排放装置。此外，由于同一家企业不同车型的动力系统和功能配置存在一定差异，而这些差异会直接影响其二氧化碳的排放水平。换言之，由于企业的每一款车型都需要经过严格的测试流程，因此对于车企而言，整个测试过程不仅极为复杂，且耗时很长。

按照规定，任何在 2018 年 9 月 1 日前未经认证的车型都无法在欧洲销售。对于车企来说，摆在面前的决策选项实在有限：在取得官方认证之前，部分车型要不暂停生产，要不延迟供货。据悉，宝马集团的大部分车型虽然都在 2018 年上半年拿到了认证，宝马旗下的所有汽油及混动车型也都已安装了微粒过滤器。但是由于产品结构种类的复杂性，旗下 X1、X2、X5 系列的部分车型以及某些变体车型依然需要执行停产操作。

大众集团旗下品牌众多，需重新获得认证的车型多达上百个。据悉，仅大众品牌就要测试 200 多种变体车型。大众集团 CEO 赫尔伯特·迪耶斯表示，为了避免不必要的库存，2018 年暑期结束后，可能会有高达 25 万辆汽车的生产被延迟。

从欧洲车市的未来走向来看，一方面，欧洲排放规则的切换会导致汽车行业供应链陷入短暂的混乱之中，对车企的计划产销形成一定压力。另一方面，此举也将倒逼欧洲车企加速节能化与电动化转型进程，将汽车产业真正纳入到欧盟的整体减排目标框架之中。

（二）传统车企谋求转型，突破口在哪里？

1. 拥抱电动化

近年来，在全球汽车产业电动化转型的背后，离不开各国政府的“推手”作用。在欧洲，英国和法国政府均宣称，准备从2040年起全面禁止销售汽油车和柴油车；很多欧洲城市目前也已经颁布了柴油车禁令。中国的“双积分”政策、欧洲的排放新规等，都在不同程度上催动着各大车企向电动化方向转型。

在2018年全球车市普遍凄风苦雨的大背景下，新能源汽车的表现不可谓不亮眼。据EV Sales网站公布的全球电动车销量数据显示：2018年全球电动市场一举突破200万辆的年度销量大关，总销量超过201.82万辆，较2017年同比增长幅度高达72%。特斯拉Model 3、北汽EC系列、日产聆风、比亚迪秦PHEV、江淮iEV、丰田普锐斯PHEV等车型在全球汽车市场上均有不俗表现。

这一亮眼的成绩单背后，中国新能源汽车市场表现尤其令人振奋，由此也给全球车市的电动化转型带来两个方面的影响。一方面，中国本土市场成为拉动全球新能源汽车需求端快速增长的强劲引擎。2018年，我国新能源汽车产销量继续保持全球第一，全年产销分别为127万辆和125.6万辆，截至2018年年底，全球新能源汽车总销量突破550万辆，其中中国占比超过53%。

另一方面，逐渐培育完善的中国新能源汽车市场，像一块磁铁一样吸引着各国厂商争相在华展开布局，并在此基础上带动整个汽车产业向电动化转型。例如，2019年3月，欧洲传统汽车三大巨头——大众汽车、戴姆勒集团、宝马汽车达成了共识，即欧洲汽车企业通往未来之路，电动化是唯一的选择。这个共识将驱动欧洲汽车工业向全面电动化的道路狂飙突进。

与此同时，由于车辆电动化是智能化的基础。举个简单的例子，如果在一辆燃油车上搭载L2级别自动驾驶系统，由于其制动系统是通过发动机助力的，但发动机在不同转速之下，助力效果是无法确定的，就会导致自动驾驶无法进行线性控制。换言之，电动化汽车是自动驾驶的最佳搭载平台，二者在很大程度上是协力共进的关系。

综上所述，正是在政策和市场的双重刺激作用下，电动化成为全球汽车行业的大势所趋。许多此前对于这一技术路线保有犹疑态度的车企也开始纷纷谋求转型，并陆续发布了电动化时间表。

从具体的技术方向来看，除了个别企业选择押宝某一条技术路线，大多数跨国车企一般更倾向于“多管齐下”的战略布局，在混合动力、插电式混合动力、纯电动和氢燃料电池四条主要路线均没有培育成熟之前，选择多方尝试、各有侧重的发展轨迹。

德系车企对于汽车电动化的态度就经历了一个从观望走向明确的过程。除了欧洲地区对于禁售燃油车的讨论一直不绝于耳的原因外，部分德系车企此前经历的“排放门”“垄断门”等事件，让重塑德国汽车形象、重建与消费者之间的信任关系变得迫在眉睫。而这倒逼着称霸传统汽车江湖百年的德系车渐渐转而拥抱新能源汽车——特别是纯电动车。

宝马早在 2013 年就推出首款纯电动车型 i3。按照计划进程，从 2020 年开始，宝马集团旗下所有车型系列都可以按需配备插电式混合动力系统或电池驱动系统。到 2025 年，宝马将在全球范围内推出 25 款新能源车型，其中 12 款为纯电动车型，13 款为插电式混合动力车型。

受“排放门”影响，大众汽车集团在 2018 年年底公开宣布：2026 年之后，大众汽车将不再对燃油车的研发进行投资。换言之，2026 年将是大众汽车推出最后一代燃油车产品的时间节点。

另一家德系车企巨头——戴姆勒集团也不甘落后。据悉，到 2022 年，奔驰将为所有车型提供电动版本；到 2020 年，Smart 品牌则将全部实现纯电动化。

除了德系三巨头，其他大型跨国车企也在电动化道路上奋勇争先。除了日产汽车外，以丰田为代表的日系车企一开始是纯电动技术路线的怀疑论者。但同时，丰田在混合动力和氢燃料电池等方向上有着多年经验积累和丰富的技术储备。正因如此，日系车企的全面电动化转型并不突兀，在发展纯电动车型方面也有着较为充足的积淀。

2017年年底，丰田汽车宣布：到2025年，丰田将不再提供只配备传统发动机的车型。按照丰田在电动化汽车领域的规划（包括混合动力、插电式混合动力、纯电动和氢燃料电池汽车），到2030年，丰田在全球范围内的电动化汽车年销量将超过550万辆；其中，纯电动和氢燃料电动汽车等零排放车型的年销量将力争达到100万辆以上。

相比之下，沃尔沃的一系列举措更为“激进”。继发布2019年全系车型电动化的目标之后，沃尔沃又有了更大的动作。在2018年4月的北京车展上，沃尔沃宣布，到2025年纯电动汽车将占其总销量的50%左右。目前，沃尔沃的XC90、XC60、S90、S60、V90以及V60等车型均推出了插混版。

当前，中国已经成为全球最大的新能源汽车市场，政策条件完善、消费者接受度较高。由此，各大跨国车企的电动化战略也均瞄准了中国市场。比如，按照规划，丰田从2020年开始将首先向中国市场导入纯电动车型，之后才陆续向日本、印度、美国和欧洲市场依次导入。有些车企甚至专门推出了针对中国市场的电动车型。比如，马自达计划于2020年投放专门面向中国市场的纯电动汽车，车型将由马自达与中国汽车厂商共同开发。

然而，对于以盈利为主要目的的汽车企业而言，选择拥抱电动化并非全无代价。特别是对于在内燃机业务方面已经独占鳌头的老牌传统车企而言，其在向新能源过渡的过程中，必然会经历利润下滑的阵痛阶段。与“大象转身”相伴随的，是企业如何在推进电动化战略与保持公司财务健康之间做好平衡。

奔驰时任财务副总裁曾公开表示，在纯电动汽车推广初期，部分车型的利润率只有内燃机汽车的一半。为缓解发展纯电动汽车业务带来的营收压力，解决旗下EQ系列电动汽车很难在短期内盈利的现实问题，奔驰曾在2017年宣布启动40亿欧元的“成本削减计划”，用以抵御企业利润率降低的风险。

同理，奥迪也计划到 2022 年削减 170 亿美元（约合 1148 亿元人民币）的成本，并裁撤约 10% 的部门高管职位，而削减的成本将主要用于推动奥迪电动化项目的融资工作。

2. 重整内部架构

随着全球各汽车大国的市场规模日益接近饱和，传统汽车制造业“规模为王”的发展阶段正在走向尾声，一部分传统车企甚至已经深陷在低利润区的沼泽之中。比如，通用汽车的毛利润率长期低于 20%，在宏观环境恶劣时甚至出现过低于 10% 的情况，2012 年则只有 7.8%。而福特和克莱斯勒等传统厂商的情况也较为类似，保持盈利日益艰难。

由此，在剥离低利润业务单元的过程中，“瘦身健体”“关厂裁员”一度成为 2018 年全球传统汽车企业的关键词，给本来就凄风苦雨的车市蒙上了一层似乎更为灰暗的阴影。

在美国，与整个轿车市场表现疲软相伴随的，是美系巨头的新一轮关厂裁员潮。2018 年 10 月，福特汽车宣布将在全球范围内裁撤 7 万名领取固定薪酬的职员，并计划在五年时间内削减 255 亿美元的成本。2019 年 2 月，福特又宣布将在年内关闭拥有 52 年历史的巴西圣贝纳多工厂，而该工厂近 2800 名员工将面临失业的风险。

作为引领全球汽车行业走向规模制胜道路的通用汽车，也在准备“瘦身过冬”。从 2014 年开始，通用汽车就在某种程度上放弃了对于持续扩大规模的盲目追求，转而关注利润水平，并开始放弃不盈利的业务板块。2018 年 11 月，通用汽车表示将于 2019 年年底前裁掉 15% 的受薪员工，裁员人数或达 14700 人，其中还包括 25% 的高管人员。同时，通用还计划在全球范围内关闭 7 个生产基地，作为企业转型的一部分。这也是通用汽车十年来首次大幅缩减规模，以应对消费者购车需求疲软、企业盈利能力不足的现实。

另外一家美系车企巨头——菲亚特克莱斯勒也未能幸免：2018 年年底，该公司表示要重组其位于都灵的米拉菲奥里工厂，用以生产电动汽车。在重组期间，公司将暂时解雇工厂的3245名员工。

美系三巨头的“瘦身”潮随即引发了一场全球范围内声势浩大的裁员潮，包括大众、起亚、日产、本田等在内的多家知名车企均在最近一段时间宣布了各自的裁员计划，以应对市场波动。

2019年开年，本田就宣布将重组全球生产网络，把发展重点集中在产量较高的地区，并计划于2021年关闭其位于英国斯文顿的工厂，此举或将造成3500人失业。此外，包括福特汽车、捷豹路虎汽车等跨国企业也在近一年时间内宣布过裁员或关闭工厂的消息。

然而，关厂裁员、削减成本的背后不仅是传统车企应对下行市场的被动反应，也是面对新环境、新技术、新趋势的一种主动的革新行为。

在很长一段时间里，汽车产业都有着资本密集、技术密集、生产高度集中的特征，“规模越大、品牌越响、销量越好”也成为汽车行业的共识。实际上，从百年汽车发展历史上来看，这一“金科玉律”的确不是空穴来风。在西方汽车强国的发展历程中，自由竞争的市场环境发挥着大浪淘沙般的作用。一方面，规模在百万辆以下的汽车企业很难做大做强；另一方面，大型汽车企业或者不断做大规模，或者与其他大型企业合纵连横。到如今，全球500强企业中的汽车领军企业只维持在20家左右。

从传统车企本身来看，如今各大区域市场的新车增量空间正在封顶，传统车企的利润率有持续走低的势头，盈利点发生转变的过程中，老牌车企扩张版图的阶段也由此告一段落。“规模为王”的汽车产业在“利润为王”的新指引下，开始了降本和增收的新征程。而近两年来，大型传统车企一系列削减成本的举措无疑是推陈出新总体框架的一部分。

从外部竞争环境来看，新造车势力和科技企业入局汽车产业，也给传统车企加速向自己“动刀”注入了催化剂。“穷则变，变则通，通则久。”扁平化的组织模式、更加灵活的决策机制，这些带有明显硅谷基因的新玩法无疑让传统车企看到了转型发展的新方向和新机遇。

综上所述，传统车企的这一轮自我革新的举措可以具体分为以下两方面：

一是削减开支，用以投向以电动化、自动驾驶等为代表的新技术或新业务领域。

正如上文所述，全面拥抱电动化必然面临着短时期内企业整体利润率走低的风险，戴姆勒、本田等企业的裁员计划和成本削减计划，其根本原因在于要甩掉不必要的成本包袱，全力以赴地加速实施其电动化战略。再比如，丰田目前正计划从销售和营销板块开始削减成本，并将有限的资源投入到自动驾驶汽车等新兴技术的投资中。

二是重新调整和理顺公司业务板块和条线结构，优化管理组织模式和决策流程。

福特汽车在 2018 年表示，计划在未来 3—5 年内支付 110 亿美元作为重组成本，对其核心汽车业务进行重大调整。其中，缩短订单交付流程、改进全球范围内的组织架构等都在重组计划的框架中。

丰田汽车从 2016 年 4 月起实行内部公司制，将汽车业务划分为高档车和小型车等约四个公司，这些公司有着独立的、类似硅谷初创企业的流线型运营模式。由此，丰田汽车从偏重地区划分的传统组织结构，向以产品类型为核心的组织结构转变，通过细分组织、提高决策速度，最终加强产品的综合竞争力。

戴姆勒也有类似的内部架构调整计划。根据重组方案，戴姆勒计划将目前的五大事业部——即戴姆勒金融服务部门、戴姆勒货车部门、戴姆勒客车部门、梅赛德斯奔驰乘用车部门、梅赛德斯奔驰厢式车部门，重组为三家新公司，包括梅赛德斯 - 奔驰公司戴姆勒卡车公司以及戴姆勒移动出行公司。如果这份计划得以通过，戴姆勒的各公司将获得更大的商业自由和更多的自主权，用以满足快速变化的市场与客户需求。

3. 加大研发投入

近年来，特斯拉、谷歌、苹果以及诸多硅谷创新公司所代表的汽车行业外的新玩家们，在电动车、自动驾驶领域不断突破，这让传统车企倍感压力，不得不加大研发投入。根据欧盟委员会（EU）机构的数据统计显示，2017 年，大众集团、戴姆勒、宝马集团的研发投入分别高达 131.35 亿、87.11 亿、61.08 亿欧元，研发投入占营业收入的比例分别为 5.7%、5.3% 和 6.2%。

波士顿咨询公司（BCG）预计全球汽车行业的整体利润池将从 2017 年的 2260 亿美元增长到 2035 年的 3800 亿美元。但传统利润池（传统零部件、ICE 和混合动力新车销售、汽车金融、汽车后市场）将仅增长 40 亿美元。新兴“利润池”（包括自动驾驶汽车与纯电动车的零部件、纯电动车销售、数据和智能网联、按需出行）在行业利润中所占的份额，将从 2017 年的 1% 增至 2035 年的 40%，汽车行业利润池将迎来重大的结构性转变。

但另一方面，汽车行业利润率本身并不高，像丰田、戴姆勒这样利润率能维持在 8% 以上，已经是国际车企巨头中的“大赢家”，大众、通用等巨头的利润率还不到 3%。国内车企相对好一些，大集团仰仗利润丰厚的合资车企，净利润都能维持在 10% 以上，行业平均利润率虽然逐渐下降，但也能保持在 8% 左右。这也是近两年国际汽车巨头纷纷表示行业形势更加严峻，挑战更大的原因。但要想在新技术领域抢先，就意味着要更舍得投入。

4. 携手结盟，合力突围

近年来，跨国车企掀起了新一轮“结盟潮”。一般而言，大型传统车企无论是在技术水平、人才储备还是在资本运作方面的积淀普遍较为深厚。尽管如此，选择携手结盟的好处依旧是显而易见的：在新技术不断涌现、汽车行业参与者日益复杂、传统车企的利润压力不断加码等现实因素的催动下，放弃单打独斗，转而借助协同效应降低成本、提高效益、抢占市场无疑是传统车企转型路上的最优选择之一。

而从目前的典型案例来看，车企选择结盟的具体原因和背景也不尽相同。总体而言，结盟合作潮流的背后，是全球汽车行业正在进行的新一轮的资源配置。特别是对于传统车企而言，借助此轮重新洗牌的机遇，积极探索新兴业务，集聚优势资源，最终有可能会助力全球汽车行业打破固有格局，形成更为平衡合理的分工体系和组织布局。

● 大众－福特：取长补短的尝试

以大众－福特为例。2018 年 6 月，大众汽车集团与福特汽车公司签署一项谅解备忘录，共同探讨了包括双方合力研发一系列商用汽车方案并结成战略联盟的可能性。值得注意的是，大众和福特无论是在热门产品类型还是在重点市场投放上，都存在不小的差异性。

大众汽车方面的业务优势主要是在亚洲、南美洲和欧洲市场，特别是占据了中国汽车市场近 15% 的份额。而福特企业则凭借较高盈利水平的皮卡和 SUV 车型，长期主导着美国市场。据悉，美国市场上近 40% 的全尺寸皮卡份额都来自福特汽车。

业界推测，缺少交集的两家公司此次携手合作的主要推动力恰恰在于“取对方之长、补自己之短”。比如，大众汽车在本身不具规模的皮卡领域可以获得福特的支持，以此实现最优的成本定位。而福特面对潜力广大的中国市场，也有大众品牌的经验作为支撑。总而言之，面对越发激烈的全球市场竞争，传统车企想要在进一步增强竞争力的基础上提升利润空间，仅靠单打独斗显然是不够的。

● 借力使力：分散新技术研发成本

对于传统车企而言，在当前这个新技术、新商业模式井喷般涌现的时代，投资研发新领域相当于下注未来。无论是自动驾驶还是氢燃料电池，想要稳扎稳打做好技术储备，都需要付出极大的时间、人力和财力成本。而借力使力、合力协力无疑是一着妙棋。

比如，2018 年 6 月，现代汽车和奥迪品牌达成一项关于氢燃料电池电动汽车零部件和技术的专利交叉授权协议。此前，现代汽车在开发燃料电池汽车产品的过程中曾积累了许多技术专利，旗下推出的氢燃料电池汽车产品目前在全球十余个国家销售。而此次合作不仅让奥迪和大众汽车集团的其他子品牌有权获得相关零部件；也让现代汽车业有望通过此次合作增强其在氢燃料电池组件行业的竞争力。

● 合纵连横：集结各方参与者

自动驾驶作为新兴的汽车产业领域，也是近两三年来相关企业主体选择“聚众结盟”的重点领域。自动驾驶产业的上下游链条长且跨行业特征明显。一方面，自动驾驶技术催生出诸如激光雷达等一批上游新兴零部件。特别是诸如博世、德尔福等具备极强系统集成能力的一级供应商，近来也纷纷加入了自动驾驶造车大军，争夺行业主导力。另一方面，物流、共享出行等下游企业也在自动驾驶潮流中寻求转型、参与竞争。但实际上，作为一项极为复杂的系统性工程，自动驾驶汽车的研发与推广都不是单个企业凭借一己之力就能实现的。

因此，近年来传统车企、科技企业、零部件企业等相关主体间掀起了一股合作热潮，就是为了寻求技术突破、加强优势互补、降低研发成本。比如，2016 年 7 月，宝马汽车牵头成立了自动驾驶联盟，目前主要参与者包括菲亚特克莱斯勒汽车、英特尔以及 Mobileye 等。据宝马公开表示，该联盟对于想要加盟的其他公司持开放态度，多方主体将共同分担研发自主汽车系统的成本。

再比如，成立于 2018 年 7 月的自动驾驶汽车联盟网络（Networking for Autonomous Vehicles Alliance，简称“NAV”），主要由大众汽车集团和英伟达、博世、大陆、Aquantia 四家供应商组成。该联盟主要承担着解决自动驾驶技术落地的高难度技术问题以及促进新技术的标准化。

（三）产业格局面临重构，趋势性特征有哪些？[1]

自 1913 年亨利·福特发明了流水线生产方式开始，以整车制造企

1 本节作者：王晓明，中国科学院科技战略咨询研究院研究员，文章原载于 2018 年 1 月《中国汽车报》。

业为中心、以大规模生产和大规模销售模式为特征的汽车产业格局就基本形成。此后，汽车产业虽然经历了全球化发展——包括全球设计、全球采购、全球生产和全球销售；而日本丰田公司所倡导和实践的精益生产方式也给这一产业带来了革命性变化，但总体来说，这些都是对汽车产业原有格局的强化而非颠覆性变革。

进入 21 世纪以来，随着包括中国、印度等人口规模巨大的发展中国家步入汽车社会，全球汽车保有量规模正由 10 亿辆向 20 亿辆迈进。与之相伴随的是：传统汽车大规模生产模式正在受到越来越强的资源、能源和环境约束。在这一挑战下，有两股力量正在慢慢汇合：一是以电动化、数字化、网络化和智能化为特征的技术革命；二是以平台化、共享化为特征的商业模式创新。这二者的结合正在显著地改变全球汽车的生产方式、销售方式和使用方式，已经延续了百年的汽车产业格局正面临巨变。

1. 汽车产业格局变革的趋势性特征

（1）消费者由购买汽车转为购买出行服务

互联网时代给汽车产业最先带来的影响在于：消费者在一定程度上减少了私家汽车使用频率。具体来说，电子商务和网购的普及改变了居民的消费偏好和日常生活出行方式，也就减少了人们外出购物的用车需求。此外，社交网络的发展提高了人们的沟通效率，一定程度上替代了传统的社交方式及与此相关的出行量。而基于互联网的在家工作方式（work-at-home）减少了不依赖于办公室的白领人员往返于家里和工作场所之间的通勤出行。

美国密歇根大学交通运输研究所 2014 年所做的调查表明，美国家庭的汽车年均驾驶里程数在 2004 年达到顶峰后便进入稳步下降的状态。到 2013 年，美国人均年驾驶里程是 1.36 万公里，与 2006 年的人均驾驶里程 1.5 万公里相比下降了 9.1%，美国家庭的总驾驶里程与 2004 年相比下跌了 10.2%。

而平台经济和共享出行模式的出现，使得一部分消费者更倾向于由购买汽车转向购买出行服务。

随着使用 Uber、滴滴等专车和各类共享出行平台的司机和出行者越来越多，端到端（P2P）连接服务的信息成本越来越低，平台经济的双边市场活跃度越来越高。一方面，个人的出行服务需求可以得到更好的满足。另一方面，大量闲置的私家车资源也能得到更高效的利用。

除了提高社会资源的利用率外，平台经济和共享出行的流行还显著改变了消费理念。新生代消费者“用手机购买出行服务”的习惯逐步养成，对汽车产品本身的购买欲望越来越低。德国 Bitcom 协会的调查表明，61% 的德国人表示如果在未来可以通过手机实现方便、快捷的自动驾驶车辆预订，将不考虑购买私家车。

消费选择的转向，将使传统整车企业通过品牌控制市场的能力减弱。消费者由购买汽车转向购买出行服务的背后，还有对汽车全寿命周期使用成本与购买出行服务支出费用的比较。尽管单次召车费用并不低，但与购买汽车的直接成本（购车费、税费、保险、加油充电、维修保养、停车过路和各种检验等费用）、间接成本（汽车购买和使用过程中的各种时间耗费成本、信息不对称和缺乏议价能力造成的各种商务损失）和社会成本（汽车资源闲置造成的资源、能源、环境、土地和城市基础设施额外支出）相比较，选择购买出行服务还是具有明显的经济和社会成本优势。从未来发展趋势来看，消费者购买出行服务替代购买汽车的倾向会越来越明显，对汽车出行服务品牌的认知也会越来越强，这一趋势在某种程度上会弱化传统整车企业通过汽车产品品牌控制市场的能力。

（2）电动化和模块化改变传统分工模式

传统汽车产业是由整车企业基于汽车动力系统（燃油发动机）和车型的系统设计，通过掌握以发动机和车型为核心的“产品定义权”，进而掌握市场划分、品牌与车型定价及生产批量等“市场定义权”。

汽车产业经过百年的发展，尽管已经实现了全球设计、全球采购、全球生产和全球销售，但不同厂家、不同平台、不同品牌之间的生产体系差异性仍然非常大，特别是在配套零部件方面，因为生产体系不同，部件的标准化、通用化程度很低。一方面，这使得包括传统发动机的零部件生产企业很难通过规模化生产积累实力，也就无法挑战整车企业的核心地位；另一方面，也使得整车企业能够通过动力和车型的系统设计控制零部件配套体系，在生产体系差异化的情况下，汽车生产端的垂直分工产业组织形态得以长期固化。

如今，汽车产业正在向电动化方向转型。这一趋势对整个产业的影响，表面上看是一次汽车驱动系统的技术变革；但从长期影响来看，电动化还会带来汽车生产组织方式的深刻变化。

首先，汽车电动化使得传统燃油发动机、变速器等主要零部件被储能电池、电机以及车载充电器等零部件替代，传统零部件配套体系发生很大变化，传统整车企业的核心“产品定义权”被分割。其次，电池厂商通过掌握动力电池的设计和产品标准，进入此前整车企业的核心“产品定义”领域，并通过接受不同品牌整车企业的订单，逐步推进电池产品走向标准化、通用化和模块化。最后，随着标准化的推进和模块化生产方式的确立，垂直型分工的组织形态将逐步被打破，水平型分工将逐步取得主导地位，整车领域的生产准入门槛将有所调整。

总的来看，整车企业“产品定义权”被削弱、水平型分工体系的推进以及跨域造车企业的涌现是一个相互影响、循环往复的过程。在这一过程中，产业组织将发生显著变化，主要体现为三个特征：

一是随着汽车电动化趋势的持续推进，以动力电池为代表的模块化生产企业将通过生产标准化、通用型的产品，从而在乘用车领域将取得较为独立的市场地位。

二是随着整车产能越过市场饱和点，家电领域不同品牌企业间交叉代工的现象也将在汽车产业中出现，未来的中国汽车产业界，不排除会出现类似于富士康模式的独立的、无品牌代工型企业。

三是随着跨领域进入造车领域的企业不断增多，对“核心产品”进行重新定义并取得市场认可的“新造车企业”将会出现。

（3）数字化、网络化和平台化改变产业组织重心

传统汽车产业经过百年的发展，已经形成从产品开发设计（发动机研发和整车造型设计）、生产组织（零部件配套体系）、整车制造（四大工艺）、产品销售和服务（4S店和维修保养体系）的完整产业链和流程管理体系。汽车产业悠久的工程师文化，使得汽车产品设计和生产制造环节在传统产业流程中拥有无可替代的中心地位，专业设计人员和技术专家在产品定型和生产管理的各种决策中发挥着权威性的作用。

尽管丰田公司创造了按照订单准时生产的精益生产方式，并建立了完善的供应链管理（SCM）和客户关系管理（CRM）系统，但汽车产品设计与客户真实需求之间仍然存在较高的信息屏障。特别是在乘用车领域，尽管传统整车企业已经在按照客户需求定制化生产的模式方面进行了一系列探索，但目前来看，并没有取得可复制的成功经验。

随着互联网和新一轮信息技术革命与传统产业的深度融合，特别是数字化、网络化和平台化对传统汽车产业链的渗透，汽车产业的传统流程正在被改变。

数字化的核心是利用数据的采集、传输、存储、处理和反馈的闭环，通过提取有价值的信息，完成汽车产品的研发、制造、销售和服务等全产业链和产品全生命周期的管理、决策和控制。借助数字化虚拟和仿真、网络数据和信息集成、平台数据分析和实时决策，汽车产业在新的“物理层、数字层、平台层”框架体系下，正在获得前所未有的流程创新能力。

由此，在实践中既有集成消费者消费偏好的汽车电商平台、协同设计平台，也有集成消费者出行需求的一站式出行服务平台，还有建立在大数据基础上、基于实体工厂的虚拟工厂，通过最终完整信息物理系统（CPS）的构建，实现能够对消费者需求快速响应、具有产品大规模定制能力的柔性生产体系。

另一个改变汽车产业流程的因素是：汽车所有权和使用权的分离。

传统汽车产业链中由消费者购买、管理、使用汽车的模式即将让位于消费者购买出行服务、租赁使用汽车的模式。在这样的趋势下，汽车的所有权和使用权将在汽车产品到达最终消费者之前发生分离，在分离过程中会催生出三种类型的平台公司：

一是持有汽车所有权，提供汽车长期租赁服务的重资产“汽车硬件管理运营”公司。

二是持有汽车所有权，提供分时租赁服务的“硬件＋出行服务”平台公司。

三是向重资产公司租车或 P2P 模式，提供出行服务的“出行服务运营”平台公司。

以上三种类型的公司作为汽车产业新的主体，将重构汽车产业价值链和产业流程，使得汽车产业的组织重心从制造向服务转移。

2. 新的汽车产业格局正在形成

（1）以满足个性化消费和出行服务为中心的新产业格局逐步形成

综上所述，如今的汽车产业格局具备了三大趋势性特征：一是随着汽车消费侧出现了消费者从买车到租车、从购买汽车产品转向购买出行服务的大趋势，传统整车企业通过产品品牌对消费者的影响力将会有所减弱。二是随着汽车电动化、数字化、网络化和平台化的发展趋势，使得传统整车企业通过垂直分工体系对供应链的控制力逐步减弱。三是随着具有典型互联网模式、对消费者偏好和需求有充分了解的平台公司崛起，以传统整车企业为中心的产业流程正在发生改变，汽车产业重心正在从汽车制造向出行服务转移。

可以说，全球汽车产业在经历了上百年发展，以传统整车企业为中心、大规模生产和大规模销售模式为主导的传统汽车产业格局，正在走向以满足个性化消费和出行服务为中心的新产业格局。

与传统产业格局相比较，未来汽车产业新格局主要具有三个方面的新特征：

一是包括独立的汽车设计公司、独立的模块化供应商、无品牌代工工厂、硬件管理运营商、出行服务运营商等在内的新产业主体将逐步出现，从而大大提高了汽车产业组织的多样性和复杂性。

二是产业垂直分工形成的链式产业结构，正在向水平分工形成的网络状产业结构转变。同时，以汽车产品设计、生产、销售、使用和维修保养为主的“物理层”，正在向包括与“物理层”相互映射的“数字层”和以数据集成为基础进行功能整合的“平台层”发展，最终形成包括“物理层、数字层、平台层”在内的汽车产业信息物理系统（CPS）；

三是随着汽车产业数字化程度的加深，具有网络和数据集成能力的硬件和软件服务平台将成为产业的规则制定者、流程管理者和价值分配者，以数字为中心的“平台层”将在一定程度上逐步获得对以产品为中心的“物理层”的支配性地位。

（2）出行服务运营平台和硬件管理运营商将成为新产业格局的驱动者

伴随着汽车产业需求侧的一系列变化，出行服务运营平台作为最先响应这种变化的产业新主体，目前在全球范围内正在快速发展。截至2016年2月，全球价值在10亿美元以上的企业共有151家，其中就包括提供汽车共享服务的滴滴出行、Uber、Lyft、Olacabs、BlablaCar、Crab Taxi 等。

从发展逻辑来看，新型的出行服务运营平台是传统公共交通服务平台的“升级版”。从背后的驱动力量来看，是移动互联网、大数据、云计算等新一代信息技术和消费者对更好出行服务体验的需求升级所促成的。

从内在机制来看，出行服务平台通过撮合出行需求与供给的双边市场效应和集群效应，汇集了消费者最重要的出行大数据，并通过进一步把累积和实时出行数据变成平台智能服务的驱动资源，从而逐步提高出行服务需求和供给的匹配效率。从未来发展趋势看，目前形态较为单一的出行服务平台，会逐步出现属地分化、群体分化、轻/重资产等多方面的分化，从而形成多平台共存的模式。

而从汽车产业格局变化的角度来看，出行服务运营平台是汽车产业从挖掘生产效率向挖掘汽车使用和服务效率过渡的主要载体，是汽车产业新格局形成的驱动主体之一。

硬件管理运营商是继出行服务平台之后即将出现的产业新主体。从业务模式上，汽车硬件管理运营商主要从整车厂批量购买汽车，或者从无品牌代工厂批量定制汽车，并对汽车进行全生命周期的所有权持有和管理，以此为基础为个体消费者提供长租服务，为出行服务运营平台提供整车租赁服务；从业务性质上看，汽车硬件管理运营商的本质是提供融资租赁服务、依靠汽车全生命周期租金回报进行运作的金融公司。

从硬件管理运营商发展的外在逻辑来看，汽车的所有权和使用权分离，将大幅度减少终端家庭用户的汽车保有量。同时，为满足大多数人个性化、机动化的出行需求，汽车的社会总保有量就需要维持在一定规模。而社会总汽车保有量和家庭用户汽车保有量之间的缺口，将结构性地催生出汽车硬件管理运营商这一产业新主体。

从内在逻辑看，汽车硬件运营商将借助即将到来的自动驾驶技术和传感器、车联网和云平台等新一代信息技术，对所属的汽车进行大规模、大范围的远程监测、维护和充电管理。由此，汽车全生命周期运维管理的边际成本将大大降低。

另一方面，因为拥有汽车的所有权和管理权，硬件管理运营商可以在不涉及消费者隐私数据（消费者的驾驶路线、停车地点、车载人数等）的前提下，对汽车的状态数据进行合法采集和分析，并反馈给相关联的汽车零部件公司、设计公司和制造企业，从而不断优化汽车产业的定制化生产。

从汽车产业新格局的角度来看，汽车硬件管理运营商不仅仅是即将出现的产业新主体，还因为联结了汽车制造和服务中的多个主体，会成为未来网络状产业结构中的重要节点。而且，这类运营商由于要借助数字化平台来管理汽车硬件资产，从而会成为物理层、数字层和平台层的集合体。

（3）传统汽车企业的战略定位需进行适应性调整

在新的产业格局下，传统汽车产业链仍然会为个性化消费和出行服务提供汽车产品基础。但随着新格局逐步趋向形成，传统汽车企业需要根据在新格局中的战略定位进行适应性调整。

整车生产企业受到的挑战无疑是最大的。一部分整车企业由于其强大的品牌影响力和个性化定制能力，将主要面向高端消费群体销售有品牌认知度、定制化的汽车产品。而另一部分整车企业将退化成无品牌汽车制造商，专注于代工生产，以及为硬件管理运营商进行大规模定制化生产。还有一部分整车企业将依托自身的设计和定制化制造能力，孵化出独立的汽车长租或分时租赁业务，并在合适的时机进一步分化转型为独立的汽车硬件管理运营商或硬件管理 / 出行服务运营商。

从发展趋势来看，整车企业无论往哪个方向调整，都需要进行生产方式的升级，以更加柔性和智能的大规模定制化生产系统，来满足不断变化的产品和出行服务需求。

在新的产业格局下，零部件供应商同样面临着转型问题。一方面，零部件供应商要应对汽车产品电动化、轻量化和智能化趋势带来的挑战，并相应地完成产品转型；另一方面，零部件供应商要在网络化的产业组织中重新定位自身：或者继续在保存下来的垂直配套体系中生存；或者升级成为独立的模块化供应商；或者与无品牌代工厂和硬件管理运营商达成战略合作，成为面向汽车使用环节维修保养的产品技术承包商。

随着新格局的逐步形成，一部分汽车后市场服务商也会慢慢转型，例如汽车销售、维修保养、充电服务等企业也会依据自身优势，转变为硬件管理运营商或与其进行深度战略合作。当垂直的分工体系逐步被打破，汽车产业重心从制造转向服务以及平台型公司的大量崛起，汽车产业领域的进入壁垒将会明显降低，新进入的企业或将会出现“潮涌现象”。来自互联网领域的一些新兴主体，例如互联网车企以及出行服务平台企业会抓住机遇，进入到新的产业体系中，并与传统汽车企业合纵连横，共同塑造未来新的汽车产业格局。

3. 政府要发挥前瞻性和引导性作用

汽车传统产业格局向新格局的演化过程，也是一个渐进的、从量变到质变的过程。这个过程既包括消费者行为习惯的改变、汽车所有权和使用权的分离、购买出行服务对购买汽车的替代，也包括电动车的普及、模块化生产的推广、柔性生产体系的建立。除此之外，还伴随着由汽车产业数字化转型而推进的产业组织重构和流程再造。

在新老格局的转换过程中，政府要充分发挥战略性、前瞻性、引导性作用。

一是要从战略高度考虑未来交通出行变化对汽车价值链、产业链和创新链的影响，把汽车产业格局的变化放在交通出行革命、能源革命、新型城市化、数字经济的大背景下统筹考虑。

具体来说，可以通过组织跨行业、跨领域的相关机构和专家学者对汽车产业的中长期格局变化进行前瞻性、趋势性、情景化的研究，准确把握汽车产业格局变化的内在规律和外部推动因素，为相关战略、规划和政策的制定奠定理论基础。

二是在产业管理体制改革和产业政策的创新上，一方面，要顺应汽车产业格局的趋势性发展，在管理上适当放宽行业和市场准入，在产业政策上鼓励和支持创新，从而激发更多创新主体的积极性，推动形成面向未来智能出行的产业生态体系。

另一方面，要对汽车产业格局变化带来的产业冲击、就业冲击和社会冲击未雨绸缪，在传统汽车产业主体的转型方面要考虑制定专门的支持性政策，在汽车国有企业改革的设计方面要考虑发挥国企在就业结构调整上的“稳定器”作用。

三是在产业管理内容上，要顺应新产业格局下业务模式的变化，要由对汽车产品的一致性监管，向产品和服务的一致性监管并重转变。而且，要由对传统汽车企业的管理向汽车企业和平台管理并重转变，可以探索借助硬件和出行服务平台对汽车产品和服务一致性监管的新模式和新方法。与此同时，也要注重对汽车产业数据资产所有权和使用权的管理。

当全球范围内的汽车保有量由 10 亿辆向 20 亿辆迈进，全球资源、能源和环境越来越难以承受一个传统工业模式下的汽车社会。在万物互联和智能化的浪潮催动下，技术创新和模式创新相叠加，正在突破传统汽车社会模式的边界，改变汽车产业的格局。而促使这一切发生的背后逻辑是效率的提升。只有效率大幅度提升了，才能用更少的资源和环境代价来满足更大多数人的个性化交通出行需求。

美国曾凭借福特汽车的生产方式，充分挖掘生产线效率，成为以大规模生产为标志的汽车强国。日本凭借丰田汽车的生产方式，充分挖掘供应链效率，成为精益生产为标志的汽车强国。

如今，我国如果能借助数字化转型的机遇，打通汽车制造和服务环节，充分挖掘汽车全生命周期的生产和使用效率，必将创造汽车社会发展的中国模式，构建具有中国特色的汽车产业新格局，从而在全球范围内引领汽车社会下一个百年发展。

二、未来中国汽车市场群雄入局

（一）造车新势力：新气象与新风险

在汽车电动智能化变革初期，传统车企巨头相对谨慎，为造车新势力提供了较好的窗口期。相较于传统车企，造车新势力更注重科技运用和用户体验，对行业的营销和服务模式也进行了一定程度的创新。

在海外，特斯拉如同汽车行业的“苹果”公司，其电动化技术独辟蹊径，Autopilot 自动驾驶功能极具吸引力，引领着全球电动智能汽车市场；在国内，蔚来、威马、小鹏、奇点、前途、云度、电咖等造车新势力已经或者即将投放车型。

1. 量产车型陆续亮相

2018 年是造车新势力公开亮相的“高光”时刻。这里的亮相，指的是量产车型的亮相。虽然有一些造车新势力在 2017 年年底的时候，就抢先发布了量产车型，但是，大多数车型还没有到可以量产交付的时候。

在 2018 年，亮相首款量产车型的造车新势力包括了小鹏 G3、威马 EX5、新特 DEV1、哪吒 N01，还有天际汽车 ME7、爱驰 U5、车和家理想制造 ONE、零跑 S01 等等，其中，蔚来汽车还在 2018 年 12 月 15 日的“NIO DAY”亮相了第二款量产车型——NIO ES6。

从造车新势力开发的车型来看，蔚来汽车的打法可以对标特斯拉从豪华车往下渗透；威马汽车则是从平民化车型入手，稳扎稳打；小鹏汽车则富有很强的互联网和极客风格。在未上市的车型中，理想智造 One 和拜腾的定位都偏中高端，爱驰 U5 上市时间会靠后，整体风格偏务实。整体来说，造车新势力开发车型都在 A 级以上的纯电动车为主，在造型和用户交互体现上区别于传统车企。

从亮相首款量产车型的情况来看，特点有以下几个方面：

价格适中：其中小鹏 G3、威马 EX5、零跑 S01，价格集中在 10—20 万元（补贴后）这个区间，合众新能源的哪吒 01 和新特汽车的 DEV1 要更便宜一点，补贴后的价格在 10 万元以内；

主推 SUV：SUV 是这一波造车新势力力推的车型，原因是 SUV 车型高速增长，包括了小鹏 G3、威马 EX5、蔚来 ES6，以及天际汽车 ME7、理想智造 ONE、爱驰 U5，等等；

自动化：这一波造车新势力，都在强调自己的首款量产车型，搭载了自动驾驶功能，但集中在 L2 和 L3 这两个级别，这样实际上也就是辅助驾驶功能，只不过得益于所谓的 L0—L5 的分类，可以使用“自动驾驶”的宣传语而已；

电动化：这一波造车新势力瞄准了电动化这个趋势，一方面是趋势所在，另一方面是因为电动化降低了造车的门槛，不过也有例外的，例如理想智造 ONE 就是增程式，虽然也是电驱动，但是自带汽油发电机。

2.IPO 融资是把“双刃剑”

IPO 几乎是每一家造车新势力企业梦寐以求的。在国内，以蔚来汽车为代表的新势力造车在资本化道路上走在前列。目前，蔚来汽车已有 56 个投资者，包括中国科技巨头腾讯、百度、小米以及美国对冲基金 Lone Pine Capital、中信资本、Hillhouse Capital Group 和红杉资本等风险投资公司。2018 年 9 月 12 日，蔚来汽车在美国证券交易所挂牌上市，正式登陆资本市场。

截至 2018 年 12 月 31 日，蔚来汽车 7 座高性能电动 SUV ES8 累计交付 11348 辆，其中 3318 辆于 12 月交付，完成了“交付 10000 辆”的目标，但却出现了 95.96 亿元的经营性亏损。可见，在美国资本市场募得超 10 亿美元的蔚来汽车，还是成为亟待外部资金输血的造车新势力们的样本，通过上市可以解决一部分资金问题，以便今后研发和后续投入使用。

威马汽车联合创始人、战略规划副总裁陆斌说：“公司内部有 IPO 时间表，但是当下最关键的任务在于把产品做好。”而零跑汽车董事长朱江明则直言：“未来一定会 IPO，登陆资本市场。”此外，拜腾汽车 CEO 毕福康也表示：“公司有 IPO 的计划，不过何时启动，在何地启动都还不明确。”

新势力造车有着广阔的市场前景，但也要深刻认识到行业培育与发展需要很长时间。对于初创品牌来说，更是需要 5—10 年才能扭亏为盈，荣威、MG 品牌 2007 年成立，2017 年首次盈利；广汽传祺 2008 年成立，2013 年开始盈利；特斯拉到现在仍然没能扭亏为盈。有着长远的规划，押对商业模式，联合各家车企才能走过漫长的发展寒冬。

而上市是一把双刃剑，上市的好处体现在品牌背书、拓展募资渠道等，不利的地方就是需要公布运营数据、容易被华尔街空头大鳄盯上等等。关键的是，怎么利用好的，回避不利的，达到一个相对平衡的状态。

进入 2019 年，新造车运动的时间窗口正在逐渐关闭，造车新势力仍在质疑中艰难前行。造车新势力是不是在玩概念？是否能顺利交付？他们能熬过产量爬坡期，迎来盈利吗？当传统车企的斗志被激发出来，造车新势力能否在竞争中继续生存？这些都成为造车新势力企业的风险所在。

3. 突破交付“生死线”

新车交付是造车新势力存活下来的重要一步。历经一段声嘶力竭的喧嚣之后，到底能不能让“PPT 上的图像”成为行走在路上的汽车，以至于能不能按时向诚意满满的用户交付车辆，都成为考验造车新势力的试金石。用蔚来汽车董事长李斌的话来形容，是从组队集训过渡到资格赛阶段。

如今在已经入局的近 20 家主要造车新势力当中，2/3 产品并未量产，同时经过两三年内的酝酿，逐渐分化成“三个梯队”，“龙头”和“尾巴”企业逐渐浮出水面。全国乘联会专家分析，第一梯队的车企，已经成功脱掉“PPT 造车”的帽子，并实现了量产车交付，如蔚来、威马、小鹏等，他们无疑是佼佼者，在品牌知名度、新车交付进度方面属于“龙头”。据机动车交强险数据显示，截至 2018 年年底，蔚来汽车已经有 11404 辆 ES8 上险、云度汽车上险数为 6101 辆、威马汽车为 3845 辆，分列前三位；此外零跑、前途、合众新能源、电咖、新特等刚完成产品上市，品牌造势方面虽稍弱，也暂归此阵营。

第二梯队方面，则是产品方面接近量产、略有知名度的新车企，如拜腾、车和家、爱驰、华人运通、博郡、正道等，这些车企大多定于第三或第四季度量产，随时有跻身第一梯队的可能。

至于第三梯队，则是发展已出现疲软的企业，如奇点、知豆、游侠等，或将见不到他们交付新车的一日；也有如云度一般，产品上市多时但表现欠佳的。可以说，第三梯队已进入这场淘汰赛的“尾巴”企业范围。

近日，2019 年新能源汽车补贴政策落地，国家补贴标准退坡约 50%，适当提高技术指标门槛，重点支持技术水平高的优质产品，并设定了 3 个月的过渡期。新能源汽车补贴退坡程度加深，这对于造车新势力来说，势必又是一个严峻的考验。

从产品制造角度看，电动化降低了造车的门槛，但工艺技术和规模制造壁垒依然存在。真正的规模化交付的前提是规模化生产，规模化生产是制造业里面的难点，尤其是汽车行业，大规模量产与小批量试制，完全是两个概念。即便了成立了 15 年的特斯拉，在 Model 3 大规模交付之前，也就是量产，还经历了生产地狱，产能艰难爬坡，用了 14 个月的时间才完成 10 万辆的量产和交付，但也遭遇了一次良品率不到 30% 的情况。

而且，虽然交付一直是新势力车企的“心头大患”，但交付仅仅意味着拿到了下半场竞争的一个入场券。即使蔚来汽车和威马汽车等已经实现交付，但在跨过交付“生死线”之后，产品质量问题又相继被曝出。因此，造车新势力在考虑量产速度的同时，也须保证汽车的质量。

4. 历经“资本劫”

造车需要非常强大的资源整合能力，更需要足够的资本打仗，稍有不慎便会被资本浪潮击倒。目前，中国造车新势力的融资规模已经超过 1700 亿元。其中，蔚来、威马、小鹏、拜腾、FF、奇点、车和家、爱驰、电咖、前途等 10 家较为知名的造车新势力，总额已经超过 1000 亿元。

从 2018 年下半年开始，造车新势力公布融资的消息开始慢慢减少。而在 2019 年，已知的只有威马 30 亿元 C 轮融资。但是，造车新势力对于资金有着极高的需求，不少造车新势力也在紧锣密鼓地融资。小鹏汽车在去年 8 月曾经立下今年年底前融资 200 亿元的目标，拜腾也在展开新一轮的融资为新车上市做准备。对于造车新势力来说，2019 年的首要目标是要先活下来，即拿到新的融资。

就现在看，资本更像一个资金黑洞，而盈利尚无具体时间表。例如，蔚来汽车虽然完成了“交付 10000 辆”的目标，但公司处于发展初期，产能爬坡仍在进行，规模效应尚未显现，公司依然依靠外部融资输血，扭亏为盈尚待时日。根据蔚来汽车发布的 2018 年财报，公司年度总收入 49.51 亿元，其中汽车销售总额 48.53 亿元，占总收入的 98.0%。2018 年全年经营性亏损 95.96 亿元，同比增长了 93.7%。

公开数据显示，当前蔚来已耗光自 2016 年至今融资到的 150 多亿元。业内人士分析，蔚来在 2025 年前都将持续亏损，并由此面临超过 700 亿元（2019—2025 年）的资金缺口。“入不敷出”正是造车新车企的真实境况，已经出现不少扛不住花钱进度，暂无发展进度的企业。

“钱”是造车新企业的命脉，也分分钟成为压垮造车新企业的最后救命稻草。成立于 2014 年的奇点汽车，至今已进行 6 轮融资，累计融资金额超过 70 亿元。随后负面新闻不断，已经开始被曝出拖欠员工工资的传闻。

与此同时，在当前宏观经济下行压力加大背景下，资本的热度已经逐步降温，动辄需要“烧钱”数十亿、上百亿资金的造车新势力已经开始感觉到了资金的瓶颈。例如，浙江合众新能源汽车公司日前完成法定代表人变更事宜，华夏幸福董事长王文学不再担任合众新能源汽车法定代表人。

（二）新建纯电动车企：几家欢喜几家愁

汽车战争硝烟弥漫、电动汽车风起云涌。谁能在这场竞争中执电动汽车之牛耳，谁就掌握了未来汽车发展的主动权和核心技术的竞争力。

根据公安部公布的机动车保有量数据显示，2018 年，全国新能源汽车保有量达 261 万辆，其中，纯电动汽车是新能源汽车中最主流的车型，保有量为 211 万辆，占新能源汽车总量的 81.06%。

从 2016 年 3 月到 2017 年 5 月，国家发展改革委审批通过了 15 家新能源生产企业的立项。包括：北汽新能源、云度新能源、江铃新能源、知豆汽车、长江汽车、前途汽车、合众汽车、奇瑞新能源、重庆金康、国能新能源、河南速达、江苏敏安、万向集团、陆地方舟及江淮大众。在 2018 年 12 月 18 日，国家发展改革委正式发布了《汽车产业投资管理规定》（以下简称《规定》），明确指出未来投资纯电动汽车项目的要求，完善了纯电动汽车产业准入条件，同时指出新建中外合资轿车生产企业项目、新建纯电动乘用车生产企业（含现有汽车企业跨类生产纯电动乘用车）项目及其余由省级政府核准的汽车投资项目均不再实行核准管理，调整为备案管理。

另外，已获工信部的核准的纯电动车企已有 12 家。除万向集团、陆地方舟及江淮新能源 3 家尚未获得工信部纯电动汽车生产资质外，国家发展改革委此前审批通过的新能源生产企业均已获得工信部核准。

这些纯电动车企中，有新兵也有老将，进展速度快慢不一，企业间发展差别巨大，有的已经达到百亿规模，销量位居全球首位，有的企业此前鲜少听闻，此后也没有动静。后者未来是否会因为没有落实产能和产品被吊销资质，还是成为新一轮“僵尸企业”？时间将给出最好的答案。

1. 发展现状喜忧参半

在 2018 年销量前 10 的纯电动车型中，小型车、微型车居多，价格便宜、续航能力长、配置较为丰富成为这些车型热销的原因。北汽 EC 系列、奇瑞 eQ1 和江淮 iEV6E 都是比较出色的代表。不过，随着 2019 年有更多的新能源车涌入，纯电动车市场的竞争也会越来越激烈。

作为国内新能源车企眼中的“带头大哥”，北汽新能源一直在产销上表现出色。2018 年 9 月 27 日，北汽新能源在上海证券交易所挂牌上市，“北汽蓝谷”成为第一家在 A 股上市新能源汽车企业。日前，北汽蓝谷发布 2018 年业绩预告：北汽蓝谷 2018 年归属于上市公司股东的净利润预计最高达 1.5 亿元，突破了 15 万辆的 2018 年销量目标，连续 6 年夺得中国纯电动汽车销量冠军。

2018 年，奇瑞新能源创下 60754 辆的销量，同比增长 102%，大幅领先新能源行业增速。乘联会数据显示，eQ 系列车型在 2018 年累计销量 46,967 辆，成为奇瑞新能源的销量担当，位列整个 A00 级电动汽车销量第二名。

然而也有一些纯电动车企遭遇销量暴跌的危机，知豆汽车便是其中之一。该公司成立于 2006 年，是中国最早进入新能源汽车领域的企业之一。截至 2017 年年底，累计销售 100672 台，占国产新能源汽车 6% 的市场份额、纯电动乘用车 11% 的市场份额、微型电动汽车 20% 的市场份额。2012 年出口至今，知豆的足迹已遍布意大利、法国、德国等全球 20 个国家，并且在全球电动车市场中取得了不俗的成绩。在补贴新政出台之后，以知豆为代表的微型电动汽车却开始出现销量暴跌。数据显示，知豆汽车 2018 年累计销量仅为 1.5 万辆，同比大跌 63.90%。

此外，还有一些纯电动车企至今还停留在“PPT”造车层面，至今还没有量产计划。例如，长江汽车仍没有量产新车，前途汽车在烧掉 20 亿元后，只换来了 2018 年全年 59 台前途 K50 的销量。

2. 进入“新合资时代”

中国目前陆续已经成立了多家纯电动车“新合资”车企。中国纯电动车市场在经历了上一轮大浪淘沙之后，已经开始进入一个“新合资”时代。未来，在“新合资”车企框架内将孕育出全新的中国纯电动车品牌，其生产的纯电动车也将用上中国名字、中国芯。

此前，我国汽车产业政策规定一家外企只能在中国有两家合资公司。例如，大众目前在中国已经有一汽 - 大众以及上汽大众两家合资公司，本来按照规定大众不得在中国成立第三家合资公司，不过国家主管部门近年来开放了针对电动乘用车企业的单一生产资质，江淮大众在电动车领域开展合作，因此这样的合资公司不受合资企业数量限制。

不同于之前传统整车车企合资项目，这一轮纯电动车“新合资”双方已经无所谓强弱，合资双方基本是平等关系，跨国车企在整车开发上具有成熟的经验，而中国车企在电池等方面的积累也不容小觑，毕竟在纯电动车领域，中国已经名副其实地成为全世界最大的市场。

3. 跨越技术门槛

财政部、工信部、科技部、国家发改委联合发布的《关于进一步完善新能源汽车推广应用财政补贴政策的通知》，明确了2019年新能源汽车补贴标准及清算方式。其中，纯电动乘用车工况法续驶里程不低于250公里，插电式混合动力乘用车（含增程式）工况法续驶里程不低于50公里，享受补贴的续航里程也仅划分为250公里至400公里和400公里以上“两档”。

在门槛提高、补贴减少的形势下，率先掌握新能源汽车核心技术和完整产业链的车企将赢得竞争优势。其实，纯电动汽车的电池技术以及电力驱动控制技术系统一直是制约国内纯电动汽车的发展因素。纯电动汽车想要达到的理想车用电池，且拥有高超的电动机技术和控制技术，目前来说，都还处于研究开发阶段，一些关键技术还有待突破。

而在中国汽车产业转型升级的道路上，智能制造将成为“重头戏”。随着科技的发展，未来的汽车已经不单单是移动工具了。自动驾驶、智能网联、5G、智慧交通等一辆辆充满未来感的概念车型昭示着车企对于未来的设想。目前，像北汽新能源、奇瑞新能源、重庆金康、合众新能源等都在美国硅谷设立研发中心，进一步提升整车的智能化和电动化水平。

4. 入局“共享出行”

从出租车到单车共享，共享是世界经济结构调整优化，应对经济发展新常态的一个重要选项，它符合节约、绿色发展的原则。共享经济正在高速改变中国人的生活。而新能源汽车以其环保、轻量、便于管理的特点，成为共享汽车、分时租赁汽车的天然协作者。大部分共享汽车都采用纯电动车型，一方面，顺应绿色出行的环保需求，在“双积分”政策下为纯电动车拓展销路；另一方面，则可为作为“新事物”的纯电动汽车市场培育造势，提升广告效应，提高用户体验。

目前，跨入共享出行“新赛道”的纯电动车企包括知豆、北汽新能源、江淮、奇瑞新能源等。分时租赁平台使用的纯电动车企的车型主要有：知豆 D1、知豆 D2S、北汽 E150EV、北汽 EV200、北汽 EC180、北汽 EU260 Plus、江淮 iEV4、江淮 iEV5、江淮 IEV6E、奇瑞 eQ 等。

（三）合资与外资品牌：新能源汽车是关键？

在中国汽车市场，自主品牌的市场份额长期处于 40%—45% 的区间，外资品牌则长期占据着近六成的市场。但新能源汽车市场结构却大相径庭，由于合资企业的集体缺席，比亚迪、北汽新能源、奇瑞等中国品牌快速成长，占据着中国新能源汽车九成的市场份额。2018 年，乘用车销量前五的车企中只有吉利一家自主品牌，但新能源汽车销量前五的全部是自主品牌。

然而，随着传统车市出现下滑，新能源车市场却翻倍式增长局面的出现，让很多外资车企都蠢蠢欲动试图瓜分这巨大消费市场里的一杯羹。包括特斯拉等在内的外资、合资品牌已磨刀霍霍，开始在中国的新能源市场大规模排兵布阵。

比如，大众汽车 2016 年 6 月就宣布了电动车生产计划，此后大众一直在寻求转型，直到 2018 年才正式发力。按照大众汽车的规划，旗下品牌将推出超过 30 款新能源车型，其中半数以上车型将会进行本土化生产。截至 2020 年，大众汽车计划在中国市场交付约 40 万辆新能源汽车，到 2025 年，这一数字将提升至 150 万辆。

从销量层面来看，2018 年大众汽车在中国已经触及了 420 万的销量顶点，但增幅只有 0.5%。虽然大众汽车 2018 年仍然蝉联了全球销量冠军，但其全年利润仅同比微增 0.4%，从长远考量，大众汽车将下一阶段的增长点放在电动汽车上无疑是正确的选择。

作为国内主流合资车企，通用汽车是全球首批实现从 HEV、PHEV、EREV 到 EV 全序列新能源车型布局的公司之一，预计到 2025 年，通用汽车旗下凯迪拉克、别克、雪佛兰三大品牌所有车型基本上会实现不同程度的电动化，涵盖纯电动及插电式混合动力等车型。

日产汽车公司首席绩效官何塞·穆诺兹在接受采访时指出，2022年，日产在华产能将提升至260万辆规模，并在2022年之前推出超40款新车，其中20款以上车型为纯电动汽车，其中5款将在两年内投放市场，并且这5款新车将来自东风有限旗下不同公司。去年8月27日，位于广州花都的东风日产第二工厂总装车间，东风日产旗下首款纯电动汽车轩逸·纯电车型正式下线。

除了上述三家车企，包括丰田、福特、雷诺等多家车企也在纷纷布局新能源。

今年3月9日，一汽丰田卡罗拉双擎E+正式登陆中国市场，新车共推出先锋版、领先版、豪华版、旗舰版4款车型，补贴后售价区间为18.98万—21.28万元。作为丰田在华首款新能源车型，卡罗拉双擎E+将展现产品与价格的双重竞争优势。

东风雷诺计划在2022年之前推出9款车型，而其中将有3款电动车投入中国市场。戴姆勒也和北汽签署协议，称双方将共同注资50亿美元，于2020年在北京建立纯电动车生产基地，并开展动力电池的本土生产和研发。此外，奔驰、宝马、奥迪等传统豪华品牌也将在2019—2020年间相继在华投产新能源汽车。

除了合资品牌，目前风头正热的特斯拉也将目光投向了中国。2019年1月7日，特斯拉上海超级工厂（一期）举行了奠基仪式。当日，上海迄今为止最大的外资制造业项目特斯拉超级工厂在上海临港产业区正式开工建设。特斯拉公司首席执行官埃隆·马斯克认定，特斯拉中国工厂需要投产，以帮助这家电动汽车制造企业保持盈利状态。2月，特斯拉正式在华启动大众化车型Model 3交付；3月，特斯拉宣布在2019年下半年就将把3.5万美元版本的Model 3引入中国市场。

外资品牌的大举逼近，与新能源补贴退坡一起，将给中国新能源车企形成双重压力。但同时也意味着，政策推动的影响因素逐渐减少，市场化程度更高，表现出优胜劣汰的市场化竞争规律。按照工信部、国家发改委等 2017 年出台的《汽车产业中长期发展规划》，预计到 2020 年，我国新能源汽车销量将达到 200 万辆。届时，中国汽车市场的新能源汽车“大战”将会更为精彩，也更为激烈。

三、智能汽车前路何方

（一）自动驾驶降温：安全和成本如何考量？

据麦肯锡公司统计，到 2025 年全球自动驾驶汽车可产出 2000 亿至 1.9 万亿美元的产值。美国勒克斯研究公司曾发布报告称，2030 年，无人驾驶汽车将形成一个价值 870 亿美元的市场。据 IHS 预测，到 2035 年，北美、中国和西欧将成为自动驾驶的三大主要市场，销量分别达到约 350 万辆、280 万辆和 240 万辆，市场份额达到 29%、24% 和 20%。但与此同时，全球各地自动驾驶路测事故频发、技术路线争端不断，也给这一新兴产业的未来添上了一抹不确定的色彩。

1. 全球路测事故频发：监管如何应对？

近三年来，全球陆续发生过多起自动驾驶汽车路测事故。2018 年 3 月，一辆 Uber 自动驾驶汽车在亚利桑那州坦佩市测试过程中，导致一名行人被撞身亡。2016 年 7 月，特斯拉 Model S 在当年 5 月发生的事故被披露，德国机动车辆管理局和交通部随即展开调查。这两起事件经全球媒体和社交网站报道发酵，引发业界和舆论对于事故原因、自动驾驶汽车安全性、测试监管方式以及环境感知优化方案的讨论热潮。

从目前分析得出的事故原因来看，主要包括驾驶员操作失误以及周边人员和车辆干扰。Uber 在亚利桑那州发生路测事故的调查显示，由于周边行人是从暗处突然闯入机动车道，在被车撞倒时，受害人也在人行横道外，因此无论当时是处在自动驾驶还是人类驾驶的模式下，实际上都很难避免事故的发生。

尽管由于自动驾驶系统本身的技术缺陷或决策失误所导致的事故比例并不算高，但还是引起了业界和舆论对于这项新技术安全性的广泛质疑。

近年全球自动驾驶汽车事故列举

时间	涉事企业	地点	事故原因	伤亡情况
2016 年 1 月	特斯拉	京港澳高速河北邯郸段，中国	驾驶员操作失误	1 死
2016 年 5 月	特斯拉	佛罗里达州，美国	自动驾驶系统未能识别停靠物体	1 死
2017 年 8 月	Waymo	加州帕罗奥托市，美国	驾驶员错误干预	无伤亡
2017 年 11 月	Navya	拉斯维加斯，美国	周边汽车错误操作，导致与无人驾驶巴士相撞	无伤亡
2018 年 1 月	Argo AI	匹兹堡，美国	人为失误	2 伤
2018 年 3 月	Uber	亚利桑那州坦佩市，美国	周边行人未遵守交规	1 死
2018 年 5 月	Waymo	亚利桑那州钱德勒市，美国	周边汽车干扰	1 伤
2018 年 9 月	苹果	加利福尼亚，美国	尚未公布	-

从厂商的角度来看，实路测试是收集路况数据和行驶信息以及验证技术系统是否达标的必要环节。但在技术水平尚未完全成熟的情况下上路测试，必然会存在一定程度的安全隐患。从监管机构的角度来看，如何在鼓励新技术创新应用与保障交通安全和社会安全之间找到最佳平衡点也成为关键议题之一。

更重要的是，自动驾驶作为不同于传统汽车的智能化产品，一旦实现大规模商用化，很有可能会冲击现有道路交通法规与社会伦理框架。自动驾驶的级别和发展阶段不同，对于通行规则、法律责任、监管措施的要求也随之不同。

比如，对于辅助性驾驶系统而言，驾驶人依然拥有驾驶控制权，因此仍为车辆安全监管主体，负有遇到突发情况干预驾驶活动的义务，这与各国现有道路交通安全法律框架基本一致。但对于完全自动驾驶的车辆而言，传统意义上的驾驶人已经不需要参与任何驾驶活动，车载自动驾驶系统作为新的“驾驶人”，这就突破了大多数国家和地区的机动车和驾驶人管理制度框架。

再比如，经典的思想实验之一——“电车难题”就是摆在自动驾驶汽车技术研发者面前的一道伦理考题。2018 年 10 月，麻省理工学院媒体实验室的研究团队发表一篇论文，通过收集和整理全球各地数百万在线参与者对于自动驾驶汽车的不同意见，揭开了这一新兴技术可能面临的一系列道德伦理困局。这项测试中包含的问题包括：车祸发生时是选择撞男性还是女性、撞多数人还是少数人、年轻人还是老年人、守规则的行人还是乱穿马路的人、社会地位高的人还是社会地位低的人，等等。

研究结果表明：不同国家的参与者在道德偏好上存在着显著差异，导致这些差异出现的原因包括多方面，包括地理因素、个人主义和集体主义之间文化差异等等。同时，全球参与者在某些问题上也有较为一致的倾向。比如，当自动驾驶汽车发生事故时，绝大多数人都更偏向救人类而非动物、救更多的人而非少数人、救儿童而非成年人。这些伦理方面的选择将为未来自动驾驶法律监管框架提供参考。由此来看，自动驾驶汽车的安全性不仅仅关乎技术成熟程度，更是涉及监管法规与技术伦理的社会性问题。

目前，发达国家政府都在积极引导本国自动驾驶产业发展，并出台符合本国国情和自动驾驶技术水平的政策法规。

总体上看，在大多数国家和地区，自动驾驶汽车正式上路行驶尚不被法律认可。但同时，美欧日等发达国家和地区认为，自动驾驶汽车是未来交通发展的不可逆趋势，应当在道路测试等方面予以鼓励。因此，这些国家推广路试与测试规范的制定和出台一般是同步进行的，且出于安全考虑，对车辆上路测试条件和要求普遍较为严格。

各国规范推动自动驾驶发展

国家	标志性事件
美国	● 2011 年，内华达州率先宣布自动驾驶汽车上路测试合法。 ● 2014 年，加利福尼亚州制定了美国国内首个自动驾驶测试法规。 ● 2015 年 7 月，全球首个专为自动驾驶汽车测试而建设的测试场——位于密歇根州的 MCity 正式投入使用。 ● 2016 年 9 月，美国交通部和国家公路安全管理局联合颁布《联邦自动驾驶汽车政策指南：加速交通安全的新一轮变革》（Federal Automated Vehicles Policy：Accelerating the Next Revolution In Roadway Safety），将自动驾驶汽车安全监管纳入联邦法律框架内。 ● 2017 年 9 月，美国国会众议院通过了《自动驾驶法案》（“SELF DRIVE Act”）。 ● 2017 年 9 月，美国交通部发布自动驾驶汽车 2.0 指导政策《安全愿景》（Automated Driving Systems 2.0： A Vision for Safety）。 ● 2018 年 10 月，美国交通部颁布动驾驶汽车 3.0 指导政策《准备迎接未来交通》（Preparing for the Future of Transportation）。
日本	● 2013 年，日本内阁牵头启动“战略性创新创造方案”（简称 SIP）。自动驾驶项目（SIP-adus）是关键领域之一。 ● 2016 年 5 月，日本警察厅颁布《自动驾驶汽车道路测试指南》。 ● 2016 年 11 月，日本内阁府、警察厅、总务省、国土交通省和经济产业省五个省厅，联合宣布从 2017 年 9 月到 2019 年 3 月在日本国内指定路段开展自动驾驶测试。 ● 2018 年 8 月 27 日，自动驾驶出租车在东京进行载客试运行，这是全球首次为付费乘客提供自动驾驶出租车服务。 ● 2018 年 9 月 12 日，日本国土交通省发布了《自动驾驶汽车安全技术指南》，明确规定 L3 和 L4 级自动驾驶汽车所必须满足的一系列安全条件。
德国	● 2015 年，德国《自动和联网驾驶战略》，提出：保持在自动驾驶领域的领先地位是“国家持续发展和繁荣的基础”。 ● 2017 年 5 月，德国联邦参议院通过法律，允许汽车自动驾驶系统在未来特定条件下代替人类驾驶。这是德国首部关于自动驾驶汽车的法律。 ● 2017 年 5 月，德国联邦交通与数字基础设施部下设的伦理委员会起草的全球首套自动驾驶伦理准则公正式公布。该准则明确人类生命拥有最高优先权。

英国	● 2016 年，英国交通部宣布准许自动驾驶汽车在伦敦街头上路测试。 ● 2017 年 8 月，由英国运输部与英国国家基础设施保护中心（CPNI）共同制定的《车联网和自动驾驶汽车网络安全准则》（The Key Principles of Cyber Security for Connected and Automated Vehicles）正式发布。

● 美国：推动全国性法律出台

2017年9月，美国国会众议院通过了《自动驾驶法案》（全称为“Safely Ensuring Lives Future Deployment and Research In Vehicle Evolution Act”，简称“SELF DRIVE Act”）。该法案的首要目标是在美国联邦层面确立自动驾驶汽车监管框架。如果该法案得以在参议院通过，将可能成为美国首个针对自动驾驶汽车的全国性法律。

在《法案》出台前，美国的自动驾驶汽车法规均是由各个州级政府所确定的，其中 21 个州允许自动驾驶汽车上路，剩下的 29 个州则暂未通过自动驾驶汽车管理法案。而允许上路的州所确定的相关监管规定也不尽相同。如此一来，每个制造商和技术开发商要花费大量时间和财力成本用于满足五十个州、数百个城市和数千个县的不同测试规定，最终的测试效率必将十分低下。从长远来看，分散的管理格局也不利于自动驾驶汽车在全国范围内的大规模推广。

《法案》的出台显然旨在推进美国各州共用一套规则，以加快自动驾驶的测试和普及速度。具体而言，《法案》从管理、标准、豁免、检测、评估、隐私等方面，对自动驾驶汽车的设计、生产、测试等环节进行了规范和管理。按照法案要求，自动驾驶汽车生产商或者系统提供商需要向监管部门提交安全评估证明，以证明其在数据、产品、功能等各个方面采取了足够的安全措施。此外，法案还要求自动驾驶车辆厂商必须制定网络安全计划，包括如何应对网络攻击、未授权入侵以及虚假或者恶意控制指令等安全策略，用以保护车辆的关键控制系统和程序。

● 德国：发布全球首部自动驾驶伦理准则

2017 年 5 月，德国联邦交通与数字基础设施部下设的伦理委员会起草的全球首套自动驾驶伦理准则公正式公布，该准则将会让自动驾驶车辆针对事故场景做出优先级的判断，并加入到系统的自我学习中。德国内阁已经批准了该指导方针，德国因此成为世界上首个实施此类措施的政府。

具体来说，这份准则共包括20条意见。核心要点包括：财物损失优于人身损失：即在危险情况下，保护人类生命始终拥有最高优先权；当自动驾驶车辆发生不可避免的事故时，任何基于年龄，性别，种族，身体属性或任何其他区别因素的歧视判断都是不允许的；在任何驾驶情况下，责任方——无论驾驶者是人类还是自动驾驶系统——都必须遵守已经明确的道路法规；为了辨明事故承担责任方，自动驾驶车辆必须配置始终记录和存储行车数据的“黑匣子”；自动驾驶汽车将对车辆所记录的数据保留唯一所有权，其可决定是否由第三方保管或转发；虽然车辆在紧急情况下可能会自动做出反应，但人类应该在更多道德模棱两可的事件中重新获得车辆的控制权。

自动驾驶技术的提高与机器自我学习能力密不可分，但如果车辆系统对某一个信息做出了与人类社会道德伦理相悖的决断，很有可能将导致整个机器学习方向都是错误的，德国选择出台自动驾驶道德伦理准则，在很大程度上是希望在技术尚未发展成熟、产品尚未大规模进入市场之前进行及时准确的“纠偏”。

● 日本：路测与规范同步推进

为规范本国自动驾驶路试，日本警察厅作为本国《道路交通安全法》的执法机构，已于2015年10月组织开展了自动驾驶技术相关政策课题的研究，并于2016年5月颁布了《自动驾驶汽车道路测试指南》。

《指南》允许自动驾驶汽车进行实路测试，但同时对驾驶者和车辆提出了较为严格的要求，包括：驾驶人在测试过程中必须坐在驾驶位上观察和监视周边道路交通情况及车辆状态；在发生系统故障的紧急情况时，驾驶人能够进行人工干预、确保驾驶安全。此外，测试车辆应符合《道路运输车辆保安基准》的相关安全要求，安装并使用行车记录仪；车辆必须先在封闭实验场地进行测试合格后，才有资格进行公共道路测试；车身上须标示“正在进行自动驾驶系统测试”的字样等。

为完全无人驾驶汽车上路做好准备，推动远程自动驾驶系统的开发，2017 年 6 月日本警察厅发布了《远程自动驾驶系统道路测试许可处理基准》，允许汽车在驾驶位无人的状态下上路测试。此举是考虑到目前无论是《道路交通国际公约》还是日本《道路交通法》，均要求“汽车在行驶过程中需有驾驶人驾驶”，而未来的无人驾驶却无须驾驶人掌控方向盘。因此，日本警察厅在该文件中确立了“远程监控员”这一概念。

具体来说，远程监控员可通过电子屏幕及音视频，掌握测试车辆周围状况和行驶方向的状况。远程监控员作为自动驾驶汽车驾驶人，须承担现行道路交通法规上规定义务和责任。为保证《远程自动驾驶系统道路测试许可处理基准》的顺利实施，日本警察厅还在着手修订各都道府县的公安委员会交通规则，并于 2017 年年底开始受理测试机构的许可申请。

2. 技术路线多样，是否有终极解决方案?

基于各自的优势资源禀赋和对车辆安全性与产品成本的不同考虑，全球汽车厂商、互联网巨头、上游一级供应商等多个主体，对于自动驾驶的技术解决方案也都持有不同看法。综合来看，技术实现的成本和驾驶安全性是主要考虑因素。

比如，为实现自动驾驶技术商用落地，业界存在着“单车智能”和“车路协同”两大类实现方案。前者主要依靠摄像头、雷达等车载传感器感知车辆周边环境，从而完成自主决策规划和车辆控制；而后者可以通过通信与网络技术，更全面地获取周边车辆与环境信息并进行决策，以实现各交通要素间的信息共享与控制协同。而从微观层面来看，各厂商主体对于传感器种类和组合方式也是各有侧重。

值得注意的是，2018 年之前，业界与舆论针对自动驾驶技术路线的讨论相对较少，这主要是由于彼时自动驾驶尚处于技术探索和小规模试验阶段；而在2018年，全球自动驾驶汽车迎来飞速发展，与大规模路测伴随而来的，是各厂商主体对于未来产品商业化落地的热烈讨论，以及由此引发的有关成熟自动驾驶终极技术解决方案的思考与探索。

这说明，在经历过一轮资本热潮洗礼之后，整个社会对于自动驾驶的发展前景有了更多理性思考，开始从安全和成本的角度考虑技术路线的可行性以及产品落地的可能性。

● 稳扎稳打还是一步到位？

对于自动驾驶的技术实现路径，以谷歌等互联网造车新势力为代表的企业，普遍更青睐于借助激光雷达一步到位，直接实现无人驾驶的最终愿景；而以丰田为代表的大多数传统车企则希望稳扎稳打、缓步前行，先通过摄像头和毫米波雷达的组合方式，实现较低级别的辅助驾驶功能，等到激光雷达等关键部件的技术条件更加成熟、成本降至可供市场推广的水平之后，再向较高级别的自动驾驶进阶。

除了技术成熟度方面的考虑，从某种程度来看，两套技术路径的背后有着企业对于自动驾驶的不同理解：即自动驾驶汽车的最终目的是取代人类司机，还是增强驾驶安全性？

在这一问题上，一贯以谨慎行事作风闻名的丰田显然更倾向于后者。丰田首席安全技术官助理Seigo Kuzumaki曾表示，丰田研发自动驾驶技术的第一要义是要保障汽车驾驶员驾驶的安全性，优先级始终是在最大程度上减少交通事故，而非一味追求一辆完全无人驾驶的汽车。2017年6月，丰田发布了新款高端轿车“雷克萨斯LS”，并透露此款车型配置了L2级自动驾驶技术。然而在介绍新车时，丰田却相当低调地称其只是“使用了ADAS”。

同时，用户对于自动驾驶的认可度也是重要参量。日前，英国汽车交易巨头AutoTrader委托调研机构对英国境内超过5500名的车主进行了调查，结果显示：大部分人更愿意维持目前的驾驶模式。其中，有

45% 的调查对象声称更对自动驾驶汽车没有兴趣，因为自己操作车辆是一种乐趣，而自动驾驶汽车虽然解放了双手，但也让行程变得无聊许多。

与此同时，与丰田的慢热相对应的，是部分互联网造车公司正集中火力准备在开放道路上进行无人驾驶汽车的路测工作。与配备了辅助驾驶功能的汽车不同，无人驾驶最突出的特点就是要将驾驶员彻底解放出来，从而提高驾驶员和通勤者的生产效率。

麦肯锡咨询公司的数据显示：全球机动车驾驶员人数约为 12 亿人，平均每人每天有 50 分钟时间消耗在驾驶车辆上。而在交通拥堵严重的大都市地区，通勤人员每天还有大量时间耗费在堵车的路途上，全年约有 52 个小时“堵在路上”[1]。

根据麦肯锡公司的测算：按照全球通勤者每天工作时间 8 小时来计算，无人驾驶汽车普及应用可以帮助通勤者释放生产力或创造额外经济价值：如果将驾驶和“堵车”时间用于工作，则通勤者可将工作效率提高 10%—15%；如果用于在车内浏览互联网等平台，全球通勤者每分钟就可以产生约 50 亿欧元的数字媒体收入。

除了解放普通驾驶员的生产力、通过减少驾驶时间创造经济价值外，无人驾驶技术还能够降低特殊人群出行的难度，改善老年人、未成年人、残疾人、醉酒人士、无证人士或受伤人士的自驾出行容易程度，为特殊人群的工作生活带来新机遇、创造新价值。

需要注意的是，以丰田为代表的稳健阵营与以谷歌为代表的激进阵营并非水火不容、全无交集，只是在技术实现路径上各有侧重、步调不一而已。

目前，丰田研究院正在致力于两项自动驾驶系统的研发工作：Guardian（驾驶卫士）和 Chauffeur（虚拟司机）。其中，“驾驶卫士”

---

1 参考：麦肯锡咨询公司《汽车数据：构建创造价值的出行体系——汽车商业模式新视角》（Car data: paving the way to value-creating mobility Perspectives on a new automotive business model），2016 年 3 月。

聚焦于开发新一代驾驶辅助安全系统，主要责任是在于配合驾驶员决策，并在必要情况下完成机器接管。而“虚拟司机”的终极目标就是要面向L4—L5级别的自动驾驶技术，开发一辆真正的无人驾驶汽车。与此同时，通用、福特、奔驰、宝马等大部分传统车企巨头也均是采用“ADAS+L4”并行的研发路径，只是重心略有不同。

由此也带来了另一个问题，从安全的角度来看，选择以初级辅助驾驶起步的“循序渐进”路线，是否比推动完全无人驾驶更加安全？换言之，这个问题还可以翻译成：“自动驾驶级别越高越安全吗？”

目前来看，这一问题的答案是否定的。比如，相对于L2级自动驾驶，L3级别的自动驾驶安全性就备受业界质疑。L3级别自动驾驶的优点在于：驾驶员可以在主观认为外界环境造成行驶障碍的情况下——如前方司机非正常行驶，主动接管车辆自动控制系统，人为判断在一定程度上优于系统算法给定的选择。

但同时，其潜在的缺陷在于：驾驶员可能会因为过于信赖驾驶系统可以实现完全“自主化”，反而不能在必要情况下及时介入驾驶过程。弗吉尼亚理工大学交通学院的调查表明：L3级自动驾驶车辆驾驶员回应接管请求平均需要17秒。而在这17秒内，一辆时速105公里的汽车已经开出近500米[1]。

由此可见，从安全的角度来考虑，在现有技术条件和路况下，初级辅助驾驶与高级无人驾驶哪个更安全并无定论。更何况，仅仅从级别高低来判定自动驾驶的安全性和经济性并不科学。不同级别的自动驾驶系统的软硬件配置有很大区别，应与不同工况场景的驾驶需求结合在一起来讨论技术实现路径才更有意义。更关键的是，没有一套技术方案可以穷尽所有的自动驾驶情景。因此可以说，自动驾驶的应用需求在很大程度上反向定义了自动驾驶的产品类型与技术路线。

---

1 参考：《纽约时报》“The Autonomous Car Vs. Human Nature”，2016年7月。

特别是作为新兴技术，自动驾驶汽车想要实现商业化落地，不仅需要不断突破技术瓶颈、加强驾驶安全性，还涉及道路设施改造、法律法规配套等诸多问题。因此，自动驾驶技术和产品的商业化落地是一个较为漫长的、循序渐进的过程。在此过程中，出于对技术成熟度、周边设施环境的具体考量，业界普遍认为，自动驾驶将在某些限定范围和限定驾驶速度的场景优先启动。

业界目前达成的一个基本共识是：完全自动驾驶汽车的普及必将经历从封闭园区测试、半封闭园区测试、开放道路测试、特定路段运营、开放道路运营等多个阶段，而全过程或将长达十年以上。

在产业界，也已经出现了类似的自动驾驶特定场景运营案例。比如，我国目前就出现了多款服务于环卫事业的无人驾驶清扫车，包括智行者“蜗小白”、仙途智能清洁车队、橘子洲公园的“酷哇”机器人等等。再比如，早在2015年，澳大利亚力拓集团就购买了69辆无人驾驶卡车，通过远在一千多公里之外的珀斯市工作人员进行操控，这些卡车会在矿区开展作业。

● “慧眼识路”还是“按图索骥”？

自动驾驶领域的另一个技术分歧体现在不同企业对于高精度地图功能作用的看法上。

以谷歌为代表的企业更倾向于利用高精度地图和深度学习实时建模，通过在前期利用测绘车队创建完整的高精度地图，让未来的无人驾驶汽车能够完全独立驾驶。另一种是以特斯拉为代表，在自动驾驶初级阶段更依赖于车载传感器来实现环境数据的收集和识别工作；同时将每一辆量产车都作为“车队学习网络”的一员，相当于把地图测绘任务“众包”出去，从而调动整个车队的所有传感器来收集数据，并通过云技术上传到中央数据库，最终每一辆车都是地图数据的贡献者，也是获得者。

据特斯拉官方信息，Autopilot2.0系统包含8个摄像头，覆盖360度可视范围，对周围环境的监控距离最远可达250米；车辆配备的12

个超声波传感器完善了视觉系统，探测和传感硬、软物体的距离接近上一代系统的两倍。增强版前置雷达通过冗余波长提供周围更丰富的数据，雷达波可以穿越大雨、雾、灰尘，甚至前方车辆。

可以说，对于绝大多数企业而言都是选择“两条腿走路”，即创建高精度地图与发展传感器技术并重的发展路径。实际上，谷歌并没有放弃对于传统传感器冗余技术的重视，而近期特斯拉与地图供应商四维图新的牵手也证明了高精度地图的重要性。但是具体实践过程中，自动驾驶系统开发者是更倾向于“慧眼识路”还是“按图索骥”，还要从两套方案各自的优劣说起。

首先，自动驾驶所需的高精度地图是怎样的?

区别于日常生活中用于导航的普通电子地图，适用于自动驾驶汽车的高精度地图主要有两大特点：一是包含更加丰富和详细的数据信息。按照动、静两方面来划分，静态数据既包括基础性的二维道路数据——如车道标记、周边基础设施等，还包含了交通管制、道路施工、广域气象等准静态数据。

此外，高精度地图还包含了事故及拥堵情况，以及周边车辆、行人及信号灯等瞬息万变的动态信息数据。与普通地图几个月甚至几年更新一次不同，高精度地图必须保持分钟级乃至秒级的更新速度。

二是定位精准度更高。通常在手机上使用的GPS导航，其精准度一般在5—10米范围内，在楼宇密集地区或地下隧道的精度还要更低一些。而自动驾驶技术所需要的高精度地图则要达到厘米级精度，当前走在全球高精度地图绘制前沿的企业都声称在不久的将来，有能力达到10—20cm的定位精度。

接下来的一个问题是，高精度地图对于实现自动驾驶而言是否不可或缺?

此前业界曾有人提出，先进的传感器可以弥补低精度地图的不足，二者结合同样可以满足自动驾驶系统的需要。实际上，目前路面上配备了高级驾驶辅助系统的汽车就是采取这种方式，利用车辆传感器，感知周围环境、辨识动静态物体，再通过系统运算分析，辅助驾驶者做出决策判断。

但是这一构想只限于自动驾驶处于较低级别水平。按照美国国家公路交通安全管理局（NHTSA）的分类来看，就是L2级以下、随时需要“驾驶员之眼”介入的级别。举个例子，当完全自动驾驶的车辆遭遇雨雪天气，激光雷达传感器很可能无法辨识路面标识，而低精度地图又不能给出清晰的预判信息，这将为行车安全带来隐患。更何况在真实路况下，道路指示牌、障碍物等有可能被周边高速行驶的车辆和行人暂时掩盖，造成传感器的“视觉盲区”。

至此可以看出，按照目前传感器的技术水平，既然高精度地图对于高级别自动驾驶来说不可或缺，理想的解决方案应该是“多种传感器融合 + 高精度地图”相结合。然而，绘制一张高精度地图并不简单。除了不断突破技术障碍提高测绘水平、完善道路基础设施（如道路标识和标线等）方便车辆系统辨识之外，高精度地图在信息数据的收集共享方面，还存在着两大难题。

第一，当前高精度地图所需的各类数据散布于车企、地图提供商等各个主体。最理想的状态是：各方通过互换和共享数据，从而实现道路信息全覆盖，助力自动驾驶技术的进步与普及。但是这一愿景想要顺利实现却是困难重重，问题背后是各方围绕数据归属展开的一场利益博弈：地图供应商想通过开放换取更多数据；而车企却担心丧失核心数据，沦为科技企业的“代工厂”。

第二个难题则关乎数据隐私与安全问题。往小了说，地图测绘可能会涉及非法获取个人隐私；往大了说，更有可能成为关乎国家安全的大事。在十分重视个人隐私保护的欧盟国家，因为担心地图测绘采集车会在有意无意间、获取到公民通过非加密无线网络发布的个人信息，当地政府曾多次对谷歌做出处罚。

而出于国家安全考虑，许多国家的相关政府部门对公共地图的信息采集与绘制也有诸多规定，包括对于精确度、测绘区域、机构和人员等诸多限制条件。如何在保障信息安全和鼓励自动驾驶技术发展之间找到最佳平衡点和解决方案，是摆在各国政府面前的一道难题。

（二）产业链合纵连横：谁是未来赢家？

1. 两大阵营密集布局各显神通

传统车企和科技企业是自动驾驶大潮中最重要的两大阵营。基于迥异的优势基因条件以及对于自动驾驶技术应用方案的不同理解，分属不同阵营的企业，乃至同一阵营中的企业在战略布局、技术路线和盟友选择等方面的考虑也不尽相同。

可以肯定的是，自动驾驶时代的到来，打破了过去许多年传统车企以硬件制造水平和品牌溢价能力为核心的行业竞争版图，为科技企业预留出比拼自动驾驶软件技术、商业模式乃至造车方案的想象空间。未来一段时间，包括传统汽车厂商、互联网企业、顶级零部件供应商等多重力量争夺自动驾驶主导权的局面还将延续。

（1）传统车企谋求突围

作为推动自动驾驶汽车技术和产业发展进步的主要力量，传统车企的优势主要体现在：有完整的生产制造工艺和供应链体系，特别是在车规级质量体系、整车控制、底盘控制等方面有深厚的技术积累。目前，国内外主流车企基本都已公布了自动驾驶产品研发和落地计划，并陆续在各地开展实路测试。此外，许多传统车企经过多年合作实践，已与领先的一级供应商形成稳固的联盟关系，为二者共同研发、掌握和改善自动驾驶解决方案奠定了良好基础。

以宝马和通用为例，二者作为传统汽车厂商中当之无愧的巨头，在自动驾驶研发布局中既有同样积极的态度，又有各自的主要“战术”。

● 宝马：采用联盟路线“抱团攻坚”

虽然传统汽车厂商都知道加大研发投入的必要性，但是在大规模推向市场之前，自动驾驶本身就是一项“烧钱”的事情。出于成本、风险及责任共担等问题考虑，汽车厂商之间以及厂商与供应商之间开始尝试达成合作，将“抱团攻坚”作为理想的解决途径。目前，以宝马为代表的大部分传统车企均已开始就在自动驾驶汽车技术研发和标准制定等领域布局合作。

实际上，早在 2016 年，宝马与英特尔、Mobileye 公司三方就成立了自动驾驶联盟，旨在建立自动驾驶开放平台。随后，菲亚特克莱斯勒集团、麦格纳国际、德尔福、大陆集团等陆续加入。这个联盟的主要目标是在 2021 年前将一个全新的自动驾驶平台推向汽车市场，通过打造一个可扩展的系统，根据厂商和产品的具体需要提供不同的自动驾驶配置。

● 通用：完善产业链布局补足短板

不久前，加州车辆管理局发布了 2018 年《自动驾驶脱离报告》，该报告主要采用“人工干预频率”指标作为衡量自动驾驶系统成熟度的参考。结果显示，通用汽车在 2018 年度对人工干预的依赖程度为 1 次 /5205 英里，只相当于 2017 年数据（1 次 /1254 英里）的四分之一，仅次于的 Waymo 成绩（1 次 /11154 英里），名列排行榜第二名。

作为传统车企布局自动驾驶的佼佼者，通用无论是在商业策略还是产品部署方面都有积极表现。首先，通用在自动驾驶产业链上有着较为完善的布局，包括：2016 年，通用收购了自动驾驶创业公司 Cruise Automation，这次收购补足了通用在无人驾驶技术方面的部分空缺；2017 年，通用收购了激光雷达初创公司 Strobe，并将其并入 Cruise Automation，主要目的是实现激光雷达成本的大幅降低。

同时，通用在共享出行方面的布局进展也十分顺利：2016 年 1 月，通用宣布推出汽车共享服务平台 Maven，作为通用汽车全资子公司。目前 Maven 自有车队预计在 2019 年将超过 10000 辆，会员预计将超过 30 万名。除了 Maven 自己的车辆，该公司在 2018 年 7 月还推出了 P2P 租赁服务，通用个人车主可以通过这一平台在密歇根州东南部将自己的车辆租给其他人。

（2）科技企业面临信任难题

作为未来交通出行方式变革的引导者，谷歌、百度等国内外大型互联网企业很早便启动了自动驾驶技术研发和产品测试工作。与其他开发主体相比，科技企业的优势主要在于：高效的软件开发能力和雄厚的资金实力；善于运用科技革命趋势催动下的互联网思维；更注重产品的快速迭代和消费者使用体验。如今，“不缺资本、不缺人才、不缺技术”的科技企业还深入参与到未来汽车行业乃至交通体系的想象与构建中。

在国内，百度、腾讯和阿里巴巴作为互联网三大巨头，也是自动驾驶汽车相关技术研发与商用模式的积极探索者。

百度入局最早、参与程度最深，自动驾驶技术解决方案的积累也最为深厚。近两年来，百度最引人关注的新闻有两则：第一是2017年7月，Apollo1.0开放平台上线，通过提供完整的软硬件和服务系统，成功吸引上百家合作伙伴。第二则是在2018年7月，百度首款L4级量产自动驾驶巴士“阿波龙”正式量产下线。而作为BAT中最后一个正式加入自动驾驶产业大军的企业，2018年9月，阿里达摩院宣布，将与交通运输部科学研究院合作，以“车路协同”作为自动驾驶的主要方向，一时间掀起业界对于自动驾驶技术路线讨论的热潮。

但同时，相对于传统车企在造车方面的深厚积淀，互联网企业在生产制造等方面有着先天劣势。众所周知，任何前沿技术如果不能付诸市场化和规模化的盈利产品，不仅技术本身的价值会大幅缩水，也会影响企业在该领域的持续发展。而如何将技术优势转化为商用产品，正是科技企业在自动驾驶领域所面临的最重要议题。

通过一段时间的实践，包括谷歌等互联网公司已经意识到造车路上困难重重，并非在“轮子上装上一台计算机”那样简单。而这也促使着更多科技企业放弃“单打独斗”、转而依靠与传统车企合作的方式来体现自己的技术价值。

与此同时，赢得用户的信任也是科技企业面临的难题之一。近年来，特斯拉、苹果等科技企业频频爆出自动驾驶路测事故，导致舆论对其产品的安全性提出巨大质疑。2017 年，德勤咨询公司曾对全球 17 个国家的 2.2 万多名消费者进行了一次调查，了解他们对自动驾驶技术的看法。结果显示：在美国，约一半受访者表示信赖传统汽车厂商生产的自动驾驶汽车；但只有 20% 的消费者表示会信赖硅谷科技公司的自动驾驶技术。

2. 从单车制胜到产业链对决

自动驾驶产业链上中下游涉及领域众多。一方面，自动驾驶技术催生出诸如激光雷达等一批上游新兴零部件。特别是诸如博世、德尔福等具备极强系统集成能力的一级供应商，近来也纷纷加入了自动驾驶造车大军，争夺行业主导力。另一方面，物流、共享出行等下游企业也在自动驾驶潮流中寻求转型、参与竞争。

随着汽车向智能化转型，汽车产业的价值重心发生转移，上游零部件供应商和下游出行服务类企业将越来越全面地参与到自动驾驶汽车的开发、生产、销售与服务全过程中。甚至可以说，未来的汽车行业竞争，将会是产业生态链的对决。

从中国自动驾驶产业链布局的整体情况来看，我国的优势主要在于拥有从上游零部件到中游的一级 / 二级供应商，再到下游的整车制造厂、出行服务商的全产业链条。未来中国自动驾驶产业能否在形成规模的同时，在全球分工体系中迈向产业链中高端，享有技术和标准话语权和丰厚的产业利润，在相当程度上就要看能否在芯片、传感器、算法等核心技术上取得实质性突破。

（1）上下游产业链合纵连横

自动驾驶作为新兴产业领域，上下游链条长且跨行业特征明显。为了寻求技术突破、加强优势互补、降低研发成本，近年来全球传统车企、科技企业、零部件企业等相关主体间掀起了一股联盟热潮。梳理目前全球自动驾驶联盟可知，欧美地区的联盟数量占大多数，由亚洲企业主导的联盟也在顺势崛起。与此同时，这些联盟还呈现出越加明显的跨区域、开放式特征，使得汽车产业链上下游的关系比传统汽车“一统天下”的时期更丰富、更紧密，也更复杂。

● “通用－软银－本田”联盟

三者的结盟最初源于2016年，通用汽车收购了自动驾驶初创技术公司Cruise Automation，并赋予Cruise相对独立的运作机制。此后在2018年5月和2018年10月，日本软银集团和本田分别向Cruise投资了22.5亿美元和27.5亿美元，至此“通用－软银－本田”联盟成型。该联盟的初步构想是在出租车服务中运营自动驾驶汽车，一是可以在相对短时间内收回昂贵的技术投资成本；二是在技术尚不成熟之时，将汽车运行工况限制在部分较为简单的场景中。

● 丰田“移动出行服务开发”联盟

在2018年的北美消费电子展期间，丰田发布了旗下全新的纯电动商务车e-Palette，这款平台产品是丰田面向未来移动出行解决方案的一次尝试，可根据不同需求完成如载客、运输甚至商品零售等各项功能，主要瞄准新兴电子商务和移动出行领域。

实际上，e-Palette也是丰田发起的“移动出行服务（MaaS）”开发联盟的核心成果之一。目前，这个联盟的主要成员还包括亚马逊、滴滴、马自达、必胜客和优步。联盟成立的目的与丰田方面的转型之策密不可分：在上述展会上，丰田官方宣布将从一家汽车公司转型为一家移动出行公司。与此同时，丰田今后将开放车辆控制接口，以便搭载其他公司开发的自动驾驶控制组件，并在移动服务平台上公开服务供应商所需应用程序编程接口。

● 谷歌“OAA开放汽车联盟”

2017年，谷歌正式宣布了一个新的合作团体：开放汽车联盟（Open Automotive Alliance，简称“OAA”），目前成员包括：谷歌、奥迪、通用、本田、现代、英伟达等。在联盟中，谷歌是车载操作系统与互联网服务提供商；奥迪、通用、本田等是汽车硬件平台提供商；而英伟达则是上游供应链代表，主要负责提供处理器芯片。

谷歌发起该联盟的主要目标之一就是实现安卓车载系统与汽车平台上的整合。通过联盟成员联手组建一个开发式的车载系统平台，最终完成安卓设备与多个品牌汽车的互联，并且可以让用户轻松地将智能手机与车载系统进行连接。

● “5G 汽车通信技术联盟”

2016 年 9 月，电信行业与汽车行业的全球跨行业产业联盟——“5G 汽车通信技术联盟”（5G Automotive Association, 简称 5GAA）成立。5GAA 的发起方包括奥迪、宝马、戴姆勒以及多家电信通讯公司——爱立信、华为、英特尔、诺基亚、高通。目前，5GAA 联盟成员既包括汽车整车厂、电信运营商、电信基础设施供应商，也有通信芯片供应商、汽车零配件供应商等所有涉及智能车联网生态圈的成员。该联盟成立的目的是研发、实验和推动智能汽车、智慧交通等万物互联所需的道路通信解决方案和应用，包括相关的标准化推进、商业机会挖掘以及全球市场的拓展。

● “宝马－戴姆勒”联盟

2019 年 2 月，两家德国豪华汽车制造商——戴姆勒和宝马宣布签订谅解备忘录，共同研发自动驾驶技术。其实早在 2018 年 11 月，欧盟反垄断机构就已同意戴姆勒和宝马在一定条件下合并汽车共享业务的计划，即 Car2Go 和 DriveNow，合并的目的是为了打造出一家领先的创新移动服务提供商。

据悉，此次戴姆勒与宝马联盟正在探索联合车辆平台、电池和自动驾驶汽车技术等合作，在降低研发成本的同时，旨在为自动驾驶汽车制定未来行业标准。由于无人驾驶汽车不需要驾驶员，在发生事故时汽车制造商面临承担法律责任的风险，因此明确行业技术标准有助于日后相关监管法规的设立。业界普遍认为，从“对手”到“战友”，两家车企此次联盟的意义非凡，昭示着传统汽车产业格局在智能化大潮的推动下真的要“变天”了。

（2）传统车企“一枝独秀”局面或将打破

随着自动驾驶产业链上各企业逐渐走向专业化，许多上游企业更倾向于将自身方案打包为一个模块，以不同的形式提供接口，在最终的自动驾驶硬件或软件平台上予以“拼装”。这种“拼装式”的造车构想显然与互联网思维如出一辙。

比如，德国的Streetscooter公司就是一个典型案例。该公司以“众创”思路研制定制化、价格低廉的智能电动轿车，从设计到生产制造环节，众多供应商在由PTC公司推出的Windchill虚拟平台上协同工作。而这种开源的众创模式据称仅用12个月就能设计开发完成一部智能化电动汽车。

虽然“拼装造车”并不适合所有汽车产品类型，实现的复杂度也并非想象中一样简单。但这种潜在趋势背后所反映出的，是整个行业的开放性正在进一步加强。以往，造车的关键技术主要集中在生产制造环节，规模庞大的主机厂拥有很大话语权。如今在智能化、电动化大潮的催动下，传统厂商在汽车行业“一枝独秀”的局面即将被打破，运行多年的以主机厂为核心的汽车开发流程和开发节奏都在发生着变化。

德勤全球咨询公司曾在两年前发布过一份名为《未来汽车：交通技术和社会趋势如何构建全新的商业生态系统》的研究报告，报告提出“泛汽车行业”（extended automotive industry）这一概念，用以形容未来汽车行业分工将更明确和细化，包括汽车制造商、零部件供应商、经销商、科技企业，乃至金融服务公司、燃料零售商、售后服务和保险业，都将在其中扮演重要角色。

而自动驾驶的生态系统就囊括了主机厂、出行服务平台、软件服务供应商、零部件厂商、车载服务系统开发商等等。可以说，未来的汽车行业竞争，将会是产业生态链的对决。集成、整合和布局供应链上下游资源的能力，成为了整车厂的命门。在此背景下，整个产业格局也将更趋于横向发展，传统汽车制造商一枝独秀、主导全局的景象不再，取而代之的是包括硬件、动力系统、操作系统、车载娱乐软件等在内的众多环节中，将分别出现少数领军企业。

一方面，从当前汽车的电动化趋势中可以看到，主机厂渐失对于部分技术的核心管控权，转而由电池行业、材料行业、精细化工行业等分头推动技术跨越，细化的行业分工已初见雏形。但是从市场竞争格局来看，除了极少数厂商具备垂直一体化的能力，绝大部分厂商都将业务集中于产业中的某个或者某几个环节。

另一方面，汽车行业毕竟不同于手机和 PC 机领域，其作为运输工具的基本功能不会因为新玩家的加入就发生颠覆性、本质性的变化。且所谓生产模式的“扁平化”也要因“车”而异，例如，商用车相比于私家车就更有可能实现行业内部的细化分工。因为相比于消费者需求较为复杂的私家车，包括共享、租赁、物流等领域在内的商用车由于需求明确，其生产、技术和使用规范容易建立，因此众多玩家分工协作的愿景也就更易实现。

可以肯定的是，自动驾驶技术的出现激活了汽车产业渐趋固化、胜负明朗的棋局，在各方都在积极谋划布局的当下，不论是老玩家从纵向拓展、寻求新的增长空间；抑或是新玩家从横向打破垄断、谋求一席之地，技术和社会变革正在倒逼汽车行业做出改变，在新的平衡点确立之前，玩家们身处大浪淘沙之中，不进则退。

（三）车路协同风头正劲：展望智慧交通图景

终极的自动驾驶必然建立在智能交通网络之上，即单车智能与环境智能有机结合。近几年，自动驾驶驾驶经历了快速发展，技术路线与应用场景百花齐放。但鉴于诸多原因，车路协同技术的商用化的大门一直没有被叩开，智慧交通愿景尚在远方。

但如今，越来越多行业参与者就此开始发力。2018 年中旬，阿里巴巴正式宣布进军自动驾驶产业，并明确提出车路协同方案。而百度方面给出的数据显示，车路协同能够帮助解决 54%单车智能在路测中遇到的问题，减少 62%的单车智能的接管数，相当于为自动驾驶的安全增加了一层冗余保障。

无论未来智慧交通走向何方，汽车和道路二者的关系必然会走向更加紧密的耦合，在这场由智能驾驶带动的浪潮中，人类出行模式的拐点将至。

1. 现有交通设施亟待升级

当前全球大多数道路主体设施及沿线交通工程设施的设计和配置主要依托于人机工程学理论，也就是说，设施参数基本依据人的行为特性而定，以满足人性化的出行需求为出发点。然而，自动驾驶汽车作为未来交通系统的参与组成部分，在环境感知、信息分析以及判断决策等方面都与人类有极大差别。交通基础设施能否满足自动驾驶汽车上路条件，将是决定这一新兴交通工具可否顺利应用推广的关键环节之一。

自动驾驶技术发展早期，主要采取依托车辆自身感知和计算能力探测环境信息的方法。这种方法的弊端在于：多余信息被每台车辆重复获得，带来不必要的软硬件消耗和时间成本；受车载传感器探测能力所限，车辆的环境感知范围依然无法穷尽所有工况。

因此，加强道路基础设施与自动驾驶车辆的相互适应性，建立起不仅仅依靠车辆自身能力的车路协同式自动驾驶解决方案是最优选项。其中包括：统一、规范、易于识别的交通标志标线；易于雷达探测与分辨的护栏与安全岛、专用道路等道路环境；将传统的交通灯信号、可变限速等交通控制命令，通过准确和及时的车路通信方式，转变成车辆的预警和执行动作等。道路交通设施的完善与改造将大大降低自动驾驶车辆的技术复杂度和制造成本，并提高交通系统的整体控制能力和运行效率。

然而，现有道路交通基础设施已成为许多国家——特别是发展中国家未来推广应用自动驾驶汽车的主要障碍之一。

仅以道路交通标线为例。自动驾驶状态下的车辆需要标示清晰、指示明确的车道，以便传感器可以即时接收精确的道路信息，再交由控制决策系统做出判断。除了箭头、文字、立面标记等道路交通标线外，在我国仅是线条类的道路标识就分为白色实 / 虚线、黄色实 / 虚线、双白虚线、双黄实线等多种。

放眼全球，中国并非唯一一个面临道路设施改造难点的国家。大部分国家的车道标识都没有实现标准化，为自动驾驶系统的设计和应用带来极大困难。

2015 年，由汽车供应商德尔福（Delphi）研发的自动驾驶系统在美国完成了横跨 15 个州、距离达 3400 英里的试驾之旅。在这次试驾过程中，Delphi 公司的工程师发现由于各地车道标识差别较大、标准化程度不高，给自动驾驶系统的识别和判断环节带来很多挑战：划线宽窄和颜色深浅不一；有些标识已经模糊不清；部分道路凹凸不平造成地面标识扭曲等。这些问题都极有可能导致车辆电脑运算做出错误判断，从而加大事故风险率，阻碍车辆安全顺利行驶。

对于自动驾驶相关企业而言，由于各地道路基础设施状况千差万别，推广应用难度颇大，任何一家公司都很难在短时间内实现大规模化生产落地。

推进道路基础设施信息化、智能化建设。研究制定以自动驾驶汽车应用为核心的高度智能化的人—车—环境和社会一体化的新型智能道路交通解决方案，加强对于道路基础设施适应性的研究与系统开发，统筹规划和促进建设汽车智能网联化测试验证基地，对汽车的安全性、可靠性、通信协议、系统稳定性进行充分测试验证。

同时，进行交通标识、路面设施信息化与智能化的全面改造，建立基本覆盖公路网络的专用路侧车—路高速通信系统，构建车与车、车与路之间的自组织网络信息交互与管理平台，实现车—车 / 车—路 / 车—人之间的信息智能共享，形成覆盖全部路网的超高精度数字地图和高精度三维地理信息系统，满足各阶段自动驾驶汽车使用的需要。

对此，可参考国际上发达国家改造现有道路基础设施的成功做法。例如，美国高速公路管理部门已开始尝试通过安装传感器、摄像头及自动收费装置等建设“智能道路”；近期美国还计划在西雅图 I–5 号高速公路至加拿大温哥华99号公路上，设置分时段的自动驾驶车辆专用车道。

此外，欧洲提出了“第五代道路”的概念，旨在建立新的道路设计和养护理念，使道路具有高度的气象适应性、高度自动化和自恢复能力。日本和韩国则分别推出了 Smartway 和 Smart Highway 计划，旨在通过先进的交通感知设备和高速无线通信网建设高速公路信息化基础设施，为智能化车辆服务。

2. 车路协同前路何方？

随着无线通信、云计算、大数据、智慧城市和信息安全等相关技术的进一步发展，未来智能车路协同系统将通过人 - 车 - 路之间信息的实时交互，共享车路环境信息，全面实现人 - 车 - 路之间的智能协同管理，最终提高道路交通安全、提升路网运行效率、优化系统运行资源。从目前世界范围内的研究成果与典型应用来看，车路协同将创造充满生机与智慧的未来交通发展景象。

（1）创建全景交通信息环境

交通信息感知是智能交通系统的重要组成部分。传统交通感知主要采用线圈型、地磁型、微波型、视频型车辆检测器采集交通流信息。车辆自身依靠车载传感器（激光雷达、毫米波雷达、摄像头等）对周围环境进行感知，受到传感器感知范围的制约，感知范围及其有限。由于城市道路交通是一个复杂体系，想要从整体上实现全景感知是极为困难的。

而车路协同的智能交通系统则通过数据驱动解决了上述问题。车辆和道路信息的主动感知将提供全新的交通信息获取途径和内容，包括道路环境、交通环境、交通参与者等。通过应用大数据技术和无线通信技术在云平台上搭建交通数据信息集，从而形成一个全景交通信息环境。

具体来说，车路协同的群体智能控制系统包括车载终端、路侧设备、指挥中心三个部分。三者相辅相成、互换信息，共同构成车路协同的群体智能控制系统。

其中，车载终端负责边缘计算，向指挥中心及路侧设备提供本地信息，同时也可以从云平台上获取道路信息，包括天气情况、路面情况、限速信息、车辆位置信息，从而形成车端－路端－车端的反馈回路。车路协同技术的引入使道路使用者成为了“千里眼”，在车端即可查询到远在千里之外的交通状况，获取全景交通信息。

指挥中心负责云端计算，在指挥中心的云平台上存储了全景交通信息。交通管理系统通过云平台监管全景交通信息，获取海量交通数据，通过大数据分析技术对交通路况信息进行整体评估。除此之外，交通管理系统还可以通过云平台数据及时获取道路危险情况预警、道路拥堵情况信息。车路协同技术实现了交通管理部门从整体和局部两方面多角度地把控交通情况。

路侧设备负责局部计算，即道路局部范围内的人、车、路信息，路侧设备与一定范围内的车载终端和指挥中心保持着信息沟通，其主要负责道路状况的监控、信号灯信息及局部交通车流的协调调度。

（2）提供安全高效的出行服务

基于车路协同的智慧交通系统将为道路使用者提供安全驾驶辅助服务、紧急事件救援服务、路径引导服务、车辆编队行驶，为出行者提供安全高效的出行服务。

安全驾驶辅助系统主要为道路使用者提供道路信息及危险情况预警。道路信息提供是指安全驾驶辅助系统向道路使用者提供天气情况（降雪、降雨）和道路表面状况（湿滑、积水、积雪）。当路面出现交通拥堵情况，路侧设备还可以向驾驶员提供交通拥堵信息（拥堵位置、拥堵长度、交通速度）。

特别是当夜间行驶或雾中行驶时，及时告知驾驶员路面存在障碍、路面湿滑、前方施工等信息，可以有效地减少事故的发生，提高驾驶安全性。危险情况预警指的是安全驾驶辅助系统通过分析海量交通数据，得到交通事故频段阶段信息，当车辆驶入交通事故频发区域时，安全驾驶辅助系统会向驾驶员发出警告提示信号。同时，安全驾驶辅助系统还会实时监控路面情况，在有遮挡路口、学校、医院等地段，实时地向驾驶员提供周围车辆、行人信息，辅助驾驶员安全快速通过。

紧急事件救援系统和交通管理系统通过实时全景数据监测获取紧急事故信息，为紧急事故救援车辆提供定位、导航以及优先通过权的支援，以减少事故中受伤人员的救援时间。同时，道路使用者还可以通过紧急事故救援系统，主动向附近车辆、附近医院、交通管理部门寻求帮助，极大地减少了交通事故的伤亡及财产损失，为安全出行提供了保障。

路径引导系统旨在提高出行效率，道路使用者在终端输入交通出行的起点和终点，在车路协同的模式下，通过云端实时查询当前道路的使用情况，为道路使用者提供当前最佳的出行路径，实现动态的路径引导。除此之外，在交通流高峰期，云端的交通管理系统，还可根据道路使用情况，对车流量进行合理引导，尽可能保证车辆均匀分布在交通网络中，避免拥堵情况的发生。路径引导系统实现了交通信息由车端－云端－车端的反馈回路，合理分配交通流，提高了出行的效率。

此外，基于车路协同的智能交通系统将车辆进行编队，通过 C-V2X 技术将车辆的位置信息和行驶信息在车队中进行共享，从而达到协同运行的目的，在缩小车辆间距的同时提高了道路的利用率，有效地缓解交通拥堵情况。

将车辆进行编队统一协同行驶可以极大程度地提高道路容量、节约人力成本、节约燃料能源、降低大气排放污染。有研究表明，当车队车辆间距为 10 米时，二氧化碳排放量较无车队行驶时减少 2.1%；当车队车辆间距为 4 米时，二氧化碳排放量较无车队行驶时减少 4.8%。

（3）引领智能出行新体验

通过人 – 车 – 路协同一体化，出行者可享受到车速引导、车道保持、刹车辅助、倒车辅助、自动泊车、多媒体服务全新出行服务。

● 车速引导

车路协同使得车端可以实时接收到信号灯信息，速度引导系统根据前方路口信号灯信息及车辆与信号灯之间的距离，向道路使用者提供限速范围内的推荐速度上下限信息，从而提高交通效率。

● 车道保持

车道保持辅助系统对行驶时保持车道提供支持。借助一个摄像头识别行驶车道的标志线。如果车辆接近识别到的标志线并可能脱离行驶车道，那么会通过方向盘的振动提请驾驶员注意。如果车道保持辅助系统识别到本车道两侧的标志线，那么系统处于待命状态。这通过组合仪表盘中的绿色指示灯显示。当系统处于待命状态下，如果在越过标志线前打了转向灯，那么就不会有警告，因为系统接受有目的的换道。

● 辅助刹车

辅助刹车系统中传感器通过分辨驾驶员踩踏板的情况，识别并判断是否引入紧急刹车程序。由此该系统能立刻建立起最大的刹车压力，以达到可能的最高的刹车效果。除此之外，车辆通过获取周围车辆、环境信息判断当前行驶状态是否安全，一旦检测到不安全因素，辅助刹车系统将会自动进行刹车操作，以保障驾驶员和乘客的安全。

● 辅助倒车

传统倒车系统通过在车上安装后视镜来实现对后方事物的观测，但倒车镜存在的盲区给倒车带来了极大的困扰，尤其是对于大货车、转弯处等区域。通过人车路协同技术感知车辆后方情况，是否存在行人、障碍物、其他车辆，避免盲区带来的倒车危险，辅助车辆完成倒车动作。

● 自动泊车

自动泊车系统可以搜索云端停车位信息，查找到附近空闲停车位。当车辆驶入停车场后，驾驶员可离开车辆，车辆通过对停车场环境的感知实现自动泊车功能。

（4）开启无人驾驶新时代

无人驾驶汽车依靠人工智能、视觉计算、雷达、监控装置和全球定位系统协同合作，让电脑可以在没有任何人类主动的操作下，自动安全地操作机动车辆。传统无人驾驶基于单车智能的发展路线，传统无人车通过内置的感应器来获取外部信息，并由人工智能来进行驾驶决策。车路协同的智能交通系统改变了无人驾驶汽车的信息获取渠道，由单车智能的交通被动控制转向了车路信息交互的交通主动控制。

车路协同技术的引入势必会将无人驾驶带入一个全新的时代。智能网联汽车能通过 V2X 通信设备与其他主体互联，并能通过云平台、联网平台及时更新数据、系统和高精地图。除此之外，智能网联汽车节省了单车智能昂贵的自身感知传感器成本，通过 C-V2X 技术进行信息获取。云端信息平台为无人驾驶汽车安装了“千里眼”和“顺风耳”，使无人驾驶汽车能够综合路端、车端、云端的信息，在 C-V2X 技术、大数据处理技术的驱动下进行驾驶行为的决策。

车路协同技术将从云控制平台、智能感知基站、协同计算系统三个层面推进无人驾驶的发展。通过无线通信技术获取周围车辆的信息，可以使无人驾驶汽车在大雪、暴雨、大雾和沙尘暴等阻碍摄像头视野的情况下仍能正常行驶，极大地增强了无人驾驶汽车抗环境干扰能力。

总体来看，基于车路协同的智能交通系统，改变了原有的道路信息方式，让车辆与道路之间进行对话，通过大数据、人工智能、云端数据处理技术让路变得更聪明，让车变得更智慧，让交通系统变得更智能。

3. 构建智慧出行生态圈

一百多年前，人类出行工具完成了“从马车到汽车”的颠覆性变革。

此后，内燃机逐步成为汽车的主要动力源，以通用为代表的传统车企用大规模生产界定了现代汽车产业的边界，从而让汽车成为许多国家的大众类消费品。一百年后，随着发达国家陆续步入汽车社会，汽车产业可谓是一片“繁花似锦、锣鼓齐鸣”。然而熟悉历史规律的人都知道的“穷则变”的道理，人类的出行领域也不例外。

（1）“从马到车”的变革

20 世纪初，道路交通迎来了从蒸汽机到内燃机的大变革，并在此后彻底改变了人类出行的方方面面。在消费端，1908 年 10 月，福特 T 型车的问世让汽车的性价比上到了一个新台阶：这款车在当时定价为 500 美元，其价值相当于如今 10000 美元。从此，汽车从少数人的代步工具开始进入“寻常百姓家”，直至成为如今的大众消费品。在生产端，内燃机汽车的诞生带动了整个产业链条的蓬勃兴起：从维修、加油、保险，再到高速公路和配套交通设施建设。

可以说，这次人类出行方式的转折催生出一个运行良好、环环相扣的汽车生态圈。由此，出行与汽车几乎成为了同义词。

然而迈入汽车社会也并非全无代价：在安全方面，目前每年全球都有超过 100 万人死于道路交通事故。在效率方面，交通拥堵给各国带来的平均经济损失可占 GDP 的 2%—5%，包括时间成本、燃料浪费等等。在环境方面，即使是在那些公共交通体系完善、汽车电动化发展趋势良好的发达城市，道路交通所产生的二氧化碳排放量也基本占到了城市总排放量的约四分之一。在里约热内卢、墨西哥城等发展中国家城市，这一比例甚至高达 30%—50%。

除此之外，如今以传统汽车为中心的出行模式还加剧了社会分层。虽然全球汽车保有量稳步上升、出租车业务遍布各地，但是私家车依然是部分国家和地区居民财富与身份的象征。实际上，纵观整个道路交通产业链条都可以看到这种分化趋势：不菲的市中心停车费和过桥过路费，欧美国家收取的拥堵费和快车道费用，都暗中给“道路特权”标上了价码。

（2）迎接智慧出行拐点

如今，随着汽车产业自动化、共享化、互联化趋势日渐明朗，整个道路交通体系在互联网、人工智能和移动通信等前沿技术的催动着正在发生巨变，以传统汽车产品为中心的出行体系即将被以消费出行体验为中心的生态圈取代。

未来出行的意义将从“买一辆车”转变为购买任何一种可以满足从A点到B点间通行的工具或服务。具体而言，未来出行模式将呈现出以下几个趋势和特点：

第一，未来人类出行将不仅仅围绕着汽车所有权展开。汽车产业将深度融入到一个更加互联、以消费出行体验为中心的生态圈中。

根据麦肯锡咨询公司的一份调查显示：过去八年，美国各年龄段拥有驾照的人群比例持续下滑。尤其是千禧一代对于多元化的车辆来源和用途持更加开放的态度。同时，在互联网和移动通信技术的支持下，远程交流和办公正在成为可能，从而会降低了一部分人的通勤用车需求。

与此同时，自动化和共享化趋势还将推动未来汽车成为一个数据生成中心，在云端交通控制中心的协调下，与道路交通智能设备——如监控和感应装置等有效耦合，共同构建起一个更加高效和安全的智慧交通网络。

第二，传统整车厂的利润空间将在某种程度上被新兴行业领域挤压。

车辆的自动化趋势正在带来新商机。比如，现在所有在美国销售的汽车都要求配备后视摄像头；还有多国的交通监管部门正在为高级驾驶辅助系统成为车辆标配而努力。根据麦肯锡咨询公司预测：到2030年，全球所有道路出行产业总利润将达到7.7万亿美元。其中，将有约56%归属于新兴商业领域，包括网约车服务、基于人工智能算法的保险业务、高级自动驾驶解决方案等等。与此同时，传统出行产业领域——诸如出租车、加油站等——利润总额将从2015年的5.4万亿美元，下降到2030年的3.4万亿美元。

第三，虽然道路交通行业的新增利润具体流向何方尚无定论，但是有一点可以肯定的是：消费者的出行费用有可能会大幅度降低。

从图书、报纸再到电影，数字化趋势正逐步将具体的产品变为服务。在这一过程中，消费者为获取服务所付出的财力成本也在降低。这一规律同样适用于未来汽车行业。当整车厂一统天下的局面迈入尾声，互联网企业、出行平台公司纷纷入局，出行领域的竞争在一定时期内会走向白热化。激烈的行业竞争、便捷的共享模式、高效的购买服务……这些都会大大降低人们的出行成本。

可以肯定的是，在可预见的未来，人类社会即将迎来智慧出行的新阶段。